초등 문해력

어휘 활용의 힘

3권

초등 4~5학년

이 책을 쓰신 분들

원정화　세종시다정초등학교
하근희　대구포산초등학교
이승모　서울교육대학교부설초등학교
윤혜원　서울대명초등학교

초등문해력
어휘
활용의 힘 **3**권

초판 2쇄	2023년 7월 5일
초판 1쇄	2022년 10월 24일
펴낸곳	메가스터디(주)
펴낸이	손은진
개발 책임	김문주
개발	양수진, 최성아
그림	김지애
디자인	이정숙, 주희연
제작	이성재, 장병미
사진 제공	픽스타, 위키백과, 한국민족문화대백과사전, 한국천문연구원, 독도의용수비대기념사업회
주소	서울시 서초구 효령로 304(서초동) 국제전자센터 24층
대표전화	1661.5431
홈페이지	http://www.megastudybooks.com
출판사 신고 번호	제 2015-000159호
출간제안/원고투고	writer@megastudy.net

메가스터디BOOKS

'메가스터디북스'는 메가스터디㈜의 출판 전문 브랜드입니다.
유아/초등 학습서, 중고등 수능/내신 참고서는 물론, 지식, 교양, 인문 분야에서 다양한 도서를 출간하고 있습니다.

단어의 뜻을 정확히 알면 문제를 쉽게 풀 수 있다

어휘력, 문해력 부족이 성적 저하로 이어지고 있다

초등 3학년부터 학력 격차가 생기는 시기!

우리 아이 문해력, 괜찮을까요?

초등 문해력이 우리 아이 평생 성적을 좌우한다는 것 알고 계시죠? 문해력의 가장 기초가 되는 건 바로 어휘력! 어휘를 많이 알고, 정확히 활용할 수 있어야 문해력이 향상됩니다. 많은 교사와 전문가들이 '요즘 초등학생들이 단어를 몰라 수업이 안 된다'고 이야기합니다. 교과서를 이해하려면 초등 시기 어휘부터 제대로 잡는 것이 중요합니다.

초등학생 문해력 수준 분포도

기초 미달 24%

문해력 수준 1 2 3 4 5 6 7 8

*출처: 청주교육대학교 문해력지원센터

특히 학력 격차가 크게 벌어지기 시작하는 초등 3학년부터 제대로 된 학습이 필요합니다.

> 이 책은 어휘의 힘을 길러 학교 수업과 실생활에서 제대로 활용할 수 있도록 설계하였습니다.
> **어휘력, 이제 <초등 문해력 어휘 활용의 힘>의 5단계 학습법으로 길러 주세요!**

학습의 흐름

「초등 문해력 어휘 활용의 힘」은 '어휘 학습 → 어휘 이해 → 어휘 적용 → 어휘 활용 → 어휘 완성'의 체계적인 5단계 학습으로 구성되어 탄탄한 어휘 실력을 쌓을 수 있도록 도와줍니다. 1~4단계에서는 어휘를 교과 및 실생활 예문으로 학습하고 다양한 문제로 풀어 보며, 마지막 5단계에서는 특별 부록인 「나만의 어휘 활용 노트」로 어휘 활용의 힘을 완성합니다.

1 단계 어휘 학습

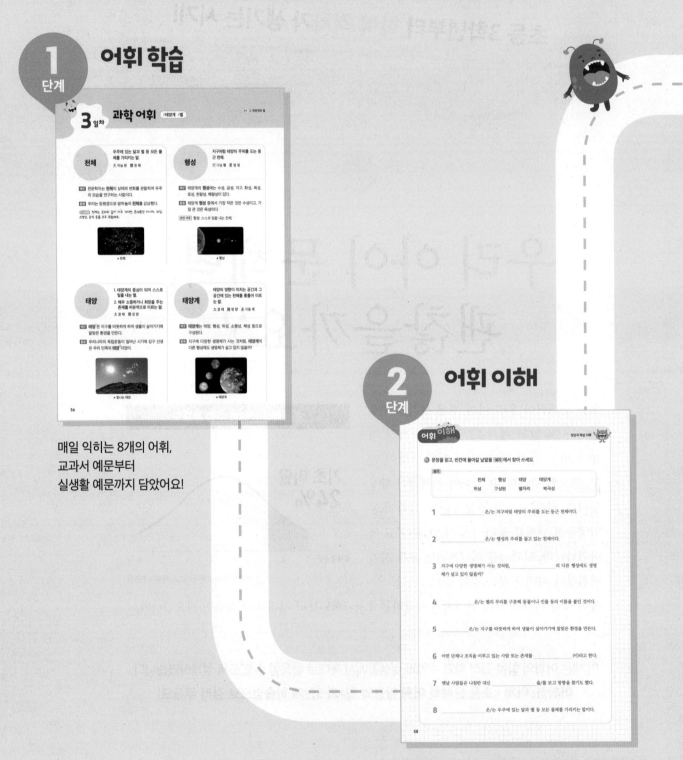

매일 익히는 8개의 어휘,
교과서 예문부터
실생활 예문까지 담았어요!

2 단계 어휘 이해

문장 속 빈칸 채우기로 학습한 어휘를 떠올려요!

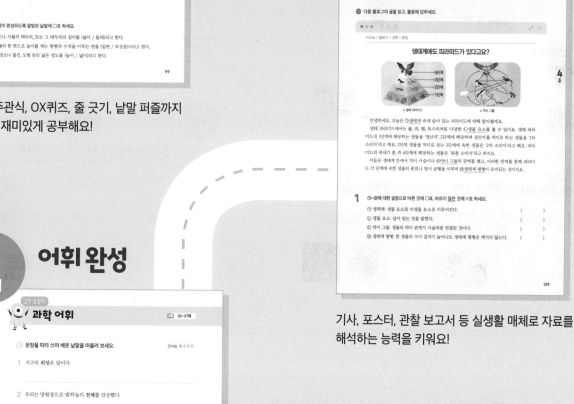

3 단계 어휘 적용

객관식, 주관식, OX퀴즈, 줄 긋기, 낱말 퍼즐까지
다양하고 재미있게 공부해요!

4 단계 어휘 활용

기사, 포스터, 관찰 보고서 등 실생활 매체로 자료를
해석하는 능력을 키워요!

5 단계 어휘 완성

특별 부록으로 제공되는 「나만의 어휘 활용 노트」에
직접 문장을 만들어 쓰며 어휘 활용의 힘을 완성해요!

구성과 특징

「초등 문해력 어휘 활용의 힘」은 국어, 사회, 과학, 수학 교과의 필수 어휘는 물론, 교과 학습에 자주 쓰이고 교과서 이해에 도움이 되는 학습 도움 어휘를 담았습니다. 평범한 예문이 아닌, 교과서 예문과 실생활 예문을 통해 어휘를 학습하며, 학습한 어휘를 자유롭게 말하고 쓸 수 있는 '활용의 힘'을 기릅니다.

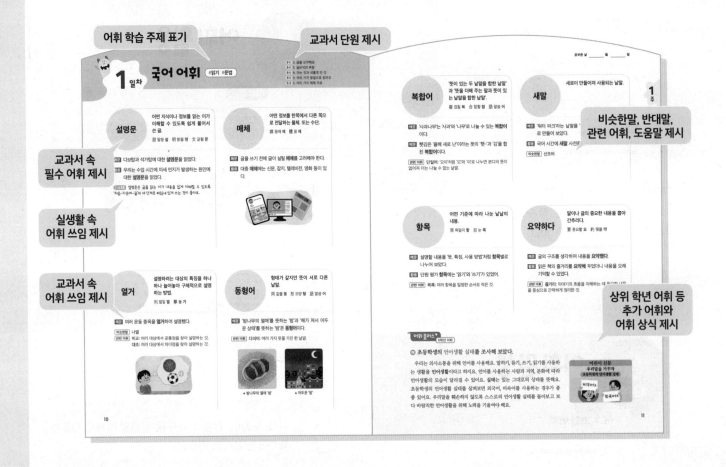

어휘 미리보기 한 주에 학습할 어휘 한눈에 확인하기

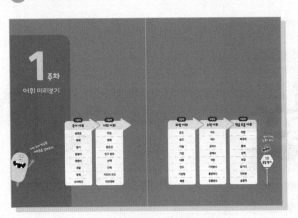

종합 평가 한 주차에 학습한 어휘 종합 평가하기

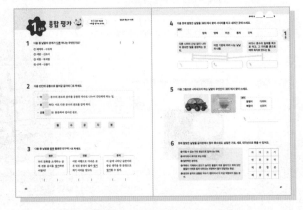

특별부록 나만의 어휘 활용 노트

「나만의 어휘 활용 노트」는 복습 효과와 어휘 활용의 힘을 극대화합니다. 난이도별 활동을 통해 어휘 활용 능력을 점진적으로 늘려 갈 수 있습니다. 또한 핸디북 크기로 가벼우며 언제 어디서나 가지고 다닐 수 있어 학습 공간의 제약을 뛰어넘습니다. 아래 2가지의 방법 중 원하는 방법을 선택하여 사용합니다.

난이도별 활동	① 난이도 ★★★★ 문장 따라 쓰기	② 난이도 ★★★★ 어울리는 문장 쓰기	③ 난이도 ★★★★ 자유 문장 쓰기	④ 난이도 ★★★★ 답변 문장 쓰기

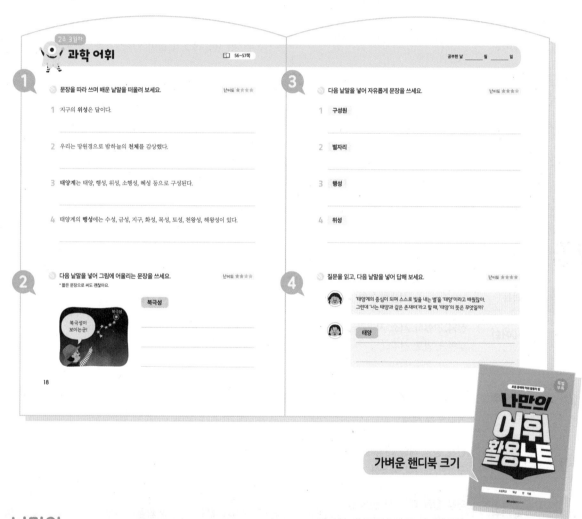

나만의 어휘 활용 노트 **2가지 활용법**

활용1 하루 학습을 끝내고 바로 활용하면 학습한 어휘를 오래 기억할 수 있어요!

활용2 하루 학습을 끝내고 다음 날 학습 시작 전에 활용하면 복습 효과를 높일 수 있어요!

차례

3주

4주

1주차

어휘 미리보기

이번 주에 학습할
어휘들을 살펴보자!

3일차	**4일차**	**5일차**
과학 어휘	**수학 어휘**	**학습 도움 어휘**
온도	약수	적합
습도	배수	체계적
이슬	공약수	통제
기압	공배수	성취
대류	약분	보장
전도	기약분수	담기다
기상청	통분하다	대부분
해풍	공통분모	실용적

평가 문제도
잘 풀어 보자!

**1주
종합 평가**

1일차 국어 어휘 #읽기 #문법

설명문

어떤 지식이나 정보를 읽는 이가 이해할 수 있도록 쉽게 풀어서 쓴 글.

設 말씀 **설** 明 밝을 **명** 文 글월 **문**

예문 다보탑과 석가탑에 대한 **설명문**을 읽었다.

활용 우리는 수업 시간에 미세 먼지가 발생하는 원인에 대한 **설명문**을 읽었다.

? 도움말 설명문은 글을 읽는 이가 내용을 쉽게 이해할 수 있도록 '처음-가운데-끝'의 세 단계로 짜임새 있게 쓰는 것이 좋아요.

매체

어떤 정보를 한쪽에서 다른 쪽으로 전달하는 물체. 또는 수단.

媒 중매 **매** 體 몸 **체**

예문 글을 쓰기 전에 글이 실릴 **매체**를 고려해야 한다.

활용 대중 **매체**에는 신문, 잡지, 텔레비전, 영화 등이 있다.

열거

설명하려는 대상의 특징을 하나하나 늘어놓아 구체적으로 설명하는 방법.

列 벌일 **열** 擧 들 **거**

예문 여러 운동 종목을 **열거**하여 설명했다.

비슷한말 나열
관련 어휘 비교: 여러 대상에서 공통점을 찾아 설명하는 것.
대조: 여러 대상에서 차이점을 찾아 설명하는 것.

동형어

형태가 같지만 뜻이 서로 다른 낱말.

同 같을 **동** 形 모양 **형** 語 말씀 **어**

예문 '밤나무의 열매'를 뜻하는 '밤'과 '해가 져서 어두운 상태'를 뜻하는 '밤'은 **동형어**이다.

관련 어휘 다의어: 여러 가지 뜻을 가진 한 낱말.

▲ 밤나무의 열매 '밤'   ▲ 어두운 '밤'

복합어

'뜻이 있는 두 낱말을 합한 낱말'과 '뜻을 더해 주는 말과 뜻이 있는 낱말을 합한 낱말'.

複 겹칠 복　合 합할 합　語 말씀 어

예문 '사과나무'는 '사과'와 '나무'로 나눌 수 있는 **복합어**이다.

예문 햇김은 '올해 새로 난'이라는 뜻의 '햇-'과 '김'을 합친 **복합어**이다.

관련 어휘 단일어: '오이'처럼 '오'와 '이'로 나누면 본디의 뜻이 없어져 더는 나눌 수 없는 낱말.

새말

새로이 만들어져 사용되는 낱말.

예문 '워터 파크'라는 낱말을 '물놀이 세상'이라는 **새말**로 만들어 보았다.

활용 국어 시간에 **새말** 사전을 만들었어.

비슷한말 신조어

항목

어떤 기준에 따라 나눈 낱낱의 내용.

項 목덜미 항　目 눈 목

예문 설명할 내용을 '뜻, 특징, 사용 방법'처럼 **항목**별로 나누어 보았다.

활용 단원 평가 **항목**에는 '읽기'와 '쓰기'가 있었어.

관련 어휘 목록: 여러 항목을 일정한 순서로 적은 것.

요약하다

말이나 글의 중요한 내용을 뽑아 간추리다.

要 중요할 요　約 맺을 약

예문 글의 구조를 생각하며 내용을 **요약했다**.

활용 읽은 책의 줄거리를 **요약해** 두었더니 내용을 오래 기억할 수 있었다.

관련 어휘 줄거리: 이야기의 흐름을 이해하는 데 필요한 내용을 중심으로 간략하게 정리한 것.

어휘 플러스⁺ 6학년 어휘

예 초등학생의 언어생활 실태를 조사해 보았다.

우리는 의사소통을 위해 언어를 사용해요. 말하기, 듣기, 쓰기, 읽기를 사용하는 생활을 **언어생활**이라고 하지요. 언어를 사용하는 사람과 지역, 문화에 따라 언어생활의 모습이 달라질 수 있어요. **실태**는 있는 그대로의 상태를 뜻해요. 초등학생의 언어생활 실태를 살펴보면 외국어, 비속어를 사용하는 경우가 종종 있어요. 우리말을 훼손하지 않도록 스스로의 언어생활 실태를 돌아보고 보다 바람직한 언어생활을 위해 노력을 기울여야 해요.

어린이 신문
우리말을 가꾸자
초등학생의 언어생활 실태
비속어X
외국어X

정답과 해설 2쪽

✋ 문장을 읽고, 빈칸에 들어갈 낱말을 보기 에서 찾아 쓰세요.

보기

설명문	매체	열거	동형어
복합어	새말	항목	요약했다

1 여러 운동 종목을 _____ 하여 설명했다.

2 우리는 수업 시간에 미세 먼지가 발생하는 원인에 대한 _____ 을/를 읽었다.

3 대중 _____ 에는 신문, 잡지, 텔레비전, 영화 등이 있다.

4 형태가 같지만 뜻이 서로 다른 낱말은 _____ (이)다.

5 단원 평가 _____ 에는 '읽기'와 '쓰기'가 있었어.

6 '사과나무'는 '사과'와 '나무'로 나눌 수 있는 _____ (이)다.

7 글의 구조를 생각하며 내용을 _____ .

8 '워터 파크'라는 낱말을 '물놀이 세상'이라는 _____ (으)로 만들어 보았다.

1 낱말 적용

다음 대화의 빈칸에 들어갈 알맞은 낱말로 짝 지어진 것은 무엇인가요? ( )

> 선생님: (㉠)은 어떤 지식이나 정보를 읽는 이에게 전달하기 위해 쉽게 풀어서 쓴 글로, 정확한 정보를 전달하는 것이 중요해요. 여러분은 어떤 주제에 대한 글을 쓰고 싶나요?
> 강휘: 선생님, 저는 세계 여러 나라의 탑을 소개하는 글을 쓰고 싶습니다.
> 선생님: 그렇군요, 여러 나라의 탑의 특징을 하나하나 늘어놓아 구체적으로 설명하는 (㉡)의 방법을 사용해 글을 써 보세요.

	㉠	㉡
①	설명문	비교
②	생활문	제시
③	설명문	열거
④	안내문	비교

2 낱말 적용

다음 글의 빈칸에 들어갈 알맞은 낱말은 무엇인가요? ( )

> 최근 정부는 '쉬운 우리말 쓰기'를 위해, 어려운 외국어를 모든 사람이 이해하기 쉬운 ( )로 바꾸는 운동을 국립 국어원과 함께 펼치고 있습니다. 지난 3월에는 '플라잉 모빌리티'라는 외국어를 '근거리 비행 수단'이라는 새로운 우리말로 바꿔 발표하였습니다.

① 줄임 말 　　② 비속어 　　③ 이어 주는 말 　　④ 새말

3 낱말 이해

다음 글자 카드에서 설명하는 낱말을 각각 쓰세요.

(1)
> • 형태가 같지만 뜻이 서로 다른 낱말.
> • 예시 낱말: 밤

(2)
> • 뜻이 있는 두 낱말을 합한 낱말.
> • 예시 낱말: 사과나무

낱말 쓰임

4 다음 중 낱말을 바르게 활용한 친구에 ○표, 잘못 활용한 친구에 ✕표 하세요.

영은 글을 세 문단으로 나누고 각 문단의 내용을 요약했어. ( )

동준 두 가지 이상의 대상에서 차이점을 찾아 설명하는 방법은 '열거'야. ( )

혜준 '햇김'은 동형어의 예라고 할 수 있어. ( )

호영 과학 숙제 항목에는 '모형 만들기'가 포함되어 있었어. ( )

낱말 적용

5 다음 문장의 빈칸에 공통으로 들어갈 낱말은 무엇인가요? ( )

인쇄 ( )를 볼 때에는 글, 그림, 사진이 전달하는 시각 정보를 잘 살펴보는 것이 좋다.

TV와 같은 영상 ( )를 볼 때에는 화면에 나오는 내용과 소리 정보를 함께 살펴보는 것이 좋다.

① 매체   ② 도구   ③ 안내   ④ 언어

낱말 이해

6 다음 보기 에서 복합어가 아닌 낱말을 찾아 쓰세요.

보기

김밥   배나무   고구마   방울토마토

✎ _____

📖 다음 블로그의 글을 읽고, 물음에 답하세요.

Home > 국어 공부 > 설명문

설명문 잘 쓰는 방법

친구들에게 문화유산을 설명하는 글을 쓴다고 상상해 보세요. 어떤 것부터 시작해야 할지 모르겠다고요? 그래서 오늘은 '설명문 잘 쓰는 방법'에 대해 알려 드리려고 해요. 설명문을 쓰기 전에 먼저 설명할 대상에 대한 자료를 찾아 ㉠항목별로 정리하는 것이 좋아요. 자료가 정리되면 글의 짜임을 생각하며 설명문을 써요. 설명문은 처음, 중간, 끝의 세 부분으로 구성되어요.

그렇다면 처음, 중간, 끝에는 각각 어떤 내용을 쓰면 될까요? 처음 부분에는 설명할 대상과 설명하는 이유 등을 밝혀요. 중간 부분에서는 설명하고자 하는 내용을 구체적으로 알려 주는 것이 좋아요. 또한, 글을 읽는 사람이 내용을 잘 이해할 수 있도록 ㉡열거, 분류, ㉢비교, ㉣대조와 같은 설명 방법을 사용해도 좋아요. 마지막으로 설명문의 끝부분에서는 앞에서 설명한 내용을 요약하며 마무리해요.

1 ㉠~㉣의 뜻으로 바르지 <u>않은</u> 것은 무엇인가요?　　　　　　　　　(　　　)

① ㉠ 항목: 어떤 기준에 따라 나눈 낱낱의 내용.

② ㉡ 열거: 설명하려는 대상의 특징을 하나하나 늘어놓아 구체적으로 설명하는 방법.

③ ㉢ 비교: 어떤 대상이나 사물을 생생하게 표현하는 것.

④ ㉣ 대조: 여러 대상에서 차이점을 찾아 설명하는 것.

2 ㉣의 방법을 사용하여 설명한 문장에 ○표 하세요.

> 개와 돌고래는 모두 새끼를 낳아 젖을 먹여 키우는 동물이야.　　(　　)

> 개와 달리 돌고래는 빠르게 헤엄을 칠 수 있는 지느러미가 있어.　　(　　)

2일차 사회 어휘 #국토

주권

다른 나라의 간섭 없이 나라의 중요한 일을 결정하는 권리.

主 주인 주   權 권세 권

예문 대한민국의 **주권**은 국민에게 있다.

활용 독립운동가들은 일본에 뺏긴 우리나라의 **주권**을 되찾기 위해 노력했어.

도움말 국가는 국민·영토·주권의 3요소를 갖추야 해요.

영해

한 나라의 주권이 미치는 바다.

領 거느릴 영   海 바다 해

예문 우리나라의 **영해**에는 다른 나라의 배가 함부로 들어올 수 없다.

관련 어휘 **영토**: 나라의 주권이 미치는 땅의 범위.
영공: 나라의 주권이 미치는 하늘의 범위.

등온선

기후도에서 기온이 같은 곳을 연결한 선.

等 같을 등   溫 따뜻할 온   線 선 선

예문 **등온선**을 살펴보면 지역마다 기온이 어떻게 다른지 알 수 있다.

관련 어휘 **기후도**: 지역에 따라 기온 등을 나타낸 지도.

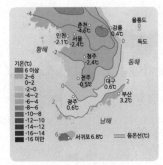

▲ 기후도의 등온선

인구 분포

한 나라 또는 지역에 사는 사람들이 어디에 얼마나 모여 살고 있는가를 나타낸 것.

人 사람 인   口 입 구
分 나눌 분   布 펼 포

예문 **인구 분포**를 나타낸 지도를 보면 많은 사람들이 수도권 지역에 모여 산다.

관련 어휘 **수도권**: 서울, 인천, 경기도를 포함한 지역.

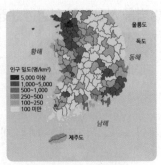

▲ 인구 분포를 나타낸 지도

1주

산맥

여러 산이 이어진 땅의 생김새.

山 산 **산**   脈 줄기 **맥**

예문 우리나라는 큰 **산맥**과 강을 기준으로 지역을 구분할 수 있다.

활용 산 정상에 오르니 길게 뻗은 **산맥**의 모습이 한눈에 들어왔어.

비슷한말 산줄기

간척

바다나 호수의 일부를 둑으로 막고, 그 자리를 흙으로 메꿔 육지로 만드는 일.

干 방패 **간**   拓 넓힐 **척**

예문 사람들은 갯벌을 **간척**해 농사를 짓는 땅으로 사용하기도 한다.

활용 **간척**된 땅에서 천연기념물인 흑두루미 떼가 발견되었다고 해.

지진의 규모

지진의 세기를 0~9까지 나타낸 값.

地 땅 **지**   震 벼락 **진**
規 법 **규**   模 법 **모**

예문 경주에서 일어난 **지진의 규모**는 5.8로 매우 강했다.

관련 어휘 진도: 지진이 일어났을 때 사람이 몸으로 느끼는 정도. 또는 땅이 흔들리는 정도를 값으로 표현한 것.

? 도움말 규모 3일 경우 대형 트럭이 지나갈 때의 진동과 비슷하고, 규모 5일 경우 건물 벽이 갈라지는 등의 피해가 생겨요.

자연재해

홍수, 가뭄, 태풍, 지진, 황사 등 피할 수 없는 자연 현상으로 일어나는 피해.

自 스스로 **자**   然 그럴 **연**
災 재앙 **재**   害 해로울 **해**

예문 올해 여름의 가장 큰 **자연재해**는 홍수 피해이다.

? 도움말 갑자기 기온이 내려가는 한파, 매우 심한 더위인 폭염도 자연재해라고 할 수 있어요.

어휘 플러스⁺
중학교 어휘

예 **남해안**은 다도해라고 불리기도 하며, 동해안은 모래 해안이 발달해 있다.

다도해는 섬이 많은 바다를 뜻해요. 우리나라의 남해안은 약 2000여 개의 섬이 있는 다도해로, 다양한 해양 생물이 지내기에 좋은 환경을 갖추고 있어요. **모래 해안**은 해안에 모래나 자갈 등이 오랜 시간 쌓여 만들어진 지형으로, 사빈이라고 불리는 모래사장이 나타나요. 동해안에는 모래 해안이 넓게 펼쳐져 있어 해수욕장이 많아요.

▲ 우리나라의 다도해

✏️ 문장을 읽고, 빈칸에 들어갈 낱말을 보기 에서 찾아 쓰세요.

> **보기**
>
> | 주권 | 영해 | 등온선 | 인구 분포 |
> | 산맥 | 간척 | 지진의 규모 | 자연재해 |

1 올해 여름의 가장 큰 _____은/는 홍수 피해이다.

2 _____을/를 살펴보면 지역마다 기온이 어떻게 다른지 알 수 있다.

3 _____을/를 나타낸 지도를 보면 많은 사람들이 수도권 지역에 모여 산다.

4 경주에서 일어난 _____은/는 5.8로 매우 강했다.

5 우리나라의 _____에는 다른 나라의 배가 함부로 들어올 수 없다.

6 대한민국의 _____은/는 국민에게 있다.

7 산 정상에 오르니 길게 뻗은 _____의 모습이 한눈에 들어왔어.

8 사람들은 갯벌을 _____해 농사를 짓는 땅으로 사용하기도 한다.

1 낱말 적용

초성을 보고, 빈칸에 들어갈 알맞은 낱말을 쓰세요.

> 대만은 약 20년 전 규모 7.3의 강력한 지진을 겪은 후 이를 예방하기 위한 법을 만들기 시작했습니다. 2020년에는 지진이 발생한 후 30일 안에 지진으로 입은 피해를 *복구할 수 있도록 단계적으로 해야 할 일들을 정하기도 했습니다. 특히 인구 (　ㅂㅍ　)를 고려하여 사람이 많이 모여 사는 지역은 큰 피해를 입을 수 있기 때문에 해당 지역을 특별히 관리하는 노력을 기울이고 있습니다.

　　　　　　　　　　　　　　　　　　　　　　　　•복구 손실 이전의 상태로 회복함.

 ＿＿＿＿＿＿＿＿＿＿＿

2 낱말 쓰임

다음 중 낱말을 잘못 활용한 친구에 ✕표 하세요.

준호	나라의 주권이 미치는 하늘의 범위를 '영공'이라고 해.	(	)
성아	주권을 잃은 나라의 국민은 슬픔에 빠지고 말았어.	(	)
우영	우리는 교통사고와 같은 자연재해를 예방하기 위해 노력해야 해.	(	)

3 낱말 적용

초성을 보고, 문장의 빈칸에 들어갈 낱말의 뜻을 찾아 줄로 이으세요.

(1) 큰불이 (　ㅅㅁ　)을 따라 퍼져 나갔다. ・

・ 기후도에서 기온이 같은 곳을 연결한 선.

(2) (　ㄷㅇㅅ　)을 보니 서울과 인천의 기온이 같았다. ・

・ 한 나라의 주권이 미치는 바다.

(3) 우리나라 (　ㅇㅎ　)에서 다른 나라의 어선이 발견되었다. ・

・ 여러 산이 이어진 땅의 생김새.

낱말 적용

4 다음 대화의 빈칸에 공통으로 들어갈 낱말은 무엇인가요? ( )

> 은혜: 이 ( ) 좀 봐, 기온이 같은 곳을 연결한 등온선이 그려져 있네?
>
> 준호: 그래 맞아. 이 ( )를 보면, 우리나라는 남쪽으로 갈수록 기온이 높아진다는 것을 알 수 있어.

① 지형도   ② 기후도   ③ 백지도   ④ 인구 분포

낱말 적용

5 대화의 빈칸에 공통으로 들어갈 낱말을 쓰세요.

> 기자: 교수님, 이번에 발생한 경주 ( )가 5.8이라고 하는데요. 이 숫자가 의미하는 것은 무엇입니까?
>
> 교수: 그 숫자는 지진의 세기를 나타내는 정도입니다. 숫자가 커짐에 따라 ( )도 강해지지요.

✎ _____

낱말 이해

6 다음 친구들이 말하는 내용을 포함하는 낱말은 무엇인가요? ( )

혜준: 며칠 동안 내린 비로 도로와 시설물이 모두 물에 잠기고 말았어.	호영: 두 달 동안 비가 오지 않아 논바닥이 거북이 등처럼 갈라져 버렸어.	수연: 강한 바람에 가로수가 부러져 주변에 있는 건물에 큰 피해를 입혔어.

① 한파   ② 자연재해   ③ 지진의 규모   ④ 폭염

📖 다음 역사 신문의 기사를 읽고, 물음에 답하세요.

역사 신문   20○○년 11월 21일

11월 21일, 독도 의용 수비대의 넋을 기리다

▲ 포대경으로 동해를 감시하는 홍순칠 대장. (출처: 독도 의용 수비대 기념 사업회)

1953년, 일본 *함선은 수시로 우리나라의 (ㄱ ㅇ ㅎ)를 넘어왔습니다. 당시 우리나라 정부는 6·25 전쟁으로 혼란을 겪고 있었고, 이러한 상황을 알고 있던 일본은 호시탐탐 독도를 빼앗을 기회를 노렸습니다.

이에 맞서 홍순칠 대장은 독도를 지켜야 한다는 굳은 의지로, 동료와 주민 등 33명의 뜻을 모아 '독도 의용 수비대'를 만들었습니다. 1954년 일본의 함선들은 많은 무기를 갖추고 우리나라 (ㄱ ㅇ ㅎ)를 넘어 독도를 빼앗으려 했습니다. 하지만 독도 의용 수비대는 목숨을 걸고 일본에 맞서 독도를 지켜 냈습니다. 우리 정부는 매년 11월 21일을 '독도 대첩일'로 정하여 해마다 독도를 지키다가 희생된 대원들의 넋을 기립니다.

*함선 여러 종류의 배를 통틀어 이르는 말.

---

1 초성을 보고, ㉠에 들어갈 알맞은 낱말을 쓰세요.

✎ _____

2 대화의 빈칸에 공통으로 들어갈 낱말은 무엇인가요?   (   )

> 태호: 일제의 치하에서 벗어나 우리나라의 중요한 일을 결정할 수 있는 (   )을 되찾은 지 얼마 되지 않아 이런 일이 벌어졌었구나.
>
> 지영: 우리 (   )이 미치는 땅과 바다를 지켜 낸 홍순칠 대장이 정말 자랑스러워!

① 자연   ② 주권   ③ 희망   ④ 군사력

3일차 과학 어휘 #열 #온도 #날씨

온도

따뜻하거나 차가운 정도.

溫 따뜻할 온   度 법도 도

예문 온도계를 사용하면 주변의 **온도**를 정확하게 알 수 있다.

활용 무더운 날씨에 에어컨을 켜니 실내 **온도**가 낮아져 금방 시원해졌어.

관련 어휘 온도계: 물체나 어떤 공간의 온도를 재는 기계.

▲ 온도계

습도

공기 중에 수증기가 포함된 정도.

濕 축축할 습   度 법도 도

예문 **습도**가 높은 날에는 음식이 상하기 쉽고, 빨래가 잘 마르지 않는다.

활용 제습기는 **습도**를 낮추어 실내의 공기를 쾌적하게 만들어 주는 제품이야.

관련 어휘 습도계: 공기 중의 습도를 재는 기계.

▲ 습도계

이슬

수증기가 밤사이 차가워진 물체와 만나 물방울로 변해 맺히는 것.

예문 맑은 날 아침, 풀잎에 **이슬**이 맺혀 있다.

관련 어휘 안개: 공기 중 수증기가 물방울로 변해 떠 있는 현상.

? 도움말 이슬과 안개는 액체 상태의 물방울이라고 할 수 있어요.

▲ 풀잎에 맺힌 이슬

기압

공기가 누르는 힘.

氣 기운 기   壓 누를 압

예문 일정한 부피에 공기 알갱이가 많을수록 공기는 무거워지며 **기압**은 높아진다.

활용 내일은 **고기압**의 영향으로 전국이 대체로 맑겠습니다.

관련 어휘 고기압: 공기 알갱이가 많아 누르는 힘이 큰 상태.
저기압: 공기 알갱이가 적어 누르는 힘이 작은 상태.

대류

액체나 기체에서 온도가 높아진 물질이 위로 올라가고 위에 있던 물질이 아래로 밀려 내려오는 과정에서 열이 전달되는 현상.

對 대할 대   流 흐를 류

예문 물이 담긴 냄비를 불에 올려놓으면 **대류**가 일어나 물 전체가 뜨거워진다.

▲ 대류가 일어나는 과정

전도

고체에서 온도가 높은 곳에서 낮은 곳으로 물체를 따라 열이 이동하는 현상.

傳 전할 전   導 이끌 도

예문 열의 **전도**가 일어나면 온도가 낮았던 부분도 시간이 지남에 따라 온도가 높아진다.

활용 냄비는 열 **전도**가 잘 일어나는 물질을 사용하여 만든다고 해!

기상청

날씨의 상태를 관찰하여 사람들에게 미리 알리는 일을 맡아보는 기관.

氣 기운 기   象 형상 상   廳 관청 청

예문 **기상청**에서는 우리가 다양한 날씨에 대처하도록 여러 가지 날씨 정보를 제공한다.

맑음	흐림	소나기	눈
☀	☁	▼ 소나기	⛄

▲ 날씨 기호

해풍

바다에서 육지로 부는 바람.

海 바다 해   風 바람 풍

예문 낮의 바닷가에서는 주로 **해풍**이 분다.

관련 어휘 육풍: 육지에서 바다로 부는 바람.

▲ 해풍과 육풍이 부는 바닷가

어휘 플러스+
중학교 어휘

예 차가운 **기단**과 따뜻한 **기단**이 충돌하여 장마 **전선**이 만들어진다.

기단은 비슷한 성질을 가진 커다란 공기 덩어리로, 보통 생겨난 곳에 따라 다른 특징을 갖고 있어요. 예를 들어, 북서쪽 대륙에서 발생하는 기단은 춥고 건조하며, 바다에서 발생하는 기단은 덥고 습기가 많아요. **전선**은 온도나 습도가 다른 두 기단의 경계면이 지표와 만나는 선을 말해요. 장마 전선은 여름철에 우리나라에 장마를 가져오는 전선으로, 남쪽의 덥고 습한 기단과 북쪽의 차갑고 습한 기단이 충돌하여 생기는 것이지요.

문장을 읽고, 빈칸에 들어갈 낱말을 보기 에서 찾아 쓰세요.

> **보기**
>
> 온도 　　습도 　　이슬 　　기압
>
> 대류 　　전도 　　기상청 　　해풍

1 온도계를 사용하면 주변의 ＿＿＿＿＿＿＿을/를 정확하게 알 수 있다.

2 물이 담긴 냄비를 불에 올려놓으면 ＿＿＿＿＿＿＿이/가 일어나 물 전체가 뜨거워진다.

3 ＿＿＿＿＿＿＿이/가 높은 날에는 음식이 상하기 쉽고, 빨래가 잘 마르지 않는다.

4 맑은 날 아침, 풀잎에 ＿＿＿＿＿＿＿이/가 맺혀 있다.

5 일정한 부피에 공기 알갱이가 많을수록 공기는 무거워지며 ＿＿＿＿＿＿＿은/는 높아진다.

6 ＿＿＿＿＿＿＿에서는 우리가 다양한 날씨에 대처하도록 여러 가지 날씨 정보를 제공한다.

7 낮의 바닷가에서는 주로 ＿＿＿＿＿＿＿이/가 분다.

8 냄비는 열 ＿＿＿＿＿＿＿이/가 잘 일어나는 물질을 사용하여 만든다고 해!

낱말 이해

1 다음 낱말의 뜻을 읽고, 낱말 퍼즐을 완성하세요.

가로 열쇠 ❶ 따뜻하거나 차가운 정도.

세로 열쇠 ❷ 공기 중에 수증기가 포함된 정도.

	❷
❶	

낱말 이해

2 친구들이 말한 내용과 가장 관련 있는 낱말을 보기 에서 찾아 각각 쓰세요.

보기

온도   안개   전도   대류

예은: 라면을 끓이고 나서 냄비 손잡이를 잡았는데, 너무 뜨거워 하마터면 화상을 입을 뻔했어. 아마 냄비가 데워지면서 손잡이까지 뜨거워진 것 같아.

현준: 아침 일찍 산책을 나섰는데 풍경이 선명하지 않았어. 공기 중 수증기가 물방울로 변해 떠 있는 현상 때문인 것 같아.

 _____

 _____

낱말 이해

3 다음 설명에서 가리키는 '이것'은 무엇인가요?   (   )

- 이것은 액체입니다.
- 이것은 수증기가 밤사이 차가워진 물체와 만나 물방울로 변해 맺히는 것입니다.

① 이슬   ② 바람   ③ 안개   ④ 대류

어휘 적용

4 다음 문장이 완성되도록 알맞은 낱말에 ○표 하세요.

(1) (기상청 / 박물관) 누리집에 들어가면, 내가 알고 싶은 지역의 일기 예보를 찾아볼 수 있다.

(2) 일정한 부피에 공기 알갱이가 많을수록 공기는 무거워지며 (수압 / 기압)은 높아진다.

(3) 물이 담긴 냄비를 불에 올려놓으면 (대류 / 한류)에 의해 물 전체가 뜨거워진다.

5 다음 중 밑줄 친 낱말을 잘못 활용한 친구에 ✕표 하세요.

철수	유경	태성
이른 새벽, 풀잎에 이슬이 맺힌 모습을 보니 마음까지 상쾌해져.	안개가 짙게 끼면 앞이 잘 보이지 않아 항공기 착륙이 금지되기도 해.	공기 알갱이가 적어 누르는 힘이 작은 상태를 전도라고 해.
( )	( )	( )

6 다음 대화의 빈칸에 들어갈 알맞은 낱말을 각각 쓰세요.

> 연후: 해풍과 육풍을 구분하는 것이 왜 이렇게 헷갈릴까?
>
> 강휘: 공기의 이동에 대해 알면 해풍과 육풍도 쉽게 구분할 수 있어. 낮에는 육지의 뜨거운 공기가 위로 올라가고, 이 공간은 바다에서 이동한 공기로 채워져. 공기의 이동에 따라 바다에서 육지로 바람이 부는데, 이것을 (㉠)이라고 해. 밤에는 육지보다 온도가 높은 바다 위의 공기가 위로 올라가고, 이 공간은 육지에서 이동한 공기로 채워져. 공기가 이동하면서 육지에서 바다로 부는 바람을 (㉡)이라고 하지.
>
> 연후: 아하 그렇구나! 너는 어쩜 이렇게 설명을 잘하니? 고마워!

㉠ _____ ㉡ _____

📖 다음 일기 예보를 읽고, 물음에 답하세요.

Home > 날씨 > 오늘의 날씨

쌀쌀한 날씨 이어지고 소나기 내려 …

새로운 한 주를 시작하는 상쾌한 아침입니다. 오늘 낮 기온은 어제와 비슷하겠습니다. 낮 기온은 서울과 인천 15℃, 대전과 부산 9℃로 쌀쌀하겠습니다. ㉠습도는 30% 정도로 쾌적하겠습니다. 남부 지방에는 강한 소나기가 내리겠습니다.

동해안 지역에서는 낮 동안 바다에서 육지로 강하게 불어오는 (㉮   )에 주의해야겠습니다.

이번 주는 ㉡기상청 주간 예보에 따라 ㉢고기압의 영향으로 전국이 대체로 맑은 가운데 한동안 쌀쌀한 날씨가 이어지겠습니다.

1 ㉮에 들어갈 알맞은 낱말을 보기 에서 찾아 쓰세요.

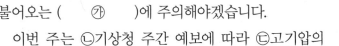

보기

동풍   육풍   해풍   태풍

✏ _____

2 ㉠~㉢에 대한 설명으로 바르지 <u>않은</u> 것에 ✕표 하세요.

㉠ 습도: 습도가 높은 날에는 음식이 상하지 않는다.   (   )

㉡ 기상청: 날씨의 상태를 관찰하여 사람들에게 미리 알려 주는 기관이다.   (   )

㉢ 고기압: 공기 알갱이가 많아 누르는 힘이 큰 상태이다.   (   )

약수

約 맺을 **약** 數 셀 **수**

어떤 수를 나머지 없이 나누어떨어지게 하는 수.

예문 1은 모든 수의 **약수**이다.

예문 6의 **약수**는 1, 2, 3, 6이다.

? 도움말 어떤 수를 8이라고 하면, 8을 나누어떨어지게 하는 수를 8의 약수라고 해요. 1, 2, 4, 8은 8의 약수예요.

$$6 \div ② = 3 \quad 6 \div ③ = 2$$
$$6 \div ① = 6 \quad 6 \div ⑥ = 1$$

배수

倍 곱 **배** 數 셀 **수**

어떤 수의 배가 되는 수.

예문 모든 자연수는 1의 **배수**이다.

예문 15는 3과 5의 **배수**이다.

? 도움말 어떤 수를 2라고 하면, 2를 1배, 2배, 3배…… 한 수를 2의 배수라고 해요. 2, 4, 8……은 2의 배수예요.

$$3 \times 5 = ⑮ \quad 2 \times 1 = ②$$
$$2 \times 2 = ④ \quad 2 \times 3 = ⑥$$

공약수

公 함께 **공** 約 맺을 **약** 數 셀 **수**

어떤 두 수의 공통된 약수.

예문 12와 18의 **공약수**는 1, 2, 3, 6이다.

예문 12와 18의 최대**공약수**는 6이다.

관련 어휘 **최대공약수**: 공약수 중에서 가장 큰 수.

? 도움말 모든 자연수의 공약수에는 1이 포함돼요.

12의 약수: ①②③ 4, ⑥ 12
18의 약수: ①②③⑥ 9, 18
↓
12와 18의 공약수는 1, 2, 3, 6이고,
최대공약수는 6이다.

공배수

公 함께 **공** 倍 곱 **배** 數 셀 **수**

어떤 두 수의 공통된 배수.

예문 6과 8의 **공배수**는 24, 48 말고도 무수히 많다.

예문 6과 8의 최소**공배수**는 24이다.

관련 어휘 **최소공배수**: 공배수 중에서 가장 작은 수.

? 도움말 두 수의 공배수는 최소공배수의 배수와 같아요.

6의 배수: 6, 12, 18, ㉔, 30, 36, 42, ㊽ …
8의 배수: 8, 16, ㉔, 32, 40, ㊽ …
↓
6과 8의 공배수는 24, 48, ……이고,
최소공배수는 24이다.

약분

분수의 분모와 분자를 공통된 약수로 나누어 간단하게 하는 일.

約 맺을 **약** 分 나눌 **분**

예문 $\frac{6}{9}$을 공통된 약수인 3으로 **약분**하면 $\frac{2}{3}$가 된다.

관련 어휘 분수: 전체에 대한 부분을 나타내는 수.

$$\frac{\cancel{6}}{\cancel{9}} = \frac{6 \div \boxed{3}}{9 \div \boxed{3}} = \frac{2}{3}$$

↳ 공약수

기약분수

분모와 분자의 공통된 약수가 1뿐이어서 더 이상 약분되지 않는 분수.

旣 이미 **기** 約 맺을 **약**
分 나눌 **분** 數 셀 **수**

예문 분모와 분자의 최대공약수로 약분하면 **기약분수**를 바로 구할 수 있다.

$$\frac{12}{18} = \frac{12 \div \boxed{6}}{18 \div \boxed{6}} = \boxed{\frac{2}{3}} \longrightarrow 기약분수$$

↳ 최대공약수

통분하다

서로 다른 분수의 분모를 같게 하다.

通 통할 **통** 分 나눌 **분**

예문 분모가 다른 분수들의 크기를 비교하거나, 덧셈과 뺄셈을 할 때 **통분한다**.

도움말 통분할 때 두 분모의 곱이나 최소공배수로 통분해요.

$$통분 \frac{1}{3} \times \frac{5}{5} = \frac{5}{15}, \ \frac{2}{5} \times \frac{3}{3} = \frac{6}{15}$$
$$비교 \frac{5}{15} < \frac{6}{15}$$

공통분모

1. 통분하여 같아진 분모.
2. 둘 또는 여럿 사이의 공통점을 비유적으로 이르는 말.

共 함께 **공** 通 통할 **통**
分 나눌 **분** 母 어머니 **모**

예문 **공통분모**[1]가 있는 두 분수의 크기는 분자의 크기를 비교하여 알 수 있다.

활용 동생과 나는 수학을 좋아한다는 **공통분모**[2]를 가지고 있다.

어휘 플러스+
중학교 어휘

예 자연수 중 소수인 수들을 소인수라고 한다.

소수는 자연수 중에서 2, 3, 5, 7, 11 등과 같이 1과 자기 자신으로만 나뉘는 수예요. 4는 1, 4 외에도 2로도 나눠지므로 소수가 아니지요. 어떤 수를 자연수들의 곱으로 나타낼 때, 그 자연수 중 소수인 수들을 **소인수**라고 해요. 예를 들어, 12의 약수는 1, 2, 3, 4, 6, 12이지만, 이 중에서 소인수는 2, 3이지요.

$$12 = 1 \times 12 = \boxed{2} \times 6 = \boxed{3} \times 4$$

12의 소인수

🔖 문장을 읽고, 빈칸에 들어갈 낱말을 보기 에서 찾아 쓰세요.

보기

약수	배수	공약수	공배수
약분	기약분수	통분한다	공통분모

1 분모가 다른 분수들의 크기를 비교하거나, 덧셈과 뺄셈을 할 때 _____.

2 12와 18의 _____은/는 1, 2, 3, 6이다.

3 _____은/는 어떤 두 수의 공통된 배수이다.

4 _____이/가 있는 두 분수의 크기는 분자의 크기를 비교하여 알 수 있다.

5 _____은/는 어떤 수의 배가 되는 수이다.

6 어떤 수를 나머지 없이 나누어떨어지게 하는 수는 _____(이)다.

7 분모와 분자의 최대공약수로 약분하면 _____을/를 바로 구할 수 있다.

8 $\frac{6}{9}$을 공통된 약수인 3으로 _____하면 $\frac{2}{3}$가 된다.

낱말 이해

1 다음 낱말의 뜻이 완성되도록 알맞은 말에 ○표 하세요.

(1) 약수: 어떤 수를 (분모 / 자릿수 / 나머지) 없이 나누어떨어지게 하는 수.

(2) 배수: 어떤 수의 (최소 / 배 / 최대)가 되는 수.

낱말 이해

2 다음 낱말의 뜻을 읽고, 낱말 퍼즐을 완성하세요.

가로 열쇠 ❶ 전체에 대한 부분을 나타내는 수.

❷ 분수의 분모와 분자를 공통된 약수로 나누어 간단하게 하는 일.

세로 열쇠 ❸ 통분하여 같아진 분모.

❹ 서로 다른 분수의 분모를 같게 하다.

낱말 적용

3 문장의 빈칸에 들어갈 알맞은 낱말을 찾아 줄로 이으세요.

(1) 8과 12의 (   )는 1, 2, 4이다. •   • 공약수

(2) 6과 18의 (   )는 무수히 많다. •   • 최대공약수

(3) 12와 18의 (   )는 6이다. •   • 공배수

낱말 쓰임

4 밑줄 친 낱말의 쓰임이 바른 것에 ○표, 바르지 <u>않은</u> 것에 ✕표 하세요.

(1) 모든 자연수는 1의 <u>배수</u>야. ( )

(2) <u>최소공배수</u>는 공약수 중에 가장 큰 수야. ( )

(3) 1은 모든 수의 <u>약수</u>야. ( )

낱말 쓰임

5 다음 중 밑줄 친 낱말이 <u>잘못</u> 사용된 문장은 무엇인가요? ( )

① 분모가 다른 분수의 크기를 비교할 때 <u>통분한다</u>.

② 분모가 다른 분수의 덧셈과 뺄셈을 할 때 <u>통분한다</u>.

③ 분수를 기약분수로 나타낼 때 <u>통분한다</u>.

④ 두 분모의 곱이나 최소공배수로 <u>통분한다</u>.

낱말 적용

6 다음 문장의 빈칸에 공통으로 들어갈 낱말은 무엇인가요? ( )

> • ( )가 있는 두 분수의 크기는 분자의 크기를 비교하여 알 수 있다.
>
> • 우리 가족은 모두 영화를 좋아한다는 ( )를 가지고 있다.

① 나머지   ② 공통분모   ③ 공약수   ④ 공배수

📖 다음 문자 대화를 읽고, 물음에 답하세요.

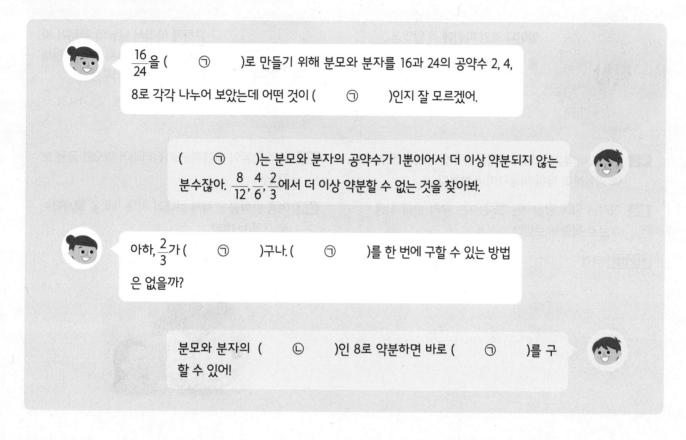

$\frac{16}{24}$을 (㉠)로 만들기 위해 분모와 분자를 16과 24의 공약수 2, 4, 8로 각각 나누어 보았는데 어떤 것이 (㉠)인지 잘 모르겠어.

(㉠)는 분모와 분자의 공약수가 1뿐이어서 더 이상 약분되지 않는 분수잖아. $\frac{8}{12}, \frac{4}{6}, \frac{2}{3}$에서 더 이상 약분할 수 없는 것을 찾아봐.

아하, $\frac{2}{3}$가 (㉠)구나. (㉠)를 한 번에 구할 수 있는 방법은 없을까?

분모와 분자의 (㉡)인 8로 약분하면 바로 (㉠)를 구할 수 있어!

1 ㉠에 들어갈 알맞은 낱말을 쓰세요.

✏️ _____

2 ㉡에 들어갈 알맞은 낱말에 ○표 하세요.

배수   공배수   공통분모   최대공약수

적합

일이나 조건 따위에 꼭 알맞음.

適 맞을 **적** 合 합할 **합**

예문 우리나라의 서쪽 평야 지역은 강수량이 많고 토양에 영양분이 많아 벼농사에 **적합**하다.

활용 어려운 일에 앞장서는 그 친구는 우리 반의 회장 후보로 **적합**해 보였다.

비슷한말 적격   반대말 부적합

체계적

규칙에 따라서 낱낱의 부분이 짜임새 있게 만들어져 통일된 전체를 이루는. 또는 이루는 것.

體 몸 **체** 系 이을 **계** 的 과녁 **적**

예문 글의 짜임이 **체계적**으로 정리되어 있으면 글을 쓰기 쉽다.

활용 여름 방학을 알차게 보내기 위해 계획을 **체계적**으로 세워 보겠어!

비슷한말 구조적, 조직적

통제

어떤 목적이나 계획에 따라 행동을 제한함.

統 거느릴 **통** 制 억제할 **제**

예문 **통제** 변인은 정확한 실험 결과를 얻기 위해 몇 가지 조건을 같게 하는 것을 말한다.

활용 전쟁 중에 잡힌 포로들은 **통제**와 감시 속에서 불안에 떨고 있어.

비슷한말 감독, 관리, 제한

성취

뜻한 바를 이룸.

成 이룰 **성** 就 나아갈 **취**

예문 우리나라의 통일을 **성취**하는 것은 우리 민족의 오랜 바람이다.

활용 선생님이 되겠다는 목적을 이루기 위해 열심히 노력하면, 반드시 꿈을 **성취**할 수 있을 거야!

비슷한말 결실, 달성, 실현

보장

어떤 일이 어려움 없이 이루어지도록 조건을 마련하여 지킴.

保 보전할 보 障 가로막을 장

[예문] 누구나 차별받지 않을 권리가 **보장**되어야 한다.

[활용] 이민 간 친구를 다시 만난다는 **보장**이 없었어.

[비슷한말] 보호

담기다

1. 어떤 내용이나 생각이 그림, 글, 말, 표정 등에 포함되거나 나타나다.
2. 어떤 물건이 그릇 따위에 넣어지다.

[예문] 이 시에는 아버지를 사랑하는 마음이 **담겨**[1] 있다.

[활용] 바구니에 **담긴**[2] 신선한 과일이 먹음직스럽다.

[비슷한말] 깔리다[1], 내재하다[1]

대부분

1. 일반적인 경우에.
2. 절반이 훨씬 넘어 전체 양에 거의 가까운 정도.

[예문] 사막 지역은 **대부분**[1] 모래로 덮여 있어 사람이 살기 어렵다.

[활용] 친구들 **대부분**[2]이 여행하는 것을 좋아했다.

[비슷한말] 거의, 대개, 대다수, 주로

실용적

실제로 쓰기에 알맞은. 또는 알맞은 것.

實 열매 실 用 쓸 용 的 과녁 적

[예문] 조선 후기의 학자들은 학문이 실제 생활에 도움이 될 수 있도록 **실용적**이어야 한다고 생각했다.

[활용] 새로 산 책가방은 책을 담을 수 있는 공간이 넓지 않아 **실용적**이지 않았다.

[비슷한말] 효과적, 경제적

어휘 플러스⁺
관용어

예 우리가 우주에 대해 알고 있는 것은 빙산의 일각일 뿐이다.

빙산의 일각은 어떤 일의 대부분이 숨겨져 있고 겉으로 보이는 것은 아주 작은 부분임을 비유적으로 이르는 말이에요. 바다 위에 떠 있는 빙산의 뾰족한 봉우리는 작게 보여도, 물속에 잠겨 보이지 않는 빙산의 크기가 더 큰 사실에 빗대어 표현한 것이지요. 이 표현은 일부분만 보고 전체를 쉽게 판단하지 말 것을 경계하는 상황에서 주로 사용해요.

✎ 문장을 읽고, 빈칸에 들어갈 낱말을 보기 에서 찾아 쓰세요.

보기

적합   체계적   통제   성취

보장   담겨   대부분   실용적

1 누구나 차별받지 않을 권리가 ＿＿＿＿＿＿＿되어야 한다.

2 우리나라의 통일을 ＿＿＿＿＿＿＿＿하는 것은 우리 민족의 오랜 바람이다.

3 어려운 일에 앞장서는 그 친구는 우리 반의 회장 후보로 ＿＿＿＿＿해 보였다.

4 여름 방학을 알차게 보내기 위해 계획을 ＿＿＿＿＿＿＿＿(으)로 세워 보겠어!

5 새로 산 책가방은 책을 담을 수 있는 공간이 넓지 않아 ＿＿＿＿＿＿＿＿이지 않았다.

6 사막 지역은 ＿＿＿＿＿＿＿모래로 덮여 있어 사람이 살기 어렵다.

7 이 시에는 아버지를 사랑하는 마음이 ＿＿＿＿＿＿＿ 있다.

8 전쟁 중에 잡힌 포로들은 ＿＿＿＿＿와/과 감시 속에서 불안에 떨고 있어.

1 낱말 이해

다음 낱말의 뜻을 읽고, 낱말 퍼즐을 완성하세요.

> 가로 열쇠 ❶ 규칙에 따라서 낱낱의 부분이 짜임새 있게 만들어져 통일된 전체를 이루는. 또는 이루는 것.
>
> 세로 열쇠 ❷ 실제로 쓰기에 알맞은. 또는 알맞은 것.

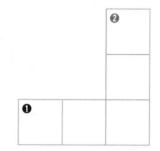

2 낱말 적용

문장의 빈칸에 들어갈 알맞은 낱말을 찾아 줄로 이으세요.

(1) 이 학교는 낯선 사람들의 출입을 엄격하게 ( )하고 있다. · · 적합

(2) 올해 세운 목표를 ( )하기 위해 열심히 노력했다. · · 통제

(3) 이 배낭은 가볍고 수납이 편리하여 등산용으로 ( )하다. · · 성취

3 낱말 적용

초성을 보고, 빈칸에 들어갈 알맞은 낱말을 쓰세요.

최근 감염병이 퍼지며 *확진자의 수도 크게 늘어나고 있습니다. 어제 하루 국내 확진자의 수는 30만 명을 넘어섰으며, 특히 19세 미만의 확진자가 크게 늘어난 것으로 나타났습니다. 하지만 학교 측은 기존 계획에 따라 (ㄷㅂㅂ)의 학생들을 등교시키고 있습니다.

메가뉴스

확진자 30만 명 넘어

•확진자 질환의 종류나 상태를 확실하게 진단받은 사람.

_____

낱말 관계

4 다음 낱말과 비슷한 뜻의 낱말을 보기 에서 찾아 쓰세요.

> 보기
>
> 적합   달성   관리   보호

(1) 성취: 뜻한 바를 이룸. ✎ _____

(2) 통제: 어떤 목적이나 계획에 따라 행동을 제한함. ✎ _____

낱말 쓰임

5 밑줄 친 낱말의 쓰임이 바르지 <u>않은</u> 것은 무엇인가요? (   )

① 홍수로 마을 도로의 일부가 물에 <u>담겨</u> 있다.

② 그 앨범에는 어렸을 적 추억이 <u>담겨</u> 있다.

③ 현정이의 도시락에는 엄마의 사랑이 가득 <u>담겨</u> 있다.

④ 강아지를 바라보는 솔이의 얼굴에 웃음이 가득 <u>담겨</u> 있다.

낱말 적용

6 다음 문장의 빈칸에 공통으로 들어갈 낱말은 무엇인가요? (   )

> • 대한민국 헌법은 국민의 기본 권리를 (   )한다.
> • 장터에는 사람이 아주 많았지만, 나의 물건이 모두 팔린다는 (   )은 없었다.
> • 공정한 선거를 위해 한 사람 당 한 표씩 투표할 권리를 (   )해야 한다.

① 집중   ② 실행   ③ 보장   ④ 제공

📖 다음 발표문을 읽고, 물음에 답하세요.

구례 화엄사 각황전 앞 석등

안녕하세요, 우리나라에서 가장 큰 석등을 소개하겠습니다. 우리나라 보물 중 하나인 이 석등은 화엄사 각황전 앞에 세워져 있습니다. 석등의 높이가 무려 6.4m에 달하지요.

이 석등은 어둠을 밝히는 ㉠실용적인 전등의 역할보다는 종교적으로 간절한 마음이 ㉡담긴 문화재라 할 수 있습니다.

석등은 ㉢대부분 ㉣체계적인 순서로 만들어집니다. 아래에는 3단의 받침돌을 두고, 중간에는 등불을 밝혀 두는 화사석을 둡니다. 화사석에는 마치 네모난 창문처럼 구멍이 뚫려 있습니다. 그리고 화사석 위로 지붕돌을 올린 후, 꼭대기에 머리 장식을 얹어 만듭니다.

▲ 석등

1 ㉠~㉣의 뜻으로 바르지 <u>않은</u> 것은 무엇인가요?　　　　　　　　　(　　　　)

① ㉠ 실용적: 실제로 쓰기에 알맞은 것.

② ㉡ 담긴: 어떤 내용이나 생각이 그림, 글, 말, 표정 등에 포함되거나 나타나는.

③ ㉢ 대부분: 매우 적은 경우에.

④ ㉣ 체계적: 규칙에 따라서 낱낱의 부분이 짜임새 있게 만들어져 통일된 전체를 이루는 것.

2 ㉡과 비슷한 뜻의 낱말을 보기 에서 찾아 쓰세요.

> 보기
>
> 일부　　　대개　　　큰　　　중요한

✎ ＿＿＿＿＿＿＿＿＿＿＿＿＿＿＿＿

1 다음 중 낱말의 관계가 <u>다른</u> 하나는 무엇인가요?　　　　　　　　（　　　　）

① 체계적 – 구조적

② 새말 – 신조어

③ 적합 – 부적합

④ 산맥 – 산줄기

2 다음 빈칸에 공통으로 들어갈 글자에 ○표 하세요.

- 약　　: 분수의 분모와 분자를 공통된 약수로 나누어 간단하게 하는 일.

- 통　　하다: 서로 다른 분수의 분모를 같게 하다.

- 공통　　모: 통분하여 같아진 분모.

| 물 | 수 | 공 | 지 | 분 |

3 다음 중 낱말을 <u>잘못</u> 활용한 친구에 ✕표 하세요.

현주	민정	준석
우리 문화를 소개하는 글에 전통 음식을 <u>열거</u>하면 어떨까?	이번 여행으로 다녀온 곳은 멋진 풍경이 많아 <u>열거</u>하기 어려울 정도야.	이 글에 나타난 글쓴이의 중심 생각을 한 문장으로 <u>열거</u>할 수 있어.
（　　　　）	（　　　　）	（　　　　）

4 다음 뜻에 알맞은 낱말을 보기 에서 찾아 사다리를 타고 내려간 곳에 쓰세요.

보기

항목   영해   주권   통제   간척

1주

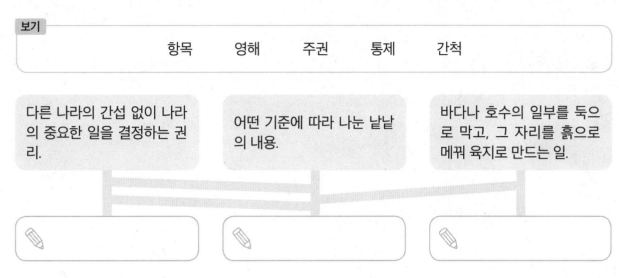

다른 나라의 간섭 없이 나라의 중요한 일을 결정하는 권리.

어떤 기준에 따라 나눈 낱낱의 내용.

바다나 호수의 일부를 둑으로 막고, 그 자리를 흙으로 메꿔 육지로 만드는 일.

5 다음 그림으로 나타내고자 하는 낱말이 무엇인지 보기 에서 찾아 쓰세요.

보기

동형어   다의어
복합어   신조어

_____

6 뜻에 알맞은 낱말을 글자판에서 찾아 묶으세요. 낱말은 가로, 세로, 대각선으로 묶을 수 있어요.

❶ 피할 수 없는 자연 현상으로 일어나는 피해.

❷ 바다에서 육지로 부는 바람.

❸ 일반적인 경우에.

❹ 액체나 기체에서 온도가 높아진 물질이 위로 올라가고 위에 있던 물질이 아래로 밀려 내려오는 과정에서 열이 전달되는 현상.

❺ 분모와 분자의 공통된 약수가 1뿐이어서 더 이상 약분되지 않는 분수.

자	대	고	기
연	류	부	약
재	통	합	분
해	풍	적	수

2 주차

어휘 미리보기

이번 주에 학습할
어휘들을 살펴보자!

평가 문제도
잘 풀어 보자!

**2주
종합 평가**

신념

굳게 믿는 마음.

信 믿을 **신**　念 생각할 **념**

예문 독립을 향한 유관순의 **신념**은 누구도 꺾을 수 없었다.

활용 선수들은 이길 수 있다는 **신념**을 가지고 있었다.

비슷한말 믿음

▲ 유관순

간절히

더없이 정성스러운 마음으로. 또는 마음속에서 바라는 정도가 매우 강하게.

懇 간절할 **간**　切 끊을 **절**

예문 **간절히** 바라는 일을 상상해 보았다.

활용 외국에서 생활하다 보면 김치찌개가 **간절히** 생각나더라고!

비슷한말 극진히, 절실히

시조

정해진 형식이 있는 우리나라 고유의 시.

時 때 **시**　調 고를 **조**

예문 **시조**는 평민, 양반 등 신분에 상관없이 누구나 쓸 수 있었다.

활용 **시조**에는 자연, 사랑, 충성 등 다양한 주제가 담겨 있다.

? 도움말 시조의 첫 번째, 두 번째, 세 번째 행을 각각 초장, 중장, 종장이라고 해요. 종장은 반드시 세 글자로 시작해야 하지요.

자근자근

1. 자꾸 가볍게 누르거나 밟는 모양.
2. 조금 성가실 정도로 자꾸 은근히 귀찮게 구는 모양.
3. 자꾸 가볍게 씹는 모양.

예문 나는 할머니의 허리를 **자근자근**[1] 주물러 드렸다.

활용 동생이 **자근자근**[2] 따라다닐 때 귀찮기도 하지만 귀엽기도 해.

활용 송아지가 느긋하게 풀을 **자근자근**[3] 씹고 있는 모습이 참으로 편안해 보여.

독창적

다른 것을 따라 하지 않고 새로운 것을 처음으로 만들어 내거나 생각해 내는. 또는 생각해 내는 것.

獨 홀로 독　創 비롯할 창　的 과녁 적

예문 고려는 주변 나라들의 침입을 극복하고 **독창적**인 문화를 발전시켰다.

활용 피카소는 **독창적**인 그림을 그린 유명한 화가야.

비슷한말 개성적, 창의적

무언극

대사 없이 몸짓과 표정만으로 내용을 전달하는 연극.

無 없을 무　言 말씀 언　劇 연극 극

예문 배우의 실감 나는 표정과 몸짓 덕분에 **무언극**을 재미있게 관람했다.

비슷한말 마임, 팬터마임

❓도움말 무언극은 거리 공연으로도 많이 볼 수 있어요. 벽이나 문, 계단 등이 마치 그 자리에 있는 것처럼, 몸짓으로 실감 나게 연기해요.

2주

엄포

실속 없이 큰 소리로 꾸짖거나 위협하는 말이나 행동.

예문 할아버지께서 물건을 훔친 범인을 찾겠다고 **엄포**를 놓았다.

활용 컴퓨터를 없애겠다는 엄마의 말이 **엄포**에 그쳐서 정말 다행이야!

❓도움말 '엄포'는 '엄포를 놓다.', '엄포에 그치다.'와 같은 표현으로 사용하는 경우가 많아요.

견주다

둘 이상의 사물에 어떠한 차이가 있는지 알기 위하여 서로 대어 보다.

예문 친구들은 서로 키를 **견주어** 키 작은 순서대로 줄을 섰다.

활용 형들과 축구 실력을 **견주어** 보았다.

비슷한말 겨루다, 비교하다

어휘 플러스⁺
6학년 어휘

예 **전쟁**에 **처한** 상황에서도 희망을 **추구한** 이 작품은, 뛰어난 예술적 **가치**를 지녔다.

　처하다는 '어떤 형편이나 처지에 놓이다.'라는 뜻이에요. 이와 비슷한 뜻의 낱말로 '맞닥뜨리다, 놓이다'를 쓸 수 있어요. **추구하다**는 '목적을 이룰 때까지 뒤쫓아 구하다.'라는 뜻이에요. 목표나 이익과 같이 얻고자 하는 바를 위해 노력할 때 사용하는 말이지요. **가치**는 사물이 지니고 있는 쓸모를 뜻하는 말이에요. 이와 비슷한 낱말로는 '중요성, 값, 의의' 등이 있어요. 위의 예시 문장은 '전쟁이 벌어진 상황에서도 희망을 얻고자 한 이 작품은 뛰어난 예술적 의의를 지녔다.'라는 뜻으로 볼 수 있어요.

어휘 이해

문장을 읽고, 빈칸에 들어갈 낱말을 보기 에서 찾아 쓰세요.

보기

신념	간절히	시조	자근자근
독창적	무언극	엄포	견주어

1 외국에서 생활하다 보면 김치찌개가 _____ 생각나더라고!

2 동생이 _____ 따라다닐 때 귀찮기도 하지만 귀엽기도 해.

3 고려는 주변 나라들의 침입을 극복하고 _____인 문화를 발전시켰다.

4 컴퓨터를 없애겠다는 엄마의 말이 _____에 그쳐서 정말 다행이야!

5 배우의 실감 나는 표정과 몸짓 덕분에 _____을/를 재미있게 관람했다.

6 독립을 향한 유관순의 _____은/는 누구도 꺾을 수 없었다.

7 친구들은 서로 키를 _____ 키 작은 순서대로 줄을 섰다.

8 _____은/는 평민, 양반 등 신분에 상관없이 누구나 쓸 수 있었다.

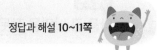

2주

1 [낱말 이해]

다음 낱말의 뜻이 완성되도록 알맞은 말에 ○표 하세요

(1) 무언극: (대사 / 도구 / 무대) 없이 몸짓과 표정만으로 내용을 전달하는 연극.

(2) 독창적: 다른 것을 따라 하지 않고 (친근한 / 새로운 / 만족스러운) 것을 처음으로 만들어 내거나 생각해 내는. 또는 생각해 내는 것.

2 [낱말 이해]

다음 설명에서 가리키는 '이것'이 무엇인지 쓰세요.

- 이것은 우리나라 고유의 시로, 정해진 형식이 있다.
- 평민, 양반 등 신분에 상관없이 누구나 이것을 쓸 수 있었다.
- 이것은 초장, 중장, 종장으로 이루어지고, 종장은 세 글자로 시작해야 한다.

 _____

3 [낱말 적용]

다음 문장의 빈칸에 들어갈 알맞은 낱말을 찾아 줄로 이으세요.

(1) 그 소설은 (   )(이)라는 평가를 받았다.   ·

·   간절히

(2) 사막에서 길을 잃은 소년은 물 한 잔을 (   ) 바랐다.   ·

·   독창적

(3) 거리에서 부모님과 함께 재미있는 (   )을 보았다.   ·

·   무언극

4 낱말 쓰임

다음 중 낱말을 잘못 활용한 친구에 ✕표 하세요.

주희 — 나는 새해를 맞이하여 <u>엄포</u>를 빌었어. ( )

현석 — 가만두지 않겠다던 형의 말은 <u>엄포</u>에 그치고 말았어. ( )

경윤 — 욕심쟁이 영감은 사람들을 쫓아내겠다며 <u>엄포</u>를 놓았어. ( )

5 낱말 적용

다음 문장의 빈칸에 공통으로 들어갈 낱말은 무엇인가요? ( )

- 그는 독립운동에 대한 굳은 ( )을 지닌 사람이다.
- 이번 경기에서 반드시 승리할 수 있다는 ( )을 가져야 한다.
- 결코 변하지 않던 그의 ( )이 결국 흔들리고 말았다.

① 노력 　　　② 성실 　　　③ 신념 　　　④ 인내심

6 낱말 쓰임

밑줄 친 낱말의 쓰임이 바르지 <u>않은</u> 것은 무엇인가요? ( )

① 강아지는 놀아 달라고 나를 <u>자근자근</u> 따라다녔다.

② 퇴근하신 아빠의 어깨를 <u>자근자근</u> 주물러 드렸다.

③ 아기는 어느새 <u>자근자근</u> 잠이 들었다.

④ <u>자근자근</u> 씹히는 맛이 재미있어 자꾸 잣을 먹었다.

📖 다음 전시회 안내문을 읽고, 물음에 답하세요.

2
주

인공 지능 기술과
전통 문학의 만남

우리 민족의 정서를
독창적으로 표현한
새로운 시도!

10월 1일 ~ 10월 15일
행복 갤러리

우리 민족 고유의 감정을 나타내다!

시조에 담긴 우리 민족 고유의 감정이 ㉠독창적인 미술 작품으로 다시 태어났습니다. 인공 지능 기술이 시조들을 분석하여 시조에 담긴 정서와 이미지를 다양한 분위기의 그림으로 표현한 것입니다. 작품들에는 '임금에 대한 충성심과 굳은 ㉡신념', '연인에 대한 사랑과 ㉢간절한 그리움' 등 우리 민족의 다양한 감정이 담겨 있습니다.

우리나라의 ㉣시조와 전 세계의 미술 작품을 모두 분석해 학습한 인공 지능이 표현한 작품 세계로 여러분을 초대합니다. 어떤 전시회와도 ㉮견줄 수 없는 신선함을 느껴 보세요!

관람 시간	9:00~18:00
관람 요금	15,000원

1 ㉠~㉣의 뜻으로 바르지 <u>않은</u> 것은 무엇인가요? ( )

① ㉠ 독창적: 다른 것을 따라 하지 않고 새로운 것을 처음으로 만들어 내거나 생각해 내는 것.

② ㉡ 신념: 굳게 믿는 마음.

③ ㉢ 간절한: 마음속에서 바라는 정도가 매우 강한.

④ ㉣ 시조: 정해진 형식이 없는 우리나라 고유의 시.

2 ㉮와 뜻이 비슷한 것에 ◯표 하세요.

논의할	파악할	비교할	추론할

2일차 사회 어휘 #인권 #정의

인권

사람이라면 누구나 태어나면서부터 가지는 당연한 권리.

人 사람 인 權 권세 권

예문 **인권**은 다른 사람이 함부로 빼앗을 수 없다.

활용 방정환은 어린이의 **인권** 신장을 위해 어린이날을 만들었다.

관련 어휘 **인권 신장**: 인간으로서 당연히 가지는 권리가 늘어나는 일.

정의

진리에 맞는 올바른 도리.

正 바를 정 義 옳을 의

예문 마틴 루터 킹은 차별받는 흑인의 인권 신장을 위해 노력한 **정의**로운 인물이다.

활용 법원에 **정의**의 여신상이 있다고 해.

관련 어휘 **정의롭다**: 정의에 벗어남이 없이 올바르다.

▲ 정의의 여신상

사회 보장 제도

생활에 어려움을 겪는 국민이 잘 살 수 있도록 도와주는 제도.

社 모일 사   會 모일 회
保 보전할 보   障 가로막을 장
制 억제할 제   度 법도 도

예문 **사회 보장 제도**가 발달된 나라일수록 치료를 무료로 받을 수 있는 기회가 많다.

관련 어휘 **복지**: 행복한 생활을 누릴 수 있는 상태.

? 도움말 사회 보장 제도에는 생활비나 치료비를 지원해 주는 제도 등이 있어요.

▲ 사회 보장 제도의 도움을 받을 수 있는 사회적 약자

지방 자치 단체

시·군·구청 등 지역의 일을 결정하고 처리하는 조직.

地 땅 지   方 모 방
自 스스로 자 治 다스릴 치
團 둥글 단   體 몸 체

예문 **지방 자치 단체**는 지역 사람들의 인권을 보장하기 위해 많은 노력을 한다.

활용 국가와 **지방 자치 단체**는 장애인이 공공시설을 안전하게 이용할 수 있는 시설물을 만들어.

2주

참정권

국민의 한 사람으로서 국가의 정치 과정에 참여할 수 있는 권리.

參 참여할 **참** 政 정사 **정** 權 권세 **권**

예문 **참정권**은 국민이 갖는 권리 중 하나이다.

관련 어휘 **평등권**: 차별받지 않을 권리.
자유권: 자유롭게 생각하고 행동할 수 있는 권리.

의무

1. 법에 의해 강제로 지켜야 하는 행동.
2. 사람으로서 마땅히 해야 할 일.

義 옳을 **의** 務 힘쓸 **무**

예문 헌법에는 국민이 지켜야 할 **의무**[1]가 제시된다.

활용 나는 학급 회장으로서 맡은 **의무**[2]를 다했다.

비슷한말 책임

국민 투표

국가의 중요한 일을 국민이 최종적으로 투표해 결정하는 제도.

國 나라 **국** 民 백성 **민**
投 던질 **투** 票 표 **표**

예문 법 중에서 가장 기본이 되는 헌법의 내용을 고칠 때 **국민 투표**를 실시해야 한다.

도움말 나라를 지키는 일과 같이 중요한 일을 결정할 때에도 국민 투표를 할 수 있어요.

▲ 투표하는 모습

제재

1. 법이나 규정을 어겼을 때 국가가 처벌을 내리는 일.
2. 규칙이나 질서를 지키지 않는 것을 제한하거나 금지하는 일.

制 억제할 **제** 裁 마를 **재**

예문 국민이 법을 지키지 않을 경우, 벌금을 내야 하는 등의 **제재**[1]를 받는다.

활용 다른 학생의 공부를 방해하는 행동에는 적절한 **제재**[2]가 필요해.

비슷한말 금지, 제한

어휘 플러스⁺
6학년 어휘

예 **1960년, 이승만 정부는 선거에서 이기기 위해 부정 선거를 계획했다.**

부정 선거란 올바르지 못한 수단과 방법으로 행해진 선거를 뜻해요. 1960년 3월 15일, 우리나라의 첫 번째 대통령이었던 이승만 대통령은 부정 선거를 계획했어요. 그리고 투표함을 바꾸거나 사람들에게 돈을 주며 이승만을 뽑게 만드는 등 옳지 못한 방법으로 부정 선거를 실시했어요. 이러한 사실을 알게 된 국민들이 부정 선거에 반대하여 곳곳에서 시위를 벌였고, 이승만 정부는 시위에 참여한 사람들을 폭력적인 방법으로 체포했어요.

어휘 이해

문장을 읽고, 빈칸에 들어갈 낱말을 보기 에서 찾아 쓰세요.

보기

인권　　　정의　　　사회 보장 제도　　　지방 자치 단체

참정권　　　의무　　　국민 투표　　　제재

1 방정환은 어린이의 _____ 신장을 위해 어린이날을 만들었다.

2 _____은/는 지역 사람들의 인권을 보장하기 위해 많은 노력을 한다.

3 마틴 루터 킹은 차별받는 흑인의 인권 신장을 위해 노력한 _____로운 인물이다.

4 _____은/는 국민이 갖는 권리 중 하나이다.

5 법 중에서 가장 기본이 되는 헌법의 내용을 고칠 때 _____을/를 실시해야 한다.

6 _____이/가 발달된 나라일수록 치료를 무료로 받을 수 있는 기회가 많다.

7 다른 학생의 공부를 방해하는 행동에는 적절한 _____이/가 필요해.

8 나는 학급 회장으로서 맡은 _____을/를 다했다.

1 낱말 이해

낱말의 뜻을 읽고, 보기 에서 글자 카드를 찾아 빈칸에 알맞은 낱말을 쓰세요.

보기

| 국 | 정 | 지 | 의 | 무 | 복 |

(1) 행복한 생활을 누릴 수 있는 상태.

(2) 진리에 맞는 올바른 도리.

2 낱말 적용

다음 대화의 빈칸에 공통으로 들어갈 낱말은 무엇인가요? ( )

선생님: (　　　　)은/는 사람이라면 누구나 태어나면서부터 가지는 당연한 권리를 뜻해요.
　　　　다른 사람이 함부로 빼앗을 수 없는 가치라고 할 수 있어요.
　　　　여러분은 (　　　　)에 대하여 어떤 것을 조사하고 싶나요?
동섭: 선생님, 저는 사람들의 (　　　　)을/를 보호하는 국가 기관에 대해 조사하려고 해요.

① 보장　　　　② 인권　　　　③ 정의　　　　④ 복지

3 낱말 이해

다음 설명에서 가리키는 '이것'에 ○표 하세요.

- 이것은 한 나라의 국민이 갖는 권리 중 하나예요.
- 이것은 국민의 한 사람으로서 국가의 정치 과정에 참여할 수 있는 권리예요.

평등권　　　　자유권　　　　참정권　　　　인권

낱말 이해

4 주어진 힌트와 관련 있는 낱말의 기호를 보기 에서 찾아 각각 쓰세요.

보기
　　　⊙ 지방 자치 단체　　　ⓒ 사회 보장 제도　　　ⓒ 국민 투표

첫 번째 힌트	두 번째 힌트	정답
(1) 국민을 도움 ➡	복지 ➡	✎
(2) 지역의 일을 처리 ➡	시·군·구청 ➡	✎
(3) 국가의 중요한 일 ➡	찬성과 반대 ➡	✎

낱말 쓰임

5 밑줄 친 '의무'의 뜻이 나머지와 다른 것은 무엇인가요?　　　　　　　　（　　　　）

① 학생은 학교 규칙을 지킬 <u>의무</u>가 있다.

② 그는 학생들을 가르치며 스승의 <u>의무</u>를 다하기 위해 노력했다.

③ 국민으로서 헌법에 제시된 <u>의무</u>를 지키지 않으면 벌금을 낼 수도 있다.

④ 반려동물을 사랑으로 보살펴야 할 <u>의무</u>에 책임감을 느껴야 한다.

낱말 적용

6 다음 문장의 빈칸에 들어갈 알맞은 낱말로 짝 지어진 것은 무엇인가요?　　　　（　　　　）

　• 쓰레기를 몰래 버리는 회사에 대한 (　⊙　) 방안을 강화했다.
　• 헌법에는 국민이 지켜야 할 (　ⓒ　)가 나타나 있다.

	⊙	ⓒ
①	제재	의도
②	제재	의무
③	정의	의무
④	금지	의도

📖 다음 블로그의 글을 읽고, 물음에 답하세요.

Home > 사회 > 알쏭달쏭 지식 > 권리와 의무

권리와 의무는 어떤 관계일까?

국가 또는 (㉮   )에서 나라 살림을 위해 국민에게 거두어들이는 돈을 '세금'이라고 해요. 세금은 국가의 살림을 위해 꼭 필요하지요. 그런데 우리가 세금을 내지 않는다면 어떤 일이 벌어질까요?

사람들이 이용하는 도로나 다리, 놀이터와 같은 공공시설을 지을 수 있는 돈이 부족해질 거예요. 또한 소방서, 경찰서와 같은 공공 기관을 관리하는 돈도 부족해지지요. 만약 이런 일들이 실제로 일어난다면 우리는 공공시설을 사용할 수 없는 것은 물론, 안전하게 살 수 있는 권리도 누릴 수 없을 거예요. 이처럼 *납세의 ㉠의무를 지키지 않으면, 국민으로서 누려야 할 권리도 더 이상 누릴 수 없는 상황이 되고 말아요.

국민으로서 지켜야 할 의무를 행하지 않을 경우 국가는 ㉡제재를 주기도 해요. 어쩌면 이러한 제재에 거부감을 느끼는 사람이 있을지도 몰라요. 하지만 권리와 의무는 늘 함께 다니는 단짝이기 때문에, 우리가 국민의 의무를 지켜야 권리도 누릴 수 있다는 사실을 기억해야 해요.

• 납세 세금을 냄.

---

1 보기 를 읽고, ㉮에 들어갈 알맞은 낱말을 쓰세요.

> 보기
>
> ㉮의 뜻: 시·군·구청 등 지역의 일을 결정하고 처리하는 조직.

2 ㉠~㉡의 뜻으로 바르지 않은 것에 ✕표 하세요.

㉠ 의무: 자유롭게 생각하고 행동할 수 있는 권리.　　　　　　　　(　　　)

㉡ 제재: 법이나 규정을 어겼을 때 국가가 처벌을 내리는 일.　　　(　　　)

3일차 과학 어휘 #태양계 #별

천체
우주에 있는 달과 별 등 모든 물체를 가리키는 말.

天 하늘 천 體 몸 체

예문 천문학자는 **천체**의 상태와 변화를 관찰하며 우주의 모습을 연구하는 사람이다.

활용 우리는 망원경으로 밤하늘의 **천체**를 감상했다.

?도움말 천체는 은하와 같이 아주 거대한 존재뿐만 아니라, 위성, 소행성, 운석 등을 모두 포함해요.

▲ 천체

행성
지구처럼 태양의 주위를 도는 둥근 천체.

行 다닐 행 星 별 성

예문 태양계의 **행성**에는 수성, 금성, 지구, 화성, 목성, 토성, 천왕성, 해왕성이 있다.

활용 태양계 **행성** 중에서 가장 작은 것은 수성이고, 가장 큰 것은 목성이다.

관련 어휘 항성: 스스로 빛을 내는 천체.

▲ 행성

태양
1. 태양계의 중심이 되며 스스로 빛을 내는 별.
2. 매우 소중하거나 희망을 주는 존재를 비유적으로 이르는 말.

太 클 태 陽 볕 양

예문 **태양**¹은 지구를 따뜻하게 하여 생물이 살아가기에 알맞은 환경을 만든다.

활용 우리나라의 독립운동이 일어난 시기에 김구 선생은 우리 민족의 **태양**²이었어.

▲ 빛나는 태양

태양계
태양의 영향이 미치는 공간과 그 공간에 있는 천체를 통틀어 이르는 말.

太 클 태 陽 볕 양 系 이을 계

예문 **태양계**는 태양, 행성, 위성, 소행성, 혜성 등으로 구성된다.

활용 지구에 다양한 생명체가 사는 것처럼, **태양계**의 다른 행성에도 생명체가 살고 있지 않을까?

▲ 태양계

2주

위성

행성의 주위를 돌고 있는 천체.

衛 지킬 위   星 별 성

예문 지구의 **위성**은 달이다.

활용 60개 이상의 **위성**이 목성 주위를 돌고 있다고 해.

▲ 지구의 위성, 달

구성원

어떤 단체나 조직을 이루고 있는 사람 또는 존재.

構 얽을 구   成 이룰 성   員 인원 원

예문 행성과 위성은 태양계의 **구성원**이다.

비슷한말 일원

별자리

별의 무리를 구분해 동물이나 인물 등의 이름을 붙인 것.

예문 **별자리**의 이름은 시대에 따라 다르다.

활용 우리는 밤하늘의 **별자리**를 보며 얘기를 나누었어.

▲ 별자리

북극성

북쪽 하늘의 작은곰자리의 꼬리 끝부분에 있는 밝은 별로, 계절이 바뀌어도 위치가 거의 변하지 않음.

北 북녘 북   極 지극할 극   星 별 성

예문 옛날 사람들은 나침반 대신 **북극성**을 보고 방향을 찾기도 했다.

어휘 플러스⁺
중학교 어휘

예 태양계의 구성원에는 행성 외에도 소행성, 혜성, 유성 등이 있다.

소행성은 화성과 목성 사이의 궤도에서 태양의 둘레를 도는 작은 행성들을 말해요. 소행성은 개수를 세기 어려울 정도로 많으며 대부분 반지름이 50km 이하의 작은 천체예요. **혜성**은 가스 상태의 빛나는 긴 꼬리를 끌고 태양을 중심으로 타원에 가까운 모양으로 움직이는 작은 천체이지요. **유성**은 지구의 대기권에서 빛을 내며 떨어지는 천체를 뜻하는데, 별똥별이라 부르기도 해요.

▲ 혜성의 모습

문장을 읽고, 빈칸에 들어갈 낱말을 보기 에서 찾아 쓰세요.

보기

천체　　행성　　태양　　태양계
위성　　구성원　　별자리　　북극성

1 _____은/는 지구처럼 태양의 주위를 도는 둥근 천체이다.

2 _____은/는 행성의 주위를 돌고 있는 천체이다.

3 지구에 다양한 생명체가 사는 것처럼, _____의 다른 행성에도 생명체가 살고 있지 않을까?

4 _____은/는 별의 무리를 구분해 동물이나 인물 등의 이름을 붙인 것이다.

5 _____은/는 지구를 따뜻하게 하여 생물이 살아가기에 알맞은 환경을 만든다.

6 어떤 단체나 조직을 이루고 있는 사람 또는 존재를 _____(이)라고 한다.

7 옛날 사람들은 나침반 대신 _____을/를 보고 방향을 찾기도 했다.

8 _____은/는 우주에 있는 달과 별 등 모든 물체를 가리키는 말이다.

1 낱말 적용

대화의 빈칸에 공통으로 들어갈 낱말을 보기 에서 찾아 쓰세요.

보기

위성　　　북극성　　　태양　　　행성

아빠: 오늘 날씨가 좋구나! 오늘 산에 오르길 정말 잘한 것
　　　같아. 밝게 빛나는 (　　　　)과 하얀 구름이 마치
　　　그림 같구나.
아들: 경치가 아름다워서 힘든 줄 모르겠어요!
아빠: 그렇지? 아들은 저 하늘에 떠 있는 (　　　　)과 같
　　　은 존재란다.
아들: 아빠, 그게 무슨 뜻이에요?
아빠: (　　　　)은 매우 소중하거나 희망을 주는 존재를 뜻하기도 하거든!
아들: 우아, 정말요? 아빠 최고!

2 낱말 이해

낱말의 뜻을 읽고, 빈칸에 들어갈 알맞은 낱말을 쓰세요.

(1) 망원경으로 밤하늘의 (　　　　)를 감상하는 것이 취미이다.

　　낱말의뜻 우주에 있는 달과 별 등 모든 물체를 가리키는 말.

(2) 혜영이가 재미있는 (　　　　) 이야기를 들려 주었다.

　　낱말의뜻 별의 무리를 구분해 동물이나 인물 등의 이름을 붙인 것.

3 낱말 적용

다음 문장이 완성되도록 알맞은 낱말에 ○표 하세요.

(1) 지구는 태양 주위를 도는 (항성 / 행성)이다.

(2) 행성의 주위를 돌고 있는 천체인 (위성 / 행성)은 목성 주위에 가장 많다.

(3) 사막에서 길을 잃은 사람들은 (북극성 / 화성)을 보며 방향을 찾았다.

4 대화의 빈칸에 들어갈 알맞은 낱말로 짝 지어진 것은 무엇인가요? ( )

> 지연: (㉠)에는 모두 8개의 행성이 있고, 그 행성의 주위를 돌고 있는 천체인
> (㉡)도 있어.
> 수진: 맞아. 지구의 (㉡)은 달이래.

	㉠	㉡
①	태양계	항성
②	우주	위성
③	태양계	위성
④	우주	항성

낱말 쓰임

5 밑줄 친 낱말의 쓰임이 바르지 <u>않은</u> 것은 무엇인가요? ( )

① 우리 학급의 <u>구성원</u>들은 서로 예절을 잘 지킨다.

② 수성, 금성, 지구는 태양계의 <u>구성원</u>이다.

③ 음식을 만들기 위하여 신선하고 깨끗한 <u>구성원</u>을 사용하였다.

④ 사회의 <u>구성원</u>이라면 누구나 서로의 권리와 역할을 존중해야 한다.

낱말 이해

6 다음 설명에서 가리키는 낱말에 ◯표 하세요.

> 이 별은 작은곰자리의 꼬리 끝부분에 있는 밝은 별로, 우리에게 태양 다음으로 친숙한 별이에요. 이것은 계절에 상관없이 북쪽 하늘에서 일 년 내내 볼 수 있지요. 그래서 먼 길을 떠나는 나그네들에게 방향을 알려 주는 '나그네의 길잡이 별'이라고 불리기도 해요.

유성	북극성	위성	혜성

📖 다음 인터넷 신문의 기사를 읽고, 물음에 답하세요.

Home > 과학 > 특별 기사 > 천체

ⓐ태양계 (㉮) 6개가 일렬로

이번 6월, 밤하늘에서 특별한 장면이 펼쳐질 예정이다. 한국 천문 연구원에 따르면, 6월 중순부터 말까지 새벽 4시 30분쯤에 태양계의 ⓑ구성원 중 해왕성을 제외한 (㉮) 6개가 동쪽 지평선부터 남쪽 하늘까지 일렬로 늘어선 듯한 모습을 관찰할 수 있다고 밝혔다. 수성과 금성, 천왕성, 화성, 목

(출처: 한국 천문 연구원)

성, 토성을 모두 맨눈으로 볼 수 있는 것이다. 한국 천문 연구원은 ⓒ천체가 이동하는 길을 예상하는 연구를 통해 이러한 현상을 예측했다고 발표했다.

1 ㉮에 들어갈 알맞은 낱말을 보기 에서 찾아 쓰세요.

> 보기
>
> 항성   별자리   행성   위성

✎ _____

2 ⓐ~ⓒ의 뜻으로 바른 것에 ○표, 바르지 않은 것에 ×표 하세요.

ⓐ 태양계: 태양의 영향이 미치는 공간과 그 공간에 있는 천체를 통틀어 이르는 말.   (   )

ⓑ 구성원: 어떤 단체나 조직을 이루고 있는 사람 또는 존재.   (   )

ⓒ 천체: 지구에서 볼 수 있는 달과 별을 가리키는 말.   (   )

대응

두 대상이 주어진 어떤 관계나 규칙에 의해 서로 짝을 이루는 것.

對 대할 **대**　應 응할 **응**

예문 자동차 수가 1대 늘어날 때마다 바퀴 수는 4개씩 늘어나는 **대응** 관계를 이룬다.

관련 어휘 대응 관계: 두 대상이 규칙에 의해 짝을 이룬 상태.

자동차 수	1	2	3	4
바퀴 수	4	8	12	16

▲ 대응 관계를 나타낸 표

합동

모양과 크기가 같아서 포개었을 때 완전히 겹치는 두 도형.

合 합할 **합**　同 같을 **동**

예문 색종이를 잘라서 서로 **합동**인 사각형 4개를 만들 수 있다.

활용 완전히 겹치는 두 도형은 **합동**이구나!

▲ 합동인 도형

대칭

기준이 되는 점이나 선을 사이에 두고 같은 거리에서 마주 놓여 있는 것.

對 대할 **대**　稱 일컬을 **칭**

예문 한 직선을 따라 접어서 완전히 겹쳐지는 두 도형은 서로 **대칭**이다.

활용 가족들과 함께 꾸민 크리스마스트리를 살펴보니 양쪽으로 **대칭**을 이루고 있어!

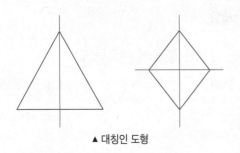

▲ 대칭인 도형

선대칭 도형

한 직선을 따라 접었을 때 완전히 겹치는 도형.

線 선 **선**　對 대할 **대**　稱 일컬을 **칭**
圖 그림 **도**　形 모양 **형**

예문 한 개의 **선대칭도형**에 여러 개의 대칭축이 있는 경우가 있다.

관련 어휘 대칭축: 한 직선을 기준으로 도형이 대칭이 될 때, 그 직선을 이르는 말.

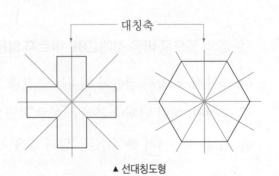

▲ 선대칭도형

점대칭 도형

한 점을 중심으로 180° 돌렸을 때 처음 도형과 완전히 겹치는 도형.

點 점 **점**　對 대할 **대**　稱 일컬을 **칭**
圖 그림 **도**　形 모양 **형**

예문 **점대칭도형**에서 대칭의 중심은 오직 한 개뿐이다.

관련 어휘 대칭의 중심: 점대칭도형의 중심에 있는 점.

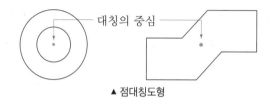

▲ 점대칭도형

대응각

합동인 두 도형에서 서로 겹치는 각.

對 대할 **대**　應 응할 **응**　角 뿔 **각**

예문 합동인 두 도형에서 **대응각**의 크기는 같다.

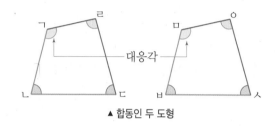

▲ 합동인 두 도형

대응변

합동인 두 도형에서 서로 겹치는 변.

對 대할 **대**　應 응할 **응**　邊 가 **변**

예문 합동인 두 도형은 **대응변**의 길이가 같다.

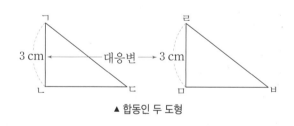

▲ 합동인 두 도형

대응점

합동인 두 도형에서 서로 겹치는 점.

對 대할 **대**　應 응할 **응**　點 점 **점**

예문 합동인 두 도형은 같은 위치에 **대응점**이 있다.

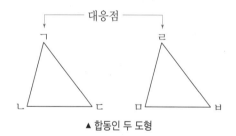

▲ 합동인 두 도형

어휘 플러스＋
중학교 어휘

예 **두 직선이 만날 때에 교각과 맞꼭지각이 생긴다.**

교각은 두 직선이 한 점에서 만나서 생기는 네 개의 각을 말해요. 반드시 두 직선이 만나야 생기는 각이므로 '만난각'이라고 부르기도 해요. 오른쪽 그림에서 '각 a, 각 b, 각 c, 각 d'는 모두 교각이에요. **맞꼭지각**은 '교각' 중에서도 서로 마주 보는 두 각을 가리키는 말이에요. 오른쪽 그림에서 '각 a와 각 c', '각 b와 각 d'는 맞꼭지각으로, 맞꼭지각의 크기는 항상 서로 같답니다.

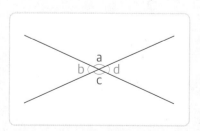

정답과 해설 15쪽

✏️ 문장을 읽고, 빈칸에 들어갈 낱말을 보기 에서 찾아 쓰세요.

> **보기**
>
> 대응　　　합동　　　대칭　　　선대칭도형
>
> 점대칭도형　　　대응각　　　대응변　　　대응점

1 모양과 크기가 같아서 포개었을 때 완전히 겹치는 두 도형을 _____이라고 한다.

2 한 직선을 따라 접었을 때 완전히 겹치는 도형을 _____이라고 한다.

3 _____은 기준이 되는 점이나 선을 사이에 두고 같은 거리에서 마주 놓여 있는 것을 뜻한다.

4 자동차 수가 1대 늘어날 때마다 바퀴 수는 4개씩 늘어나는 _____ 관계를 이룬다.

5 합동인 두 도형은 _____의 길이가 같다.

6 합동인 두 도형에서 서로 겹치는 점을 _____이라고 한다.

7 _____은 합동인 두 도형에서 서로 겹치는 각이다.

8 _____에서 대칭의 중심은 오직 한 개뿐이다.

1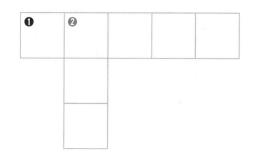

낱말 이해

다음 낱말의 뜻을 읽고, 낱말 퍼즐을 완성하세요.

가로 열쇠 ❶ 한 점을 중심으로 180° 돌렸을 때 처음 도형과
완전히 겹치는 도형.

세로 열쇠 ❷ 합동인 두 도형에서 서로 겹치는 점.

2주

2

낱말 적용

다음 문장이 완성되도록 알맞은 낱말에 ○표 하세요.

(1) 기준이 되는 점이나 선을 사이에 두고 같은 거리에서 마주 놓여 있는 것은 (대응 / 대칭)이다.

(2) 점대칭도형에서 대칭의 중심은 오직 (한 개 / 두 개)뿐이다.

(3) 합동인 두 도형에서 서로 겹치는 변을 (꼭짓점 / 대응변)이라고 한다.

3

낱말 적용

다음 글을 읽고, 빈칸에 들어갈 알맞은 낱말을 보기 에서 찾아 쓰세요.

보기

| 대칭축 | 선대칭 | 점대칭 | 대응변 |

세계에서 가장 화려한 건물로 꼽히는 타지마할은 인도의 유명한 건축물이다. 타지마할을 궁전으로 알고 있는 사람이 많지만, 사실 이 건물은 궁전 형식의 묘이다. 타지마할은 가운데를 기준으로 왼쪽과 오른쪽의 모습이 거의 비슷하다. 마치 한 직선을 따라 접었을 때 완전히 겹치는 도형인 (   )도형을 보는 듯 하다.

▲ 타지마할

어휘 적용

4 **낱말 적용**

다음 문장의 빈칸에 들어갈 알맞은 낱말은 무엇인가요? ( )

> 포개었을 때 모양과 크기가 같아서 완전히 겹쳐지는 색종이 두 장은 서로 ( )이다.

① 합동 　　　② 대응 　　　③ 대칭 　　　④ 중심

5 **낱말 쓰임**

밑줄 친 낱말을 잘못 활용한 친구에 ✕표 하세요.

철수	수진	성경
합동인 두 도형에서 서로 겹치는 각을 <u>대응각</u>이라고 해.	한 직선을 기준으로 도형이 대칭이 될 때, 그 직선을 <u>대응</u>이라고 해.	합동인 두 도형을 살펴보니 <u>대응점</u>이 같은 위치에 있었어.
( )	( )	( )

6 **낱말 적용**

다음 대화를 읽고, 빈칸에 들어갈 알맞은 낱말을 쓰세요.

> 영완: 강아지의 수와 다리의 수에는 규칙이 있어. 강아지가 한 마리면 다리는 4개, 두 마리면 8개, 세 마리면 12개를 이루는 것처럼, 강아지 다리의 수는 강아지 수의 4배라고 할 수 있어.
>
> 제용: 아하 그렇구나. 선생님께서 이런 것을 무슨 관계라고 하지 않았어? 그게 무엇이었지?
>
> 영완: ( ) 말이구나? 두 대상이 규칙에 의해 짝을 이룬 상태를 뜻하지.
>
> 제용: 알려 줘서 고마워!

 _____

66

📖 다음 책에 제시된 부분을 읽고, 물음에 답하세요.

대칭을 이루면 합동일까?

㉠선대칭도형은 한 직선을 따라 접었을 때 완전히 겹치는 도형입니다. 점대칭도형은 한 점을 (㉮)으로 180° 돌렸을 때 처음 도형과 완전히 겹치는 도형입니다. 그런데 혹시 선대칭도형의 특징과 점대칭도형의 특징을 모두 갖는 도형이 있을까요?

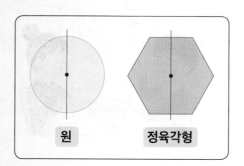

원   정육각형

원은 한 직선을 따라 반으로 접으면 모양이 똑같아지고, 원의 중심에 있는 점을 기준으로 180° 돌려도 항상 같은 모양입니다. 그렇죠?

정사각형과 정육각형도 원처럼 선대칭도형이면서 점대칭도형입니다. 그렇다면 각각 선대칭도형이면서 점대칭도형인 2개의 원은 서로 ㉡합동이라고 할 수 있을까요? 정답은 '두 도형은 합동이 아닐 수 있다.'입니다. 두 원의 크기가 다를 경우 완전히 겹치지 않기 때문이죠.

이 경우처럼 각각 ㉢대칭의 성질을 갖는 도형이더라도 그 도형들끼리 반드시 합동은 아닐 수 있다는 점, 꼭 기억하세요!

1 ㉮에 들어갈 알맞은 낱말을 보기 에서 찾아 쓰세요.

보기

바탕   중심   직선   수직

✏️ _____

2 ㉠~㉢에 대한 설명으로 알맞은 것에 ○표 하세요.

㉠ 선대칭도형: 한 개의 선대칭도형에서 대칭축은 반드시 한 개이다.   (   )

㉡ 합동: 합동인 두 도형에서 대응변의 길이와 대응각의 크기는 서로 같다.   (   )

㉢ 대칭: 두 대상이 주어진 어떤 관계나 규칙에 의해 짝을 이루는 것이다.   (   )

5일차 학습 도움 어휘

상호 작용

주어진 환경에서 한 생물이 다른 생물과 도움을 주고받는 등 서로 관계를 맺는 모든 과정.

相 서로 **상**   互 서로 **호**
作 지을 **작**   用 쓸 **용**

예문 바닷속 흰동가리와 말미잘은 **상호 작용**을 한다.

활용 생태계에서 수많은 **상호 작용**이 이루어진다고 해.

관련 어휘 상호: 상대가 되는 이쪽과 저쪽 모두.

▲ 흰동가리와 말미잘

보완

모자라거나 부족한 것을 채워 완전하게 함.

補 도울 **보**   完 완전할 **완**

예문 이 글은 근거를 **보완**해야 한다.

활용 서로 부족한 점을 **보완**해 공부했다.

비슷한말 보충, 보강, 개선

전망

1. 넓고 먼 곳을 멀리 바라봄. 또는 멀리 내다보이는 경치.
2. 앞날을 헤아려 내다봄. 또는 내다보이는 장래의 상황.

展 펼 **전**   望 바랄 **망**

예문 산 정상에서 보이는 바다의 **전망**¹이 아름답다.

활용 내일 서울의 날씨는 화창할 것으로 **전망**²됩니다.

비슷한말 경관¹, 장래²

도달하다

목적한 곳이나 수준에 다다르다.

到 다다를 **도**   達 통할 **달**

예문 토의 끝에 모두가 만족스러운 결론에 **도달했다**.

활용 탐험대가 역경을 딛고 북극에 **도달했다**.

비슷한말 도착하다, 다다르다

병행

1. 둘 이상의 일을 한꺼번에 함.
2. 둘 이상의 사물이나 현상이 나란히 감.

竝 아우를 병   行 다닐 행

예문 육아와 직장 생활을 **병행**[1]하는 어려움으로 인해 자녀를 두지 않는 맞벌이 부부가 늘어나고 있다.

활용 자율 주행 자동차 시장이 커지려면 과학과 기술의 발전이 **병행**[2]되어야 해.

분석

얽혀 있거나 복잡한 것을 개별적인 부분이나 성질로 나누는 것.

分 나눌 분   析 가를 석

예문 작품에 나오는 인물을 **분석**해 보았다.

활용 우리 팀이 진 이유를 **분석**해서 다음 경기에서는 꼭 이기도록 하자!

비슷한말 해석, 검토
관련 어휘 종합: 여러 가지를 한데 모아서 합함.

중점

가장 중요하게 여겨야 할 점.

重 무거울 중   點 점 점

예문 이 그림은 작가가 자신이 행복했던 순간을 표현하는 데 **중점**을 두었다고 한다.

활용 이번 훈련은 선수들의 체력을 기르는 데 **중점**을 두고 있어.

비슷한말 요점, 핵심

의의

어떤 사실이나 행동 등이 갖는 중요성이나 가치.

意 뜻 의   義 옳을 의

예문 한글은 우리 민족에게 큰 **의의**가 있다.

활용 이번 여행은 모든 가족이 처음으로 함께 떠난다는 점에서 **의의**가 있다고 생각해!

비슷한말 의미, 가치, 중요성

어휘 플러스⁺ 속담

예 영어로 된 만화를 보면 재미도 있고 영어 공부도 되니 '꿩 먹고 알 먹기'이다.

꿩은 누군가가 다가오는 소리만 들어도 재빠르게 날아가요. 하지만 모성애가 강해 알을 품고 있으면 도망치지 않지요. 그래서 알을 품고 있는 꿩을 발견하면, 꿩과 알을 모두 쉽게 잡을 수 있다고 해요. 속담 **꿩 먹고 알 먹기**는 한 가지 일로 두 가지 이득을 얻었을 때 쓸 수 있어요. 위의 예시 문장처럼, 영어 만화를 읽으며 '재미'와 '공부'라는 두 가지 이득을 얻는 상황에서 쓰이곤 하지요.

문장을 읽고, 빈칸에 들어갈 낱말을 보기 에서 찾아 쓰세요.

보기

| 상호 작용 | 보완 | 전망 | 도달했다 |
| 병행 | 분석 | 중점 | 의의 |

1 탐험대가 역경을 딛고 북극에 _____.

2 이번 훈련은 선수들의 체력을 기르는 데 _____을/를 두고 있어.

3 서로 부족한 점을 _____해 공부했다.

4 바닷속 흰동가리와 말미잘은 _____을/를 한다.

5 산 정상에서 보이는 바다의 _____이/가 아름답다.

6 자율 주행 자동차 시장이 커지려면 과학과 기술의 발전이 _____되어야 해.

7 한글은 우리 민족에게 큰 _____이/가 있다.

8 작품에 나오는 인물을 _____해 보았다.

2주

1 낱말 이해

낱말의 뜻을 읽고, 빈칸에 들어갈 알맞은 낱말을 쓰세요.

(1) 이번 로켓 발사의 성공으로 우리나라 우주 기술의 (   )이 한층 더 밝아졌다.

> 낱말의 뜻 앞날을 헤아려 내다봄. 또는 내다보이는 장래의 상황.

(2) 다른 사람과 긍정적인 (   )을 통해 만족감을 느낄 수 있다.

> 낱말의 뜻 주어진 환경에서 한 생물이 다른 생물과 도움을 주고받는 등 서로 관계를 맺는 모든 과정.

(3) 목표를 달성하기 위해 굳은 결심과 성실한 노력이 (   )되어야 할 것이다.

> 낱말의 뜻 둘 이상의 일을 한꺼번에 함.

2 낱말 쓰임

밑줄 친 낱말의 쓰임이 바르지 않은 것은 무엇인가요? (   )

① 선생님께서 발표 자료를 도달하라고 하셨다.

② 드디어 배가 아프리카 대륙에 도달했다.

③ 알프스 산 정상에 도달하자 가슴이 벅차올랐다.

④ 엄마의 인내심이 한계에 도달한 것 같다.

3 낱말 적용

다음 글의 빈칸에 들어갈 알맞은 낱말에 ◯표 하세요.

> 엄청난 산불로 동쪽 지역이 잿더미가 되었습니다. 전문가들은 숲의 상태가 이전의 모습으로 회복되는 데 최대 100년이 걸릴 것으로 내다봤습니다. 또한 숲을 회복시키기 위해 새로운 나무를 심는 노력이 필요하며, 불에 잘 타지 않는 나무를 고르는 데 (   )을/를 두어야 한다고 강조했습니다.

체계   중점   분석   실용

낱말 관계

4 밑줄 친 낱말과 뜻이 비슷한 것은 무엇인가요? ( )

> '컴퓨터 프로그래머'라는 직업의 <u>전망</u>은 어떨까요?

① 요점 ② 가치 ③ 개선 ④ 장래

낱말 적용

5 다음 문장의 빈칸에 들어갈 알맞은 낱말을 찾아 줄로 이으세요.

(1) 지구를 떠난 우주선이 드디어 달에 ( )
했다는 보도가 나왔다. • • 도달

(2) 그 기업은 기존 제품의 단점을 ( )한 제
품을 개발했다. • • 분석

(3) 다음 시험에서 같은 실수를 반복하지 않기 위해 오
답을 ( )하는 것이 필요하다. • • 보완

낱말 적용

6 다음 문장의 빈칸에 공통으로 들어갈 낱말은 무엇인가요? ( )

> • 선수들은 이기는 것보다 참가하는 것에 ( )를 두었다.
> • 한글은 발음 기관을 본떠 만든 과학적인 문자라는 점에 그 ( )가 있다.

① 의의 ② 정의 ③ 이유 ④ 성취

다음 신문 기사를 읽고, 물음에 답하세요.

2주

○○일보   20○○년 9월 10일

대한민국 인구가 줄어든다

아이를 낳지 않는 저출산 현상이 우리나라의 인구 감소로 이어지고 있습니다. 반면, 외국에서 우리나라로 *귀화하는 인구는 갈수록 늘어나고 있습니다. 전문가들은 4년 뒤 귀화 인구가 우리나라 인구 20명당 1명에 이르는 비율에 ㉠도달할 것으로 (㉮   )하고 있습니다. 20○○년에는 여러 민족과 문화가 함께 존재하는 다문화 국가가 될 것이라는 ㉡전망도 내놓았습니다. 또한, 저출산과 동시에 인구의 고령화 현상이 점점 심해질 것으로 예측했습니다. 전문가들은 저출산 대책과 인구의 고령화로 생길 수 있는 문제점을 ㉢보완할 대책 마련을 ㉣병행해야 한다고 주장하고 있습니다.

• 귀화 다른 나라의 국적을 얻어 그 나라의 국민이 되는 일.

1 ㉠~㉣의 뜻으로 바르지 <u>않은</u> 것은 무엇인가요?   (   )

① ㉠ 도달할: 목적한 곳이나 수준에 다다를.

② ㉡ 전망: 앞날을 헤아려 내다봄. 또는 내다보이는 장래의 상황.

③ ㉢ 보완: 모자라거나 부족한 것을 채워 완전하게 함.

④ ㉣ 병행: 충분히 잘 이용함.

2 ㉮에 들어갈 알맞은 낱말을 보기 에서 찾아 쓰세요.

보기

분석   토론   상호 작용   분류

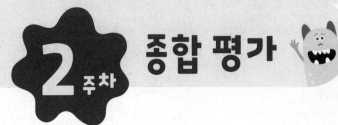

1 다음 뜻에 알맞은 낱말의 기호를 보기 에서 찾아 쓰세요.

보기

　　　　　⑤ 대응　　　　ⓛ 병행　　　　ⓒ 제재

(1) 둘 이상의 일을 한꺼번에 함. 또는 둘 이상의 사물이나 현상이 나란히 감.　（　　　）

(2) 두 대상이 주어진 어떤 관계나 규칙에 의해 서로 짝을 이루는 것.　（　　　）

(3) 규칙이나 질서를 지키지 않는 것을 제한하거나 금지하는 일.　（　　　）

2 다음 문장의 빈칸에 공통으로 들어갈 글자를 쓰세요.

- 정　　　는 진리에 맞는 올바른 도리를 뜻한다.

- 　　　의는 어떤 사실이나 행동 등이 갖는 중요성이나 가치를 뜻한다.

- 　　　무는 법에 의해 강제로 지켜야 하는 행동, 사람으로서 마땅히 해야 할 일을 뜻한다.

3 다음 중 밑줄 친 낱말을 잘못 활용한 친구에 ✕표 하세요.

희승　　나는 천체를 관찰하는 과학자가 되고 싶어.　　　　　　　　（　　　）

수진　　대칭축을 따라 접었을 때 완전히 겹치는 도형은 비대칭도형이야.　（　　　）

현정　　생활에 어려움을 겪는 국민을 위해 사회 보장 제도가 필요해.　　（　　　）

4 친구들이 설명하는 알맞은 낱말을 보기 에서 찾아 쓰세요.

보기
엄포 　　구성원 　　인권 　　참정권

승준 　나이가 어리다는 이유로 차별받으면 안 돼요.

나은 　우리도 자유롭게 의견을 말할 수 있어야 해요.

우정 　폭력으로부터 안전하게 보호받아야 해요.

✎ _____

5 다음 중 낱말의 관계가 <u>다른</u> 하나는 무엇인가요? 　　　　　　　　(　　　　)

① 가치 – 의의 　　② 일원 – 구성원 　　③ 평등권 – 자유권 　　④ 독창적 – 창의적

6 다음 낱말의 뜻을 읽고, 낱말 퍼즐을 완성하세요.

가로 열쇠 ❶ 자꾸 가볍게 누르거나 밟는 모양.
　　　　 ❷ 가장 중요하게 여겨야 할 점.

세로 열쇠 ❶ 별의 무리를 구분해 동물이나 인물 등의 이름을 붙인 것.

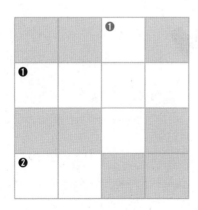

3 주차

어휘 미리보기

이번 주에 학습할
어휘들을 살펴보자!

평가 문제도
잘 풀어 보자!

3주
종합 평가

1일차 국어 어휘 #듣기 #말하기

공감

다른 사람의 감정, 의견, 주장 따위에 대해 자신도 그렇다고 느낌.

共 함께 공 感 느낄 감

예문 친구의 말에 **공감**하며 상황에 맞는 조언을 했다.

활용 숙제가 많아 힘들다는 친구의 말에 **공감**했다.

비슷한말 동감

조정

의견이 달라서 생기는 다툼을 중간에서 화해하게 하거나 서로 다른 의견을 하나로 모으는 것.

調 고를 조 停 머무를 정

예문 문제를 해결하기 위해 의견을 **조정**했다.

활용 고양이 목에 방울을 달기 위해 의견을 **조정**했어.

비슷한말 조율

토의

어떤 문제를 여러 사람이 협력해 해결하는 방법.

討 칠 토 議 의논할 의

예문 **토의**하고 싶은 주제를 자유롭게 이야기했다.

활용 환경 문제를 해결하는 방법에 대하여 **토의**하자!

비슷한말 의논

관련 어휘 토론: 어떤 문제에 대해 여러 사람이 찬성과 반대의 의견을 말하며 의논함.

❓도움말 토의 주제는 '우리 모두와 관련이 있는 문제인가요?', '해결 방법을 찾을 수 있는 문제인가요?', '변화를 이끌어 낼 수 있는 문제인가요?' 등의 판단 기준으로 정해요.

조언

도움이 되는 말이나 몰랐던 것을 깨우쳐 주는 말.

助 도울 조 言 말씀 언

예문 나는 오랜 고민 끝에 친구들에게 **조언**을 구하기로 했다.

활용 우리 모둠이 과제를 마무리할 수 있었던 것은 선생님의 **조언** 덕분이야.

비슷한말 도움말, 충고

❓도움말 조언을 할 때에는 상대에게 고민을 말하도록 재촉하지 않고, 상대가 고민을 편안하게 말할 수 있도록 잘 들어요.

설득력

상대편이 이쪽 편의 이야기를 따르도록 깨우치는 힘.

說 말씀 설   得 얻을 득   力 힘 력

예문 적절한 근거가 많을수록 주장은 **설득력**을 갖추게 된다.

활용 호준이는 **설득력** 있는 발표로 친구들의 지지를 받고 있어.

비슷한말 호소력

훼손

1. 체면이나 명예를 떨어뜨림.

2. 헐거나 깨뜨려 못 쓰게 만듦.

毀 헐 훼   損 덜 손

예문 누리 소통망에서 다른 사람의 명예를 **훼손**[1]하는 내용을 퍼뜨리면 안 된다.

활용 산불로 **훼손**[2]된 숲을 되돌리려면 아주 오랜 시간이 걸린다.

비슷한말 손상, 파괴[2]

헤아리다

1. 짐작하거나 미루어 생각하다.

2. 수량을 세다.

예문 말이나 행동을 할 때 상대의 처지를 **헤아려야**[1] 한다.

활용 밤하늘에 별이 많아 **헤아리기**[2] 어려울 정도야.

비슷한말 살피다[1], 생각하다[1], 세다[2], 계산하다[2]

되짚다

1. 다시 살피거나 반성하다.

2. 다시 짚다.

3. '곧 되돌아서' 또는 '곧 되돌려'의 뜻을 나타내는 말.

예문 토의하면서 내 의견만 고집하지 않았는지 **되짚어**[1] 보았다.

활용 할머니께서 지팡이를 **되짚고**[2] 언덕을 올라가신다.

활용 나는 올라온 길을 **되짚어**[3] 내려갔다.

어휘 플러스+
6학년 어휘

예 **짜임새** 있는 내용으로 발표해 말하는 이의 **의도**가 정확하게 전달되었다.

짜임새는 글이나 말하기에서 앞뒤 내용이 체계적으로 갖춰진 상태를 말해요. 예를 들어 설명문은 '처음 – 중간 – 끝'의 짜임새를 갖춘 글이지요. 이 외에도 기사, 보도 자료, 발표 자료와 같이 여러 가지 형식의 글에서도 글의 짜임새를 살펴볼 수 있어요. **의도**는 무엇을 하고자 하는 생각이나 계획, 또는 이를 꾀하는 것을 말해요. 어떤 내용을 읽거나 들을 때, 글쓴이나 말하는 이의 의도를 헤아리면 내용을 더 쉽게 이해할 수 있어요.

문장을 읽고, 빈칸에 들어갈 낱말을 보기 에서 찾아 쓰세요.

보기

공감	조정	토의	조언
설득력	훼손	헤아려야	되짚어

1 산불로 _____된 숲을 되돌리려면 아주 오랜 시간이 걸린다.

2 말이나 행동을 할 때 상대의 처지를 _____ 한다.

3 나는 올라온 길을 _____ 내려갔다.

4 어떤 문제를 여러 사람이 협력해 해결하는 방법을 _____(이)라고 한다.

5 _____은/는 의견이 달라서 생기는 다툼을 중간에서 화해하게 하거나 서로 다른 의견을 하나로 모으는 것이다.

6 다른 사람의 감정, 의견, 주장 따위에 대해 자신도 그렇다고 느낌을 _____(이)라고 한다.

7 호준이는 _____ 있는 발표로 친구들의 지지를 받고 있어.

8 우리 모둠이 과제를 마무리할 수 있었던 것은 선생님의 _____ 덕분이야.

1 〔낱말 이해〕 다음 낱말의 뜻이 완성되도록 알맞은 낱말에 모두 ○표 하세요.

> 공감: 다른 사람의 (감정 / 외모 / 의견 / 주장) 따위에 대해 자신도 그렇다고 느낌.

3
주

2 〔낱말 적용〕 다음 대화의 빈칸에 들어갈 알맞은 낱말로 짝 지어진 것은 무엇인가요? ( )

> 선생님: 주장하는 말하기를 할 때에는 (㉠) 있는 근거가 있어야 해.
>
> 수진: 선생님, 제가 준비한 내용은 근거가 명확하지 않아 (㉠)이 다소 부족한데, 어떻
> 게 하면 좋을까요?
>
> 선생님: 뉴스와 *출처가 분명한 자료를 활용해 근거로 제시하면 어떨까?
>
> 수진: 선생님, (㉡)해 주셔서 감사합니다.
>
> *출처 말 또는 자료가 나온 근거.

	㉠	㉡
①	설득력	조언
②	설득력	조정
③	창의력	조언
④	창의력	조정

3 〔낱말 쓰임〕 밑줄 친 낱말의 쓰임이 바르지 <u>않은</u> 것은 무엇인가요? ( )

① 선생님의 말뜻을 <u>헤아리는</u> 데 시간이 오래 걸렸다.

② 정전으로 전등이 모두 꺼져 한 치 앞도 <u>헤아릴</u> 수가 없었다.

③ 나그네는 이튿날이 되어서야 겨우 목적지에 <u>헤아릴</u> 수 있었다.

④ 자식을 사랑하는 부모님의 마음을 다 <u>헤아릴</u> 수 없을 것이다.

낱말 쓰임

4 밑줄 친 낱말의 뜻이 나머지와 <u>다른</u> 문장의 기호를 쓰세요.

> ㉠ 공원을 함부로 사용하는 사람들이 늘어나면서 잔디밭이 점점 <u>훼손</u>되고 있다.
>
> ㉡ 근거 없는 소문 때문에 학교의 명예가 크게 <u>훼손</u>될 뻔했다.
>
> ㉢ 불법으로 나무를 베는 사람이 많아 숲이 <u>훼손</u>되었다.

✎ _____

낱말 적용

5 문장의 빈칸에 들어갈 알맞은 낱말의 뜻을 찾아 줄로 이으세요.

(1) 네 (   ) 덕분에 과제 발표를 잘 마칠 수 있었어! · · 어떤 문제를 여러 사람이 협력해 해결하는 방법.

(2) 이번 지진으로 서울의 대표적인 문화 유산이 (   )되었다. · · 헐거나 깨뜨려 못 쓰게 만듦.

(3) (   ) 끝에 소음 문제를 해결하기 위한 여러 의견이 나왔다. · · 도움이 되는 말이나 몰랐던 것을 깨우쳐 주는 말.

낱말 적용

6 다음 문장의 빈칸에 공통으로 들어갈 낱말에 ◯표 하세요.

> • 산 정상에 다다른 후, 올라온 길을 (   ) 산 아래로 내려갔다.
> • 어린 시절 일기장을 읽으며 지난 추억을 (   ) 보았다.

| 걸어 | 물어 | 되짚어 | 만들어 |

📖 다음 블로그의 글을 읽고, 물음에 답하세요.

Home > 블로그 > 알쏭달쏭 지식 모음

토의와 토론은 같은 것 아닌가요?

　㉠토의와 토론은 기본적으로 여러 명이 함께 문제를 해결하는 것을 목표로 의견을 주고받는다는 공통점이 있습니다.

　그렇다면 토의와 토론은 어떻게 구분해야 할까요? 토의는 어떤 문제에 대하여 각자의 의견을 내놓고 서로의 의견을 ㉡조정합니다. 반면에 토론은 어떤 문제에 대하여 찬성 또는 반대의 의견을 내세워 그것의 정당함을 ㉢설득력 있게 주장합니다. 즉, 토론은 의견을 하나로 모으는 활동은 하지 않습니다.

　지금까지 설명한 내용을 ㉣되짚어 보자면, 토의는 문제 해결을 위해 여러 의견을 하나로 모으는 데 집중하고, 토론은 찬성편과 반대편으로 나뉘어 주장을 펼치는 데 집중한다고 할 수 있습니다.

1 ㉠~㉣과 바꾸어 쓸 수 있는 말로 바르지 <u>않은</u> 것은 무엇인가요? (　　　　)

① ㉠ 토의 → 도움말

② ㉡ 조정 → 조율

③ ㉢ 설득력 → 호소력

④ ㉣ 되짚어 → 다시 살펴

2 다음 주제에 대해 이야기하고자 할 때, 토의와 토론 중 알맞은 방법을 찾아 ○표 하세요.

(1)	질병의 치료법을 연구하기 위해서 동물 실험을 해야 할까?	➡	토의	토론
(2)	안전한 학교생활을 위하여 우리가 할 수 있는 일은 무엇일까?	➡	토의	토론

2일차 사회 어휘

#삼국 시대 #고려 #조선 #발전

권문세족

고려의 정치에 간섭하던 원나라의 힘을 등에 업고 고려 후기에 대대로 권력이 있던 집안.

權 권세 권 門 문 문
勢 기세 세 族 겨레 족

예문 백성들의 토지를 강제로 빼앗는 **권문세족**의 횡포로 나라가 매우 혼란스러웠다.

관련 어휘 호족: 많은 재산과 군대를 바탕으로 신라 말과 고려 초에 활동했던 지방 세력.

"땅을 내놓아라!"

유민

망해 없어진 나라의 백성. 또는 어떤 곳에 머물러 살지 않고 이리저리 떠돌아다니는 백성.

遺 남길 유 民 백성 민

예문 발해를 세운 대조영은 고구려의 **유민**이었다.

예문 발해 **유민**들은 고려로 이동했다.

관련 어휘 난민: 전쟁, 재난을 당하여 곤경에 빠진 사람들.

이제 어디로 간단 말이오.

담판

서로 맞선 관계에 있는 사람 또는 집단이 의논하여 옳고 그름을 판단함.

談 말씀 담 判 판가름할 판

예문 고려의 신하 서희는 거란의 장수 소손녕과 **담판**을 벌였다.

도움말 '담판을 내다', '담판을 벌이다', '담판을 짓다' 등으로 표현해요.

내 말이 맞지 않소?

그런 것 같소.

출토

땅속에 묻혀 있던 물건이 밖으로 나옴. 또는 그것을 파냄.

出 날 출 土 흙 토

예문 경주에서 문화유산이 **출토**되었다.

활용 **출토**된 기와의 모양을 잘 살펴보면 어떤 시대의 것인지 알 수 있다고 해.

관련 어휘 발굴: 땅속에 묻혀 있는 것을 찾아서 파냄.

신라 시대의 유물이군.

전성기

어떤 사람이나 어느 집단의 힘이 가장 강하던 시기.

全 온전할 **전**   盛 성할 **성**
期 기약할 **기**

예문 근초고왕 시기의 백제는 영토를 넓히며 **전성기**를 맞이했다.

활용 드라마의 인기가 높아지자 남자 주인공은 **전성기**를 맞이했다.

도움말 전성기와 비슷한 의미로 '봄', '황금기'와 같은 낱말을 사용하기도 해요.

동맹

개인, 단체, 국가 간에 서로의 이익이나 목적을 위하여 함께 행동하기로 하는 약속.

同 같을 **동**   盟 맹세할 **맹**

예문 신라는 당과 **동맹**을 맺고 백제를 공격했다.

활용 경제 발전을 위해 대한민국과 미국이 **동맹**을 맺었다고 해.

비슷한말 연맹

3주

대첩

크게 이김. 또는 큰 승리.

大 큰 **대**   捷 이길 **첩**

예문 고려에 침입한 거란의 군대를 귀주에서 무찌른 싸움을 '귀주 **대첩**'이라고 한다.

예문 청산리에서 독립군이 일본군과 싸워 거둔 큰 승리를 '청산리 **대첩**'이라고 한다.

비슷한말 대승리, 대승

유목

머물러 살 곳을 정하지 않고 가축과 함께 물과 풀밭을 찾아 이동하며 사는 삶.

遊 놀 **유**   牧 칠 **목**

예문 북쪽의 **유목** 민족이던 몽골은 힘이 강해지면서 주변 나라를 침입했다.

▲ 유목

어휘 플러스 ⁺ 중학교 어휘

예 피라미드와 같은 사료를 통해 고대 이집트 문명을 살펴볼 수 있다.

사료는 건축, 조각, 기록 등 역사 연구에 필요한 유물을 말해요. **문명**은 아주 오래전부터 사람들이 생활하며 이루어 낸 문화, 기술, 과학 등의 발전을 뜻해요. 즉, 문명은 나무 열매를 따 먹고 야생 동물을 잡아먹으며 생활하던 인류가 한곳에 머무르며 농사를 짓고, 도시와 국가를 세우는 과정에서 이룬 발전을 뜻하지요. 역사가들은 역사 연구를 위해 다양한 사료를 살펴보며 문명의 역사를 거슬러 올라간답니다.

▲ 이집트 문명의 피라미드

문장을 읽고, 빈칸에 들어갈 낱말을 보기 에서 찾아 쓰세요.

보기

| 권문세족 | 유민 | 담판 | 출토 |
| 전성기 | 동맹 | 대첩 | 유목 |

1 근초고왕 시기의 백제는 영토를 넓히며 ＿＿＿＿＿＿＿＿＿을/를 맞이했다.

2 백성들의 토지를 강제로 빼앗는 ＿＿＿＿＿＿＿＿＿의 횡포로 나라가 매우 혼란스러웠다.

3 북쪽의 ＿＿＿＿＿ 민족이던 몽골은 힘이 강해지면서 주변 나라를 침입했다.

4 고려의 신하 서희는 거란의 장수 소손녕과 ＿＿＿＿＿＿＿＿＿을/를 벌였다.

5 고려에 침입한 거란의 군대를 귀주에서 무찌른 싸움을 '귀주 ＿＿＿＿＿'(이)라고 한다.

6 경제 발전을 위해 대한민국과 미국이 ＿＿＿＿＿＿＿＿＿을/를 맺었다고 해.

7 발해 ＿＿＿＿＿＿＿＿＿들은 고려로 이동했다.

8 경주에서 문화유산이 ＿＿＿＿＿＿＿＿＿되었다.

낱말 이해

1 다음 낱말의 뜻을 읽고, 낱말 퍼즐을 완성하세요.

> 가로 열쇠 ❶ 망해 없어진 나라의 백성. 또는 어떤 곳에 머물러 살지 않고 이리저리 떠돌아다니는 백성.
>
> ❷ 땅속에 묻혀 있던 물건이 밖으로 나옴. 또는 그것을 파냄.
>
> 세로 열쇠 ❶ 머물러 살 곳을 정하지 않고 가축과 함께 물과 풀밭을 찾아 이동하며 사는 삶.

3 주

낱말 적용

2 다음 문장의 빈칸에 들어갈 알맞은 낱말은 무엇인가요? ( )

> 적극적으로 영토를 넓히는 고구려에 위협을 느낀 신라와 백제는 고구려를 함께 막아 내고자 ( )을 맺었다.

① 연락 　　　　② 담판 　　　　③ 동맹 　　　　④ 연결

낱말 이해

3 다음 글자 카드에서 설명하는 낱말을 각각 쓰세요.

(1)
> • 많은 재산과 군대가 있었어요.
> • 신라 말과 고려 초에 활동했던 지방 세력이에요.

(2)
> • 고려 후기에 권력이 있던 집안이에요.
> • 고려의 정치에 간섭하던 원나라의 힘을 등에 업었어요.

87

**어휘
적용**

낱말 이해

4 주어진 힌트와 관련 있는 낱말을 보기 에서 찾아 각각 쓰세요.

보기

전성기   유목   대첩   동맹   출토

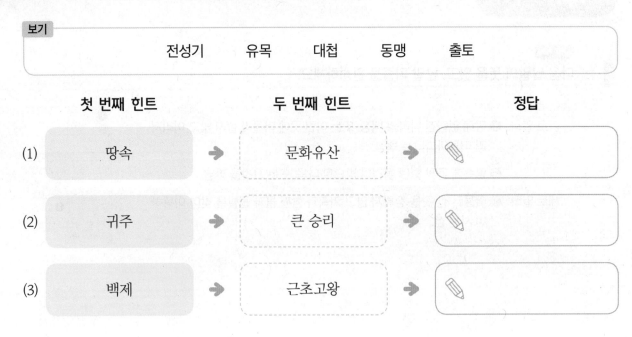

	첫 번째 힌트	두 번째 힌트	정답
(1)	땅속	→ 문화유산 →	✎
(2)	귀주	→ 큰 승리 →	✎
(3)	백제	→ 근초고왕 →	✎

낱말 쓰임

5 밑줄 친 낱말의 쓰임이 바르지 <u>않은</u> 것은 무엇인가요? ( )

① 이 자리에서 담판을 짓기 전에는 자리를 떠나지 않겠다.

② 내일까지 문제를 해결하려면 상대방과의 담판이 유일한 방법이다.

③ 조선이 청나라의 요구를 거절하자 청나라는 조선을 담판하였다.

④ 고려의 장수 서희는 왕에게 거란과 담판을 짓겠다고 말했다.

낱말 적용

6 다음 문장을 읽고, 빈칸에 공통으로 들어갈 낱말에 ○표 하세요.

- 신라 시대의 유물을 ( )하는 데 한 달이 걸렸다.
- 이 지역은 고대 생물의 화석 ( ) 작업이 활발하게 이루어지고 있다.

답사   개발   유목   발굴

📖 다음 역사 잡지의 글을 읽고, 물음에 답하세요.

3주

서희와 소손녕의 담판

발해를 멸망시키고 ㉠전성기를 맞이한 거란은 고려를 위협했어요. 겁먹은 고려의 신하들은 땅의 일부를 거란에게 넘겨주고 항복하자며 고려의 제6대 왕 성종에게 말했어요. 하지만 서희는 성종에게 자신이 직접 거란의 장수를 만나 ㉡담판을 짓겠다고 말했어요.

"거란의 속셈은 고려와 송나라의 ㉢동맹 관계를 끊으려는 것입니다. 제게 맡겨 주십시오."

그의 자신만만한 태도는 성종과 신하들의 마음을 움직였고, 서희는 거란의 장수 소손녕을 만났어요.

"고려는 우리와 국경을 접하고 있는데 왜 바다를 건너 송과 교류하는 것이오?"

소손녕의 물음에 서희는 답했어요.

"여진이 길을 막고 있어 거란과 교류할 수 없는 것이오. 그러니 당신들은 지금 우리보다 여진을 공격하는 것이 맞소. 우리와 함께 여진을 쫓아냅시다."

"일리가 있는 말이오."

1 ㉠~㉢의 알맞은 뜻을 찾아 줄로 이으세요.

(1) ㉠ 전성기 •

• 서로 맞선 관계에 있는 사람 또는 집단이 의논하여 옳고 그름을 판단함.

(2) ㉡ 담판 •

• 개인, 단체, 국가 간에 서로의 이익이나 목적을 위하여 함께 행동하기로 하는 약속.

(3) ㉢ 동맹 •

• 어떤 사람이나 어느 집단의 힘이 가장 강하던 시기.

용해

어떤 물질이 다른 물질에 녹아 골고루 섞이는 현상.

溶 녹을 용   解 풀 해

예문 설탕이 물에 **용해**되었다.

예문 **용해**된 물질이 눈에 보이지 않는 것은 없어진 것이 아니라 매우 작게 변하여 섞여 있기 때문이다.

난 작게 변했을 뿐이야!

용매

어떤 물질을 녹이는 물질.

溶 녹을 용   媒 중매 매

예문 설탕물에서 물은 **용매**이다.

예문 **용매**를 젓는 빠르기, 용매의 온도에 따라 설탕이 녹는 속도가 달라진다.

용질

용매에 녹는 물질.

溶 녹을 용   質 바탕 질

예문 설탕물에서 설탕은 **용질**이다.

예문 **용질** 알갱이의 크기에 따라 물에 녹는 속도가 다르다.

용질의 알갱이가 작으면 빨리 녹아!

용질의 알갱이가 크면 천천히 녹지!

용액

녹는 물질이 녹이는 물질에 골고루 섞여 있는 물질.

溶 녹을 용   液 진 액

예문 설탕을 물에 녹인 설탕물은 **용액**이다.

예문 두 **용액**의 진하기를 비교해 보았다.

관련 어휘 **용액의 진하기**: 설탕물의 단 정도처럼, 같은 양의 용매에 녹아 있는 물질의 양이 많고 적은 정도.

설탕 (용질) + 물 (용매) 용해 → 설탕물 (용액)

▲ 용액이 만들어지는 과정

3주

산성

푸른색 리트머스 종이를 붉은색으로 변하게 하는 성질.

酸 초 산　性 성질 성

예문 **산성**에 해당하는 물질로 식초, 사이다 등이 있다.

관련 어휘 리트머스 종이: 용액이 산성인지 염기성인지 구별하는 데 쓰이는 종이로, 지시약 중 하나임.

산성

염기성

붉은색 리트머스 종이를 푸른색으로 변하게 하는 성질.

鹽 소금 염　基 터 기　性 성질 성

예문 속이 쓰릴 때 먹는 제산제는 **염기성** 용액이다.

관련 어휘 지시약: 어떤 용액을 만났을 때 용액의 성질을 알 수 있게 하는 물질.

염기성

물체의 운동

시간이 지남에 따라 물체의 위치가 변하는 일.

物 물건 물　體 몸 체
運 옮길 운　動 움직일 동

예문 **물체의 운동**은 물체가 이동하는 데 걸린 시간과 이동 거리로 나타낸다.

활용 달팽이와 로켓처럼, 주변에 있는 **물체의 운동**은 빠르기가 모두 다르다.

물체의 속력

1초, 1분, 1시간 등과 같은 단위 시간 동안 물체가 이동한 거리.

物 물건 물　體 몸 체
速 빠를 속　力 힘 력

예문 **물체의 속력**이 클수록 더 빠르게 이동한다.

활용 쏜살같이 달리던 **물체의 속력**이 갑자기 줄어들기 시작했다.

도움말 물체의 속력은 m/s, km/h 등의 단위를 사용해요.

어휘 플러스⁺ 6학년 어휘

예 **지구상의 공기는 질소, 산소, 이산화 탄소 등의 기체로 이루어져 있다.**

　질소는 공기 중에 가장 많이 포함되어 있는 기체예요. 다른 물질과 잘 반응하지 않는 성질이 있는 질소는 과자를 포장할 때 사용되는데, 이는 음식물을 상하지 않게 하기 위해서지요. **산소**는 생물이 숨을 쉬는 데 꼭 필요한 기체로, 다른 물질이 빛과 열을 내며 타는 것을 도와줘요. **이산화 탄소**는 물질이 탈 때 생기는 기체로, 물질이 타는 것을 막는 성질이 있어요. 그래서 불을 끌 때 사용하는 소화기의 재료로 사용되지요. 탄산음료에도 사용되고, 차가운 식료품이 녹지 않게 만드는 드라이아이스의 재료로도 쓰여요.

문장을 읽고, 빈칸에 들어갈 낱말을 보기 에서 찾아 쓰세요.

보기

용해	용매	용질	용액
산성	염기성	물체의 운동	물체의 속력

1 설탕물에서 물은 _____(이)다.

2 설탕을 물에 녹인 설탕물은 _____(이)다.

3 속이 쓰릴 때 먹는 제산제는 _____ 용액이다.

4 달팽이와 로켓처럼, 주변에 있는 _____은/는 빠르기가 모두 다르다.

5 _____에 해당하는 물질로 식초, 사이다 등이 있다.

6 _____이/가 클수록 더 빠르게 이동한다.

7 설탕물에서 설탕은 _____(이)다.

8 설탕이 물에 _____ 되었다.

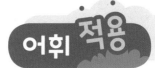

낱말 이해

1 뜻에 알맞은 낱말을 글자판에서 찾아 묶으세요. 낱말은 가로, 세로, 대각선으로 묶을 수 있어요.

❶ 어떤 물질이 다른 물질에 녹아 골고루 섞이는 현상.

❷ 붉은색 리트머스 종이를 푸른색으로 변하게 하는 성질.

❸ 녹는 물질이 녹이는 물질에 골고루 섞여 있는 물질.

❹ 어떤 용액을 만났을 때 용액의 성질을 알 수 있게 하는 물질.

산	염	물	체
용	해	기	운
속	액	질	성
소	지	시	약

3
주

낱말 적용

2 다음 글을 읽고, 빈칸에 들어갈 알맞은 낱말을 쓰세요.

운동한 뒤에 마시는 이온 음료는 어떤 성질일까요? 리트머스 종이에 이온 음료를 묻히면 푸른색 리트머스 종이는 붉은색으로 변하고, 붉은색 리트머스 종이는 색깔 변화가 없습니다. 따라서 이온 음료는 (   ) 용액임을 알 수 있습니다.

_____

낱말 적용

3 다음 문장의 빈칸에 들어갈 알맞은 낱말을 찾아 ◯표 하세요.

(1) 물체의 (   )은 시간이 지남에 따라 물체의 위치가 변하는 일을 뜻한다. →

행동	운동

(2) 물체의 (   )은/는 1초, 1분, 1시간 등과 같은 단위 시간 동안 물체가 이동한 거리를 뜻한다. →

속력	상태

낱말 적용

4 다음 대화의 빈칸에 들어갈 알맞은 낱말을 보기에서 찾아 쓰세요.

보기

세제   용액   지시약   혼합물

우영: 푸른색 리트머스 종이에 식초를 한 방울씩 떨어뜨렸더니 붉은색으로 바뀌는 것을 관찰할 수 있었어.

준호: 그렇다면 식초는 산성 물질이구나! (   ) 중 하나인 리트머스 종이를 사용하니 용액의 성질을 알 수 있네.

산성

✎ _____

낱말 적용

5 다음 문장의 빈칸에 들어갈 알맞은 낱말은 무엇인가요?   (   )

투명한 용액의 맛이 단 것으로 보아 (   )은/는 설탕인 것으로 확인되었다.

① 용매   ② 용도   ③ 용질   ④ 용해

낱말 쓰임

6 밑줄 친 낱말의 쓰임이 바르지 않은 것은 무엇인가요?   (   )

① 두 개의 비커에 담긴 용액의 진하기는 서로 다르다.

② 각설탕이 물에 용해되기 전과 후의 무게는 같다.

③ 어떤 용질은 물에 더 이상 녹지 않고 바닥에 가라앉는다.

④ 소금물에서 소금은 용매이다.

📖 다음 블로그의 글을 읽고, 물음에 답하세요.

Home > 상식 > 생활 속 지혜

밭에 석회 가루를 왜 뿌리는 것일까?

농사를 짓고 농작물을 수확한 후, 농부는 이듬해 밭에 석회 가루를 뿌려요. 그 이유는 무엇일까요?

농작물은 자라면서 땅속의 영양분을 흡수하고, 땅의 상태는 (㉠   )으로 변해요. 이러한 땅에서는 더 이상 농작물이 자랄 수 없지요. 이때 식물에 필요한 양분이 많고, (㉠   )인 땅을 중화시키는 석회 가루를 뿌리는 거예요. 중화란, 산성 물질과 염기성 물질이 반응하여 서로의 성질을 잃는 것을 말하지요.

㉡밭에 석회 가루를 뿌리는 이유, 이제 이해할 수 있겠지요?

---

1 다음 보기 는 ㉠에 들어갈 낱말의 힌트입니다. ㉠에 들어갈 알맞은 낱말에 ○표 하세요.

보기
• ㉠에 해당하는 물질로 식초, 사이다 등이 있어요.
• ㉠은 푸른색 리트머스 종이를 붉은색으로 변하게 하는 성질이에요.

| 지시약 | 염기성 | 산성 | 용액 |

---

2 빈칸에 들어갈 알맞은 낱말을 써서 ㉡에 대한 답을 완성해 보세요.

✏️ 땅을 _____ 시키기 위해 석회 가루를 뿌려요.

정다각형

변의 길이가 모두 같고, 각의 크기가 모두 같은 다각형.

正 바를 **정**   多 많을 **다**
角 뿔 **각**   形 모양 **형**

예문 정삼각형, 정사각형처럼 **정다각형**은 변의 수에 따라 이름이 달라진다.

활용 벌집에서 **정다각형** 모양을 찾았어.

❓도움말 변의 수가 3개면 정삼각형, 4개면 정사각형이에요.

▲ 정삼각형

▲ 정사각형

둘레

도형이나 사물의 테두리. 또는 그 테두리의 길이.

예문 정다각형의 **둘레**는 변의 길이를 모두 더해 구할 수 있다.

활용 직사각형 모양의 잔디밭 **둘레**를 따라 해바라기 씨앗을 심었어!

$$13 + 8 + 13 + 8 = 42cm$$

▲ 직사각형의 둘레

높이

삼각형의 꼭짓점에서 밑변에 수직으로 그은 선분의 길이. 또는 사다리꼴, 평행사변형에서 평행인 두 밑변 사이의 거리.

예문 평행사변형의 넓이를 구하기 위해서는 밑변의 길이에 **높이**를 곱한다.

관련 어휘 **밑변**: 다각형의 한 변으로 높이를 재는 방향과 수직을 이루는 변.

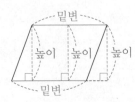
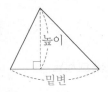
▲ 다각형의 높이

넓이

어떤 장소나 물건, 도형 등의 넓은 정도.

예문 한 변의 길이가 5cm인 정사각형의 **넓이**는 25cm² 이다.

활용 삼각형의 **넓이**를 구하는 식은 '밑변 × 높이 ÷ 2'이다.

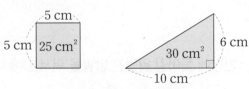
▲ 사각형과 삼각형의 넓이

직육면체

6개의 직사각형으로 둘러싸인 도형.

直 곧을 직 六 여섯 육
面 얼굴 면 體 몸 체

예문 **직육면체**에서 마주 보는 두 면은 서로 합동이다.

관련 어휘 정육면체: 6개의 정사각형으로 둘러싸인 도형.

▲ 직육면체와 정육면체

면

직육면체와 정육면체에서 선분으로 둘러싸인 부분. 또는 어떤 물체의 겉.

面 얼굴 면

예문 직육면체에서 밑면과 수직인 **면**은 옆면이다.

관련 어휘 모서리: 면과 면이 만나는 선분.
꼭짓점: 모서리와 모서리가 만나는 점.

3주

직육면체의 겨냥도

직육면체의 모양을 잘 알 수 있도록 나타낸 그림.

直 곧을 직 六 여섯 육
面 얼굴 면 體 몸 체

예문 **직육면체의 겨냥도**에서 보이는 모서리는 실선, 보이지 않는 모서리는 점선으로 나타낸다.

▲ 직육면체   ▲ 직육면체의 겨냥도

정육면체의 전개도

정육면체의 모서리를 잘라서 펼친 그림.

正 바를 정 六 여섯 육
面 얼굴 면 體 몸 체
展 펼 전 開 열 개 圖 그림 도

예문 **정육면체의 전개도**의 면은 모양과 크기가 같다.

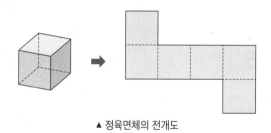

▲ 정육면체의 전개도

어휘 플러스⁺
중학교 어휘

예 **여섯 개의 면으로 둘러싸인 정육각형은 정다면체 중 하나이다.**

다각형의 면으로 둘러싸인 입체도형을 다면체라고 해요. 다면체의 이름은 면의 수에 따라 정해져요. 면이 4개이면 사면체, 5개이면 오면체, 6개이면 육면체이지요. 이 중에서 면이 모두 합동인 정다각형이고, 한 꼭짓점에 모인 면의 수가 같은 다면체를 **정다면체**라고 해요. 세상에 존재하는 정다면체의 종류로는 '정사면체, 정육면체, 정팔면체, 정십이면체, 정이십면체'뿐이랍니다.

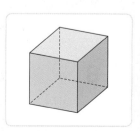

📝 문장을 읽고, 빈칸에 들어갈 낱말을 보기 에서 찾아 쓰세요.

1 직사각형 모양의 잔디밭 _____을/를 따라 해바라기 씨앗을 심었어!

2 정삼각형, 정사각형처럼 _____은/는 변의 수에 따라 이름이 달라진다.

3 직육면체와 정육면체에서 선분으로 둘러싸인 부분을 _____(이)라고 한다.

4 _____은/는 정육면체의 모서리를 잘라서 펼친 그림이다.

5 _____은/는 직육면체의 모양을 잘 알 수 있도록 나타낸 그림이다.

6 _____은/는 어떤 장소나 물건, 도형 등의 넓은 정도이다.

7 6개의 직사각형으로 둘러싸인 도형을 _____(이)라고 한다.

8 삼각형의 꼭짓점에서 밑변에 수직으로 그은 선분의 길이를 _____(이)라고 한다.

1 낱말 이해

낱말의 뜻을 읽고, 보기 에서 글자 카드를 찾아 빈칸에 알맞은 낱말을 쓰세요.

보기

| 이 | 정 | 형 | 다 | 높 | 각 |

(1) 변의 길이가 모두 같고, 각의 크기가 모두 같은 다각형. ✏️

(2) 사다리꼴, 평행사변형에서 평행인 두 밑변 사이의 거리. ✏️

2 낱말 이해

낱말의 뜻을 읽고, 알맞은 낱말과 그림을 찾아 줄로 이으세요.

(1) 정육면체의 모서리를 잘 라서 펼친 그림. ・

・ 직육면체의
겨냥도 ・

・

(2) 직육면체의 모양을 잘 알 수 있도록 나타낸 그림. ・

・ 정육면체의
전개도 ・

・

3 낱말 적용

다음 문장이 완성되도록 알맞은 낱말에 ○표 하세요.

(1) 도형이나 사물의 테두리, 또는 그 테두리의 길이를 (넓이 / 둘레)라고 한다.

(2) 다각형의 한 변으로 높이를 재는 방향과 수직을 이루는 변을 (밑변 / 꼭짓점)이라고 한다.

(3) 어떤 장소나 물건, 도형 등의 넓은 정도를 (높이 / 넓이)라고 한다.

낱말 적용

4 다음 문장의 빈칸에 들어갈 알맞은 낱말은 무엇인가요? ( )

> 6개의 직사각형으로 둘러싸인 도형은 ( )(이)다.

① 직육면체   ② 정육면체   ③ 사각뿔   ④ 정삼각형

낱말 쓰임

5 다음 중 밑줄 친 낱말을 잘못 활용한 친구에 ✕표 하세요.

희연	지윤	성환
정오각형, 정육각형처럼 정다각형은 변의 수에 따라 이름이 달라져.	동생과 나는 허리의 둘레를 재어 서로 비교해 봤어.	직육면체의 전개도에서 모든 면의 모양과 크기는 같아.

( )   ( )   ( )

낱말 이해

6 다음 뜻에 알맞은 낱말을 보기 에서 찾아 사다리를 타고 내려간 곳에 쓰세요.

보기

> 모서리   면   꼭짓점

모서리와 모서리가 만나는 점.	직육면체와 정육면체에서 선분으로 둘러싸인 부분.	면과 면이 만나는 선분.

📖 다음 수학 이야기책을 읽고, 물음에 답하세요.

두 도형의 둘레가 같으면 넓이도 같을까요?

⊙둘레가 같지만, 모양이 서로 다른 두 도형의 ⓒ넓이를 구해 볼게요.

가로 5cm, 세로 3cm인 ⓒ직사각형과 각 변의 길이가 4cm인 ㉣정사각형의 둘레는 16cm로 같아요.

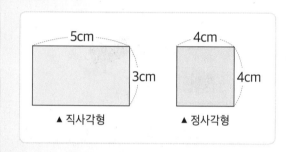

▲ 직사각형   ▲ 정사각형

직사각형의 넓이는 가로와 세로의 길이를 곱해 구해요. 즉, 가로의 길이 5cm와 세로의 길이 3cm를 곱해 넓이 15cm²를 구할 수 있지요.

정사각형의 넓이는 한 변과 다른 한 변을 곱해 구해요. 즉, 한 변의 길이 4cm와 다른 한 변의 길이 4cm를 곱해 넓이 16cm²를 구할 수 있지요.

직사각형과 정사각형의 둘레가 같더라도 넓이는 서로 다르다는 것을 알 수 있겠지요?

두 도형의 둘레가 같다고 넓이가 항상 같은 것은 아니라는 점, 잊지 마세요!

1 다음 문장의 빈칸에 들어갈 알맞은 낱말의 기호를 ⊙~㉣ 중에서 찾아 쓰세요.

(1) 운동장 (   )을/를 따라 작은 나무를 심었다.

(2) 한 변의 길이가 4cm인 정사각형의 (   )은/는 16cm²이다.

(3) (   )은/는 정다각형에 속한다.

2 이 글의 내용으로 바르지 않은 것은 무엇인가요?   (   )

① 노란색 직사각형의 넓이는 15cm²이다.

② 둘레의 길이가 같아도 넓이가 다를 수 있다.

③ 두 사각형의 둘레는 16cm로 같다.

④ 정사각형은 직사각형보다 항상 더 넓다.

3
주

실시하다

어떤 일이나 법, 제도 등을 실제로 행하다.

實 열매 실 施 베풀 시

예문 조선을 세운 이성계는 나라를 안정시키고자 여러 제도를 **실시했다**.

활용 물놀이 안전사고를 대비해 준비 운동을 **실시했다**.

비슷한말 실행하다, 시행하다

마무리

1. 글의 끝맺는 부분.

2. 일의 끝맺음.

예문 논설문의 **마무리¹**에서는 주장을 한 번 더 강조하여 쓰는 것이 좋다.

활용 방학 숙제를 서둘러 **마무리²** 해야 해!

비슷한말 결론, 끝, 결말

유리하다

이익이 있다.

有 있을 유 利 이로울 리

예문 우리 국토는 도로나 철도를 이용해 대륙으로 나아가기 **유리하다**.

활용 긴 글을 읽고 문제를 풀이하는 실력을 기르기 위해서는 책을 많이 읽는 습관이 **유리해**.

비슷한말 유익하다   반대말 불리하다

상당히

1. 수준이나 실력이 꽤 높이.

2. 어지간히 많이. 또는 적지 아니하게.

相 서로 상 當 마땅할 당

예문 생물학자들의 끊임없는 연구 덕분에 질병을 치료하는 수준이 **상당히¹** 발달되었다.

활용 우리 생활에서 법을 지키지 않는 사례가 **상당히²** 많아졌다.

비슷한말 굉장히, 꽤, 대단히

채택

작품, 의견, 제도 따위를 골라서 다루거나 뽑아 씀.

採 캘 채　擇 가릴 택

예문 어린이 놀이 시설을 안전하게 관리하도록 하는 법안이 **채택**되었다.

활용 설문 조사를 통해 학생들이 먹고 싶은 음식이 식단으로 **채택**되었어.

비슷한말 선택, 도입

수정

글이나 글자의 잘못된 점을 고침.

修 닦을 수　訂 평론할 정

예문 글을 완성하기 전에 쓴 내용을 읽어 보며 **수정**하는 과정이 필요하다.

활용 선생님께서 틀린 문장을 **수정**해 주셨어.

3
주

비례

한쪽의 양이나 수가 증가하는 만큼 그와 관련 있는 다른 쪽의 양이나 수도 증가함.

比 견줄 비　例 법식 례

예문 노력과 성공이 꼭 **비례**하지는 않는다.

활용 더워지는 날씨에 **비례**하여 아이스크림을 사는 사람들이 늘어났다.

쟁점

서로 다투는 중심이 되는 점.

爭 다툴 쟁　點 점 점

예문 저출산 대책의 효과 여부가 **쟁점**으로 떠오르고 있다.

활용 신문을 읽으면 우리 사회의 주요 **쟁점**이 무엇인지 알 수 있어.

비슷한말 논점, 문제점

어휘 플러스⁺ 속담

예 줄다리기 우승은 **따 놓은 당상**이나 다름없다.

따 놓은 당상은 일이 확실하여 조금도 틀림이 없음을 뜻하는 속담이에요. '당상'은 조선 시대의 매우 높은 벼슬을 이르는 말로, 이 벼슬에 오른 사람만이 금으로 만든 작은 머리 장식을 모자에 붙일 수 있었어요. 그래서 그 머리 장식을 떼어 놓아도 아무도 그 장식을 가져가 쓸 수 없었지요. 이처럼 확실하게 이루어질 일이나 상황에 대하여 '따 놓은 당상'이라는 말을 쓸 수 있답니다.

문장을 읽고, 빈칸에 들어갈 낱말을 보기 에서 찾아 쓰세요.

보기

실시했다	마무리	유리하다	상당히
채택	수정	비례	쟁점

1 신문을 읽으면 우리 사회의 주요 _____ 이/가 무엇인지 알 수 있어.

2 방학 숙제를 서둘러 _____해야 해!

3 _____은/는 작품, 의견, 제도 따위를 골라서 다루거나 뽑아 씀을 뜻한다.

4 물놀이 안전사고를 대비해 준비 운동을 _____.

5 더워지는 날씨에 _____하여 아이스크림을 사는 사람들이 늘어났다.

6 생물학자들의 끊임없는 연구 덕분에 질병을 치료하는 수준이 _____ 발달되었다.

7 우리 국토는 도로나 철도를 이용해 대륙으로 나아가기 _____.

8 글을 완성하기 전에 쓴 내용을 읽어 보며 _____하는 과정이 필요하다.

낱말 적용

1 다음 문장의 빈칸에 들어갈 알맞은 낱말을 찾아 ○표 하세요.

(1) 초등학생에게는 (   ) 어려운 수학 문제를 쉽게 해결하는 모습이 놀라웠다. ➡ | 잠시 | 상당히 |

(2) 설명문을 쓰고 있는데, 아직 (   )을/를 짓지 못했다. ➡ | 마무리 | 본론 |

3주

낱말 적용

2 문장의 빈칸에 들어갈 알맞은 낱말을 찾아 줄로 이으세요.

(1) 어제 쓴 글에서 띄어쓰기와 맞춤법이 잘못된 부분을 (   )하였다. •

 • 수정

(2) 양궁 대표팀은 중요한 시합을 앞두고 특별훈련을 (   )하였다. •

 • 유리

(3) 우리나라는 대륙과 맞닿아 있고, 삼면이 바다로 둘러싸여 다른 나라와 교류하기에 (   )하다. •

 • 실시

낱말 적용

3 다음 글의 빈칸에 들어갈 알맞은 낱말로 바르지 <u>않은</u> 것은 무엇인가요?   (   )

이번 올림픽에서 새롭게 선보이는 종목들이 사람들의 관심을 끌고 있습니다. 청소년들이 거리에서 즐기는 문화로 널리 알려진 3 대 3 농구, 스케이트보딩이 이번 올림픽의 정식 종목으로 (   )된 것입니다.

① 채택   ② 선택   ③ 도입   ④ 제외

낱말 이해

4 낱말의 뜻을 읽고, 보기 에서 글자 카드를 찾아 빈칸에 알맞은 낱말을 쓰세요.

보기

| 리 | 점 | 정 | 수 | 쟁 | 마 | 무 |

(1) 서로 다투는 중심이 되는 점.

(2) 글이나 글자의 잘못된 점을 고침.

(3) 글의 끝맺는 부분. 또는 일의 끝맺음.

낱말 관계

5 다음 중 낱말의 관계가 <u>다른</u> 하나는 무엇인가요? (   )

① 상당히 – 굉장히

② 유리하다 – 불리하다

③ 쟁점 – 논점

④ 마무리 – 결론

낱말 적용

6 다음 문장의 빈칸에 공통으로 들어갈 낱말은 무엇인가요? (   )

- 공부하는 시간과 성적이 반드시 (   )하는 것은 아니다.
- 한쪽의 양이나 수가 증가하는 만큼 그와 관련 있는 다른 쪽의 양이나 수도 증가하는 것을 (   )한다고 말한다.

① 감소　　　　② 비교　　　　③ 비례　　　　④ 계산

📖 다음 과학 잡지의 글을 읽고, 물음에 답하세요.

무궁무진한 드론의 세계

드론은 무선으로 조종하여 비행하는 헬리콥터 모양의 비행체로, 교통, 안전, 문화 등 다양한 분야에서 사용됩니다. 하늘을 가로지르며 이동하는 드론은 다른 *운송 수단과 비교해 보았을 때 이동이 ㉠상당히 자유롭습니다.

> **드론의 특징**
>
> ❶ 구조대원보다 산세가 험한 곳에 쉽게 접근하기 (㉮ ㅇ ㄹ ㅎ).
>
> ❷ 자연재해가 발생한 지역에 빠르게 접근할 수 있음.
>
> ❸ 전염병이 발생한 지역에 의약품을 신속히 전달할 수 있음.

그렇다면 드론을 사용할 때 우려되는 점은 없을까요? 충돌로 인한 안전사고, 드론을 활용한 범죄, 사생활 *침해에 대한 우려는 드론 운송 서비스를 ㉡실시하기에 앞서 해결해야 할 ㉢쟁점입니다.

• 운송 사람을 태워 보내거나 물건 따위를 실어 보냄.
• 침해 해를 끼침.

1 ㉠~㉢의 뜻으로 바르지 <u>않은</u> 것에 ✕표 하세요.

㉠ 상당히: 수준이나 실력이 꽤 높이.   (   )

㉡ 실시: 어떤 일이나 법, 제도 등을 실제로 행함.   (   )

㉢ 쟁점: 문제를 바로잡거나 얽힌 일을 잘 해결함.   (   )

2 다음 보기 는 ㉮에 들어갈 낱말의 뜻입니다. 초성을 보고, ㉮에 들어갈 알맞은 낱말을 쓰세요.

> **보기**
>
> 뜻: 이익이 있음.

 _____

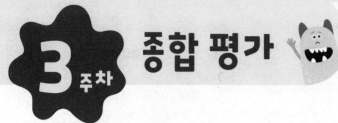

1 다음 낱말의 뜻을 보기 에서 찾아 사다리를 타고 내려간 곳에 기호로 쓰세요.

보기
㉠ 다른 사람의 감정, 의견, 주장 따위에 대해 자신도 그렇다고 느낌.
㉡ 어떤 문제를 여러 사람이 협력해 해결하는 방법.
㉢ 서로 맞선 관계에 있는 사람 또는 집단이 의논하여 옳고 그름을 판단함.

| 담판 | 공감 | 토의 |

2 다음 중 낱말의 관계가 <u>다른</u> 하나는 무엇인가요? ( )

① 훼손 – 손상　　　② 공감 – 동감　　　③ 동맹 – 연맹　　　④ 유리하다 – 불리하다

3 보기 에서 글자 카드를 찾아 문장의 빈칸에 들어갈 낱말을 완성하세요.

보기
조　실　입　시　유　정

(1) 한 나라의 중요한 일은 국민 투표를 [　][　] 하여 결정을 내릴 수 있다.

낱말의뜻 어떤 일이나 법, 제도 등을 실제로 행함.

(2) 오랜 토의 끝에 의견을 [　][　] 하여 문제를 해결할 수 있었다.

낱말의뜻 의견이 달라서 생기는 다툼을 중간에서 화해하게 하거나 서로 다른 의견을 하나로 모으는 것.

4 다음 문장의 빈칸에 공통으로 들어갈 글자를 쓰세요.

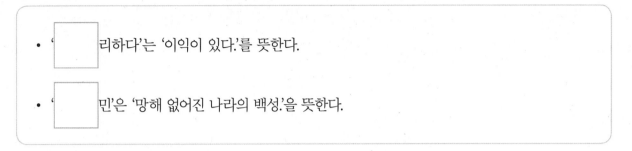

- '☐리하다'는 '이익이 있다.'를 뜻한다.

- '☐민'은 '망해 없어진 나라의 백성.'을 뜻한다.

✎ _____

5 밑줄 친 낱말이 바르게 쓰였는지 '예', '아니요'를 따라가 마지막에 나오는 번호를 쓰세요.

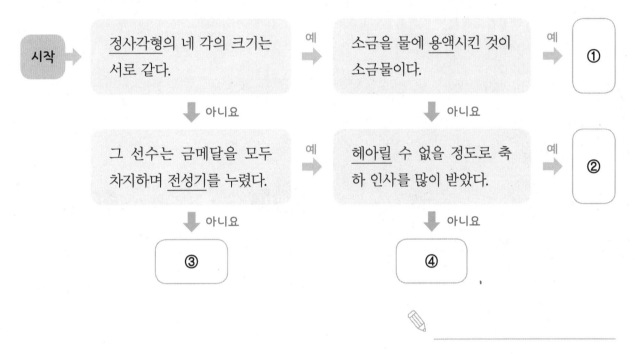

시작 ➡ 정사각형의 네 각의 크기는 서로 같다. ──예──➡ 소금을 물에 <u>용액</u>시킨 것이 소금물이다. ──예──➡ ①

⬇ 아니요 ⬇ 아니요

그 선수는 금메달을 모두 차지하며 <u>전성기</u>를 누렸다. ──예──➡ <u>헤아릴</u> 수 없을 정도로 축하 인사를 많이 받았다. ──예──➡ ②

⬇ 아니요 ⬇ 아니요

③ ④

✎ _____

6 뜻에 알맞은 낱말을 글자판에서 찾아 묶으세요. 낱말은 가로, 세로, 대각선으로 묶을 수 있어요.

❶ 상대편이 이쪽 편의 이야기를 따르도록 깨우치는 힘.

❷ 6개의 직사각형으로 둘러싸인 도형.

❸ 어떤 물질이 다른 물질에 녹아 골고루 섞이는 현상.

❹ 어떤 장소나 물건, 도형 등의 넓은 정도.

❺ 개인, 단체, 국가 간에 서로의 이익이나 목적을 위하여 함께 행동하기로 하는 약속.

설	동	맹	직
넓	득	교	육
이	물	력	면
용	해	액	체

4주차

어휘 미리보기

이번 주에 학습할
어휘들을 살펴보자!

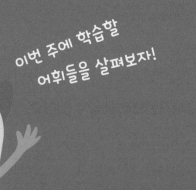

평가 문제도
잘 풀어 보자!

4주
종합 평가

1일차 국어 어휘 #쓰기

문장 성분

문장을 이루는 것들.

文 글월 문 章 글월 장
成 이룰 성 分 나눌 분

예문 **문장 성분** 중 주어, 서술어는 문장 안에서 각각 다른 역할을 한다.

관련 어휘 주어: 문장에서 '누가' 또는 '무엇이'를 나타내는 말.
서술어: 주어의 움직임, 상태 등을 나타내는 말.

나는 빵을 먹었다.
↓   ↓
주어   서술어

호응

1. 문장에서 앞에 어떤 말이 오고 짝인 말이 뒤따라오는 것.
2. 부름에 대답하거나 응함.

呼 부를 호   應 응할 응

예문 문장에서 **호응**[1]이 되지 않으면 전달하려는 뜻이 잘못 전해질 수 있다.

활용 진심이 담긴 그의 노래는 듣는 사람들의 열광적인 **호응**[2]을 이끌어 냈다.

- 나는 어제 빵을 먹겠다. (✕)
- 나는 어제 빵을 먹었다. (◯)

▲ 시간을 나타내는 말과 서술어의 호응

다발 짓기

흐름에 맞게 생각이나 느낌을 묶는 것.

예문 시간의 흐름과 장소의 변화에 따라 일어난 일을 정리하여 **다발 짓기**를 할 수 있다.

관련 어휘 **고쳐쓰기**: 자신이 쓴 글을 읽고 내용이나 표현이 어색한 부분을 찾아 고치는 것.

? 도움말 예를 들어, '여행'에 대한 생각을 다양하게 떠올린 다음, 아래와 같이 다발 짓기를 할 수 있어요.

장소	탈것	느낌
바다, 산	비행기, 기차	설레다, 즐겁다

▲ 다발 짓기의 예

기행문

여행하면서 보고, 듣고, 느낀 것을 자유로운 형식으로 쓴 글.

紀 벼리 기   行 다닐 행   文 글월 문

예문 **기행문**에는 여정, 견문, 감상이 드러나야 한다.

관련 어휘 **여정**: 여행의 과정이나 일정.
견문: 여행하며 보거나 들은 것.
감상: 여행하며 든 생각이나 느낌.

글감

글의 내용이 되는 재료.

예문 **글감**은 주제를 잘 드러낼 수 있는 것으로 선택하는 것이 좋다.

활용 시를 짓기 전에 머릿속에 떠오르는 **글감**을 적어 보았어.

비슷한말 글거리, 소재

관련 어휘 주제: 자신이 글로 나타내고 싶은 생각.

드러나다

1. 겉에 나타나 있거나 눈에 띄다.
2. 가려지거나 보이지 않던 것이 나타나다.
3. 알려지지 않은 사실이 널리 밝혀지다.

예문 체험한 일을 떠올리며 감상이 **드러나는**[1] 글을 썼다.

활용 구름이 걷히자 태양이 **드러났다**.[2]

활용 한반도에서 공룡이 살았던 사실이 **드러났다**.[3]

4주

생성

사물이 생겨남. 또는 사물이 생겨나게 함.

生 날 생 成 이룰 성

예문 글쓰기 과정 중, '내용 **생성**하기' 단계에서는 다양한 글감을 떠올린다.

활용 이 책에 빙하의 **생성** 과정이 자세하게 나와 있어.

비슷한말 발생, 출현   반대말 소멸

대동

여러 사람이 힘을 합침.

大 큰 대 同 같을 동

예문 줄다리기는 모두가 함께 즐기는 **대동** 놀이이다.

활용 온 국민이 **대동**하여 어려운 시기를 극복했다.

비슷한말 합동

어휘 플러스⁺ 6학년 어휘

예 다른 사람의 글을 사용할 때 허락을 받는 것은 창작자의 저작권을 보호하는 쓰기 윤리이다.

저작권은 자신이 만들어 낸 그림, 노래, 이야기와 같은 창작물에 대해 법으로 보호받을 수 있는 권리예요. 창작자의 노력과 가치를 인정하기 위해 꼭 필요한 권리로, 오랜 시간과 노력을 통해 만들어 낸 창작물을 누군가 그대로 베껴 사용하지 못하도록 하지요. **쓰기 윤리**는 글을 쓸 때 지켜야 할 책임과 도리를 뜻해요. '창작물을 베껴 쓰지 않는 것', '사실이 아닌 것을 사실처럼 쓰지 않는 것'도 쓰기 윤리를 지키는 것이지요.

문장을 읽고, 빈칸에 들어갈 낱말을 보기 에서 찾아 쓰세요.

보기

| 문장 성분 | 호응 | 다발 짓기 | 기행문 |
| 글감 | 드러나는 | 생성 | 대동 |

1 _____ 중, 주어, 서술어는 문장 안에서 각각 다른 역할을 한다.

2 시간의 흐름과 장소의 변화에 따라 일어난 일을 정리하여 _____ 을/를 할 수 있다.

3 시를 짓기 전에 머릿속에 떠오르는 _____ 을/를 적어 보았어.

4 체험한 일을 떠올리며 감상이 _____ 글을 썼다.

5 줄다리기는 모두가 함께 즐기는 _____ 놀이이다.

6 이 책에 빙하의 _____ 과정이 자세하게 나와 있어.

7 문장에서 _____ 이/가 되지 않으면 전달하려는 뜻이 잘못 전해질 수 있다.

8 _____ 에는 여정, 견문, 감상이 드러나야 한다.

1 낱말 적용

다음 문장의 빈칸에 들어갈 알맞은 낱말을 찾아 ○표 하세요.

(1) 좋은 (　　　　)을 고르는 일은 글쓰기에서 아주 중요하다. → | 글감 | 견문 |

(2) 마을 사람들이 (　　　　)하여 문제를 해결했다. → | 개인 | 대동 |

4
주

2 낱말 쓰임

밑줄 친 낱말의 뜻이 나머지와 <u>다른</u> 것은 무엇인가요?　　　　　　　　(　　　　)

① 끈질긴 관찰과 철저한 조사 끝에 사건의 원인이 <u>드러났다.</u>

② 새롭게 발굴된 유물로 마침내 역사의 진실이 <u>드러났다.</u>

③ 최악의 가뭄으로 호수의 바닥이 <u>드러났다.</u>

④ 그동안 아저씨가 사람들을 속여 왔던 사실이 <u>드러났다.</u>

3 낱말 적용

다음 문장이 완성되도록 알맞은 낱말에 ○표 하세요.

(1) 문장에서 앞에 어떤 말이 오고 짝인 말이 뒤따라오는 것은 (문장 성분 / 호응)이다.

(2) 여행하면서 보고, 듣고, 느낀 것을 자유로운 형식으로 쓴 글은 (기행문 / 설명문)이다.

낱말 쓰임

4 밑줄 친 낱말의 쓰임이 바르지 <u>않은</u> 것은 무엇인가요? (   )

① 한 달 간의 <u>여정</u>을 순서대로 적어 보았다.

② 여행에서 보고 들은 제주도의 풍습을 기행문의 <u>감상</u>으로 적었다.

③ 기행문에서 <u>견문</u>은 여행하며 보거나 들은 것을 나타낸다.

④ 여행지에서 느낀 감상을 오래 기억하기 위해 <u>기행문</u>을 쓰기도 한다.

낱말 적용

5 다음 문장의 빈칸에 공통으로 들어갈 낱말을 쓰세요.

> - 한라산의 백록담은 화산 활동으로 (   )되었다.
> - 수력 발전소는 물을 이용하여 전력을 (   )하는 곳이다.
> - 오늘 수업 시간에 지구의 (   ) 과정에 대해 들었다.

✎ _____

낱말 적용

6 다음 대화의 빈칸에 들어갈 알맞은 낱말로 짝 지어진 것은 무엇인가요? (   )

> 도윤: 선생님, 할머니 댁에 다녀온 일을 쓰려고 하는데 어떤 내용부터 써야 할지 막막해요.
> 선생님: 인상 깊었던 일이 많았구나! 먼저 겪은 일을 생각나는 대로 말해 볼까?
> 도윤: 맛있는 음식도 먹었고, 할머니와 산책도 했고, 재래시장에도 다녀왔어요!
> 선생님: 방금 도윤이가 선생님에게 말한 내용을 시간의 흐름이나 장소의 변화에 따라 묶는
> (㉠)를 해 보자! 그리고 그 내용을 바탕으로 글을 써 보렴.
> 마지막으로 문장의 호응 관계를 생각하여 (㉡)를 하면 좋은 글이 완성될 거야.
> 도윤: 네, 선생님 감사합니다!

	㉠	㉡
①	다발 짓기	고쳐쓰기
②	개요 짜기	다발 짓기
③	고쳐쓰기	다발 짓기
④	다발 짓기	개요 짜기

📖 다음 관광 안내 책자를 읽고, 물음에 답하세요.

우리 같이
강릉 갈래?

먹거리와 볼거리가 가득한
강릉 여행 즐기기

1 강릉의 먹거리

• 장칼국수

요리 장인의 손맛이 ㉠드러나는
강릉의 대표 음식

• 초당 순두부

바닷물을 사용하여 만든, 맛있는
순두부

2 강릉의 볼거리

• ㉡대동 놀이

소원등 날리기와 줄다리기 한마당

• 동해 바다

모래의 ㉢생성 과정을 볼 수 있는
자연 박물관

4
주

1 ㉠~㉢의 뜻으로 바르지 <u>않은</u> 것에 ✕표 하세요.

㉠ 드러나는: 짐작하여 미루어 생각하는. ( )

㉡ 대동: 여러 사람이 힘을 합침. ( )

㉢ 생성: 사물이 생겨남. ( )

2 초성을 보고, 빈칸에 들어갈 알맞은 낱말을 쓰세요.

> 지영: 이번 방학에는 강릉에 꼭 가고 싶어. 넓게 펼쳐진 모래사장과 맛있는 음식도 먹을 거야.
> 태호: 모래사장을 먹는다고? 문장의 (ㅎㅇ) 관계가 맞지 않아!

2일차 사회 어휘 #광복 #대한민국

붕당
학문이나 정치적으로 생각을 같이하는 사람들의 집단.

朋 벗 붕   黨 무리 당

예문 영조는 **붕당**과 상관없이 나랏일을 할 인재를 골고루 뽑았다.

예문 **붕당** 간에 의견이 부딪히는 일이 많아지면서 정치가 혼란스러워졌다.

세도 정치
왕실과 혼인 관계를 맺은 가문이 권력을 잡고 자신의 이익을 앞세우는 정치.

勢 기세 세   道 길 도
政 정사 정   治 다스릴 치

예문 세자가 어린 나이로 왕위에 오르자 **세도 정치**가 나타났다.

활용 **세도 정치**로 나라가 혼란스러워지자 백성들의 불만이 커졌어.

수교
나라와 나라 사이에 교류를 하기로 약속을 맺음.

修 닦을 수   交 사귈 교

예문 흥선 대원군은 서양과의 **수교**를 거부했다.

활용 두 나라는 **수교**를 맺어 물건을 서로 자유롭게 사고팔았다.

비슷한말 외교
관련 어휘 통상: 나라들 사이에 물건 등을 사고파는 것.

문물
예술, 종교, 정치, 경제 등 문화에 관한 모든 것을 이르는 말.

文 글월 문   物 만물 물

예문 조선 중기에 천리경, 안경과 같은 서양 **문물**이 들어왔다.

활용 세계화로 동서양의 **문물** 교류가 활발해졌어!

비슷한말 문화

을사늑약

1905년, 일제가 대한 제국의 외교권을 빼앗기 위하여 강제로 맺은 약속.

乙 새 **을**　　巳 뱀 **사**
勒 다스릴 **늑**　約 맺을 **약**

예문 고종은 **을사늑약**이 무효임을 국제 사회에 알리고자 노력했다.

관련 어휘 늑약: 나라 사이에 강제로 맺은 약속.
　　　　　 외교권: 다른 나라와 교류할 수 있는 권리.

봉기

벌 떼처럼 수많은 사람이 곳곳에서 뜻을 모아 행동하는 것.

蜂 벌 **봉**　起 일어날 **기**

예문 우리나라를 침략한 일본과 맞서 싸우기 위해 의병들이 **봉기**하였다.

예문 백성들에게 무리한 세금을 걷는 벼슬아치에 맞서 농민들이 **봉기**하였다.

4
주

일제 강점기

우리나라의 영토, 권리 등을 일제에 빼앗긴 35년간의 시대 (1910~1945년).

日 날 **일**　　帝 임금 **제**
强 강할 **강**　占 차지할 **점**　期 기약할 **기**

예문 **일제 강점기**에 나라를 되찾기 위한 독립운동이 일어났다.

활용 우리는 **일제 강점기**를 잊어서는 안 된다.

❓도움말 '일제'는 자기 나라의 이익을 위해 여러 나라를 침략한 일본을 가리키는 말로, '일본 제국주의'의 줄임 말이에요.

신탁 통치

어떤 나라가 다른 나라의 지역을 대신 맡아 다스리는 것.

信 믿을 **신**　　託 부탁할 **탁**
統 거느릴 **통**　治 다스릴 **치**

예문 광복 후 우리나라의 정부가 수립되기 전, 미국, 소련, 영국, 중국이 **신탁 통치**를 하려고 했다.

예문 **신탁 통치**에 대한 소식이 알려지자 전국적으로 신탁 통치 반대 운동이 일어났다.

어휘 플러스⁺ （6학년 어휘）

예 **민주화 운동**은 국민의 뜻을 살피지 않는 정치가에 맞선 **항쟁**이다.

민주화 운동은 대한민국 정부가 만들어진 이후 독단적인 정치를 펼치는 대통령과 정치인들에 맞서 싸운 시민들의 운동을 뜻해요. 민주화 운동이 벌어지는 과정에서 죄 없는 시민들이 시련을 겪었지만, 우리나라의 민주주의는 더욱 발전할 수 있었지요. **항쟁**은 맞서 싸움을 뜻해요. 우리나라는 역사적으로 주변 나라들로부터 침입을 많이 받아 왔어요. 하지만 백성들이 끈기 있게 항쟁하며 나라를 지켜 냈답니다.

문장을 읽고, 빈칸에 들어갈 낱말을 보기 에서 찾아 쓰세요.

보기

붕당	세도 정치	수교	문물
을사늑약	봉기	일제 강점기	신탁 통치

1 우리나라를 침략한 일본과 맞서 싸우기 위해 의병들이 _____ 하였다.

2 _____ 간에 의견이 부딪히는 일이 많아지면서 정치가 혼란스러워졌다.

3 _____ 에 나라를 되찾기 위한 독립운동이 일어났다.

4 _____ 은/는 어떤 나라가 다른 나라의 지역을 대신 맡아 다스리는 것을 뜻한다.

5 조선 중기에 천리경, 안경과 같은 서양 _____ 이/가 들어왔다.

6 고종은 _____ 이/가 무효임을 국제 사회에 알리고자 노력했다.

7 흥선 대원군은 서양과의 _____ 을/를 거부했다.

8 세자가 어린 나이로 왕위에 오르자 _____ 이/가 나타났다.

낱말 이해

1 다음 낱말의 뜻을 읽고, 낱말 퍼즐을 완성하세요.

> 가로 열쇠 ❶ 우리나라의 영토, 권리 등을 일제에 빼앗긴 35년 간의 시대(1910~1945년).
>
> 세로 열쇠 ❷ 벌 떼처럼 수많은 사람이 곳곳에서 뜻을 모아 행 동하는 것.

낱말 적용

2 다음 글의 빈칸에 들어갈 알맞은 낱말은 무엇인가요? (   )

> 청나라에 간 우리 사신들은 서양 (   )을/를 보고 깜짝 놀랐어요. 청나라에는 정해 진 시간이 되면 소리를 내는 자명종과 천리경, 그리고 세계 지도도 있었지요.

① 특색   ② 자료   ③ 문물   ④ 제도

낱말 이해

3 '신탁 통치'를 설명하는 것으로 알맞은 문장에 ○표 하세요.

(1) 어떤 나라가 다른 나라의 지역을 대신 맡아 다스리는 것을 뜻한다.   (   )

(2) 권력을 잡은 가문이 자신의 이익을 앞세우는 정치를 뜻한다.   (   )

4 낱말 이해

주어진 힌트와 관련 있는 낱말의 기호를 보기 에서 찾아 각각 쓰세요.

보기

      ⊙ 문물   ⓒ 일제 강점기   ⓒ 을사늑약   ⓔ 붕당

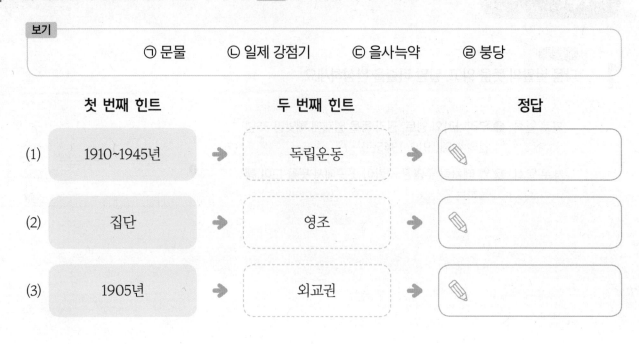

	첫 번째 힌트		두 번째 힌트		정답
(1)	1910~1945년	➡	독립운동	➡	✎
(2)	집단	➡	영조	➡	✎
(3)	1905년	➡	외교권	➡	✎

5 낱말 쓰임

밑줄 친 낱말의 쓰임이 바르지 <u>않은</u> 것은 무엇인가요?   (   )

① <u>을사늑약</u> 이후, 조선의 백성들은 슬픔에 잠겼다.

② 일제의 군인들이 경복궁을 습격하자 우리나라 의병들이 <u>봉기</u>하였다.

③ 한국과 중국은 <u>수교</u>를 맺었다.

④ 일제 강점기, 조선의 백성들은 일제에 맞서 <u>세도 정치</u>를 하였다.

6 낱말 적용

다음 문장의 빈칸에 공통으로 들어갈 낱말은 무엇인가요?   (   )

> • 뉴스에서 두 나라가 (   )을/를 맺었다는 보도가 나왔다.
> • 흥선 대원군에 맞서 서양과 (   )을/를 맺어야 한다는 사람도 있었다.
> • 두 나라의 (   ) 이후, 문화 교류가 활발해졌다.

① 조정   ② 봉기   ③ 관광   ④ 수교

📖 다음 역사 잡지의 글을 읽고, 물음에 답하세요.

대한 제국 특집
___

을사늑약의 억울함을 세계에 알리려던 고종의 노력

1907년 6월 25일, 특별한 임무를 맡은 세 사람이 한반도를 떠나 머나먼 지구 반대편에 도착했다. (㉮ ㅇㅅㄴㅇ)으로 우리나라는 다른 나라와 ㉠수교를 할 수 없었고, ㉡통상도 하기 어려웠다. 이준, 이상설, 이위종 세 명의 *특사는 고종의 명령으로 만국 평화 회의가 열리는 네덜란드의 헤이그를 찾았다. 특사들은 을사늑약의 억울함을 세계에 알리고자 했다. 세 사람의 노력은 일제에 맞서 싸우기 위해 우리나라 곳곳에서 ㉢봉기한 많은 사람들에게 힘이 되었다.

▲ 헤이그 특사 3인

•특사 나라를 대표해 특별한 임무를 띠고 보내는 사람.

1 초성을 보고, ㉮에 들어갈 알맞은 낱말을 쓰세요.

✏️ _____

2 ㉠~㉢의 뜻으로 바르지 않은 것에 ✕표 하세요.

㉠ 수교: 나라와 나라 사이에 교류를 하기로 약속을 맺음. ( )

㉡ 통상: 예술, 종교, 정치, 경제 등 문화에 관한 모든 것을 이르는 말. ( )

㉢ 봉기: 벌 떼처럼 수많은 사람이 곳곳에서 뜻을 모아 행동하는 것. ( )

3 일차 과학 어휘 #생물 #환경

균류

곰팡이와 버섯처럼 실 모양의 균사로 이루어져 있고, 포자로 번식하는 생물.

菌 버섯 균   類 무리 류

예문 **균류**는 따뜻하고 축축한 환경에서 잘 자라고 주로 여름철에 많이 볼 수 있다.

활용 **균류**는 된장, 김치를 만드는 데 이용되기도 해.

▲ 균류에 속하는 버섯

원생생물

동물이나 식물, 균류에 속하지 않는 생물로, 짚신벌레나 아메바 등이 있음.

原 근원 원   生 날 생
生 날 생   物 만물 물

예문 **원생생물**은 주로 다른 생물의 먹이가 된다.

활용 **원생생물**은 연못과 같이 물이 고인 곳이나 물살이 느린 곳에서 산대.

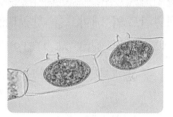

▲ 원생생물을 확대한 모습

세균

균류나 원생생물보다 크기가 더 작고, 모양이 단순한 생물.

細 가늘 세   菌 버섯 균

예문 **세균**이 질병을 일으키기도 한다.

활용 **세균**은 매우 작아서 맨눈으로 볼 수 없어.

도움말 세균은 공 모양, 막대 모양, 나선 모양 등으로 구분되어요.

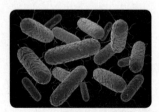

▲ 세균을 확대한 모습

영구 표본

생물을 오랫동안 보존하여 관찰할 수 있게 만든 것.

永 길 영   久 오랠 구
標 표할 표   本 근본 본

예문 현미경으로 해캄의 **영구 표본**을 관찰했다.

활용 **영구 표본**인 짚신벌레가 색깔을 띠는 이유는 표본을 염색했기 때문이야.

▲ 영구 표본을 확대한 모습

생물 요소

살아 있는 것.

生 날 생   物 만물 물
要 중요할 요   素 바탕 소

예문 인간, 동물, 식물은 **생물 요소**에 속한다.

활용 생태계는 **생물 요소**와 비생물 요소로 구성된다.

관련 어휘 비생물 요소: 공기, 햇빛, 물처럼 살아 있지 않은 것.

생태계

어떤 장소에서 서로 영향을 주고받는 생물 요소와 비생물 요소.

生 날 생   態 모습 태   系 이을 계

예문 지구에는 연못, 바다 등 다양한 **생태계**가 있다.

활용 **생태계**가 점점 파괴되고 있대.

생태계 평형

생물의 종류와 수 또는 양이 균형을 이루며 안정된 상태를 유지하는 것.

生 날 생   態 모습 태   系 이을 계
平 평평할 평   衡 저울대 형

예문 어떤 생물의 수가 갑자기 줄어들면 **생태계 평형**이 깨지기도 한다.

활용 산불로 깨진 **생태계 평형**을 회복하려면 오랜 시간과 노력이 필요해.

관련 어휘 평형: 어느 한쪽으로 기울지 않고 균형을 이룸.

먹이 그물

생물들 사이의 먹고 먹히는 관계가 그물처럼 복잡하게 연결된 것.

예문 **먹이 그물**을 통해 생태계가 균형을 이룬다.

관련 어휘 먹이 사슬: 생물의 먹이 관계가 사슬처럼 연결된 것.

▲ 먹이 그물의 모습

어휘 플러스⁺
6학년 어휘

예 **인체**에는 생명을 유지하고 활동을 돕는 여러 **기관**이 있다.

인체는 사람의 몸을 뜻하는 말이에요. 우리의 인체는 크게 머리, 목, 몸통, 팔과 다리로 이루어져 있어요. 몸속에는 우리가 살아갈 수 있도록 많은 일을 하는 여러 **기관**이 있어요. 각 기관의 이름과 하는 일은 다음과 같아요.

•소화 기관: 음식물을 잘게 쪼개서 영양소를 흡수하는 일을 하는 신체 기관.
•호흡 기관: 숨을 들이마시고 내쉬는 활동과 관련된 신체 기관.
•순환 기관: 혈액의 이동에 관여하는 신체 기관.
•배설 기관: 필요하지 않은 몸속 물질을 몸 밖으로 내보내는 일을 하는 신체 기관.

정답과 해설 30쪽

📝 문장을 읽고, 빈칸에 들어갈 낱말을 보기 에서 찾아 쓰세요.

보기

균류	원생생물	세균	영구 표본
생물 요소	생태계	생태계 평형	먹이 그물

1 살아 있는 것을 _____(이)라고 한다.

2 지구에는 연못, 바다 등 다양한 _____이/가 있다.

3 _____이/가 질병을 일으키기도 한다.

4 _____은/는 연못과 같이 물이 고인 곳이나 물살이 느린 곳에서 산대.

5 산불로 깨진 _____을/를 회복하려면 오랜 시간과 노력이 필요해.

6 _____을/를 통해 생태계가 균형을 이룬다.

7 현미경으로 해캄의 _____을/를 관찰했다.

8 _____은/는 된장, 김치를 만드는 데 이용되기도 해.

낱말 이해

1 다음 뜻에 알맞은 낱말에 ○표 하세요.

(1) 공기, 햇빛, 물처럼 살아 있지 않은 것.

→ | 비생물 요소 | 생물 요소 |

(2) 동물이나 식물, 균류에 속하지 않는 생물로, 짚신벌레나 아메바 등이 있음.

→ | 원생생물 | 영구 표본 |

낱말 이해

2 다음 설명에서 가리키는 '이것'이 무엇인지 알맞은 낱말을 쓰세요.

- '이것'은 살아 있습니다.
- '이것'은 균류나 원생생물보다 크기가 더 작습니다.
- '이것'은 공 모양, 막대 모양, 나선 모양 등으로 구분됩니다.
- '이것'은 매우 작아서 맨눈으로 볼 수 없습니다.
- '이것'은 질병을 일으키기도 합니다.

 _____

낱말 이해

3 생물 요소에 ○표, 비생물 요소에 ✕표 하세요.

| 햇빛 | 곰팡이 | 개구리 | 공기 |

4 다음 대화의 빈칸에 공통으로 들어갈 낱말을 보기 에서 찾아 쓰세요.

보기

화석   영구 표본   생물 요소   원생생물

윤희: 이렇게 작은 생물들을 현미경으로 보니 더 신기한 것 같아.
해캄, 짚신벌레와 같은 생물을 오랫동안 보존하여 관찰할
수 있도록 (   )(으)로 만든 기술이 놀라워.
경훈: 그렇지? (   )을/를 관찰하기 쉽도록 눈에 잘 보이
는 색으로 염색해 두었다고 해.

 _____

5 밑줄 친 낱말의 쓰임이 바르지 <u>않은</u> 것은 무엇인가요?   (   )

① 생물들 사이의 먹고 먹히는 관계는 <u>먹이 그물</u>로 나타낼 수 있다.

② 균류도 살아 있기 때문에 <u>생물 요소</u>라고 할 수 있다.

③ 한 번 깨진 <u>생태계 평형</u>을 다시 회복하려면 오랜 시간과 노력이 필요하다.

④ 우리 주변의 살아 있는 것들만을 가리켜 <u>생태계</u>라고 한다.

6 문장의 빈칸에 들어갈 알맞은 낱말을 각각 쓰세요.

• 메뚜기는 풀을 먹고, 개구리는 메뚜기를 먹고, 독수리는 개구리를 먹습니다. 이와 같이 생물
들 사이의 먹고 먹히는 관계가 사슬처럼 연결된 것을 (㉠   )이라고 합니다.

• 메뚜기는 벼 말고도 다른 것을 먹고, 개구리도 메뚜기 외에 다른 것을 먹습니다. 이와 같이
생물들 사이의 먹고 먹히는 관계가 그물처럼 복잡하게 연결된 것을 (㉡   )이라고 합
니다.

㉠ _____   ㉡ _____

📖 다음 블로그의 글을 읽고, 물음에 답하세요.

Home > 블로그 > 과학 > 환경

생태계에도 피라미드가 있다고요?

▲ 생태 피라미드

▲ 먹이 그물

안녕하세요, 오늘은 ㉠생태계 속에 숨어 있는 피라미드에 대해 알아볼게요.

생태 피라미드에서는 풀, 쥐, 뱀, 독수리처럼 다양한 ㉡생물 요소를 볼 수 있어요. 생태 피라미드의 1단계에 해당하는 생물을 '생산자', 2단계에 해당하며 생산자를 먹이로 하는 생물을 '1차 소비자'라고 해요. 2단계 생물을 먹이로 삼는 3단계에 속한 생물은 '2차 소비자'라고 해요. 피라미드의 꼭대기 층, 즉 4단계에 해당하는 생물은 '최종 소비자'라고 하지요.

이들은 생태계 안에서 먹이 사슬이나 ㉢먹이 그물의 관계를 맺고, 이러한 관계를 통해 피라미드 각 단계에 속한 생물의 종류나 양이 균형을 이루며 ㉣생태계 평형이 유지되는 것이지요.

1 ㉠~㉣에 대한 설명으로 바른 것에 ○표, 바르지 <u>않은</u> 것에 ✕표 하세요.

㉠ 생태계: 생물 요소와 비생물 요소로 이루어진다. ( )

㉡ 생물 요소: 살아 있는 것을 말한다. ( )

㉢ 먹이 그물: 생물의 먹이 관계가 사슬처럼 연결된 것이다. ( )

㉣ 생태계 평형: 한 생물의 수가 갑자기 늘어나도 생태계 평형은 깨지지 않는다. ( )

수의 범위

기준이 되는 어떤 수에 의해 정해진 수의 테두리.

數 셀 수　範 법 범　圍 둘레 위

예문　박물관 입장료 안내에서 '8세 이상 13세 이하'와 같은 **수의 범위**를 살펴볼 수 있다.

관련 어휘　범위: 일정하게 정해진 영역.

박물관 입장료 안내

구분	입장료
소인 (8세 이상 13세 이하)	1,000원
대인 (14세 이상)	1,500원

이상

어떤 수보다 크거나 같음. 또는 수량이나 정도가 정해진 기준보다 더 많거나 나음.

以 써 이　上 위 상

예문　5, 6, 7, 8은 '5 **이상** 8 이하인 수'에 해당한다.

활용　이번 시험에서 기대 **이상**의 점수를 받았어.

반대말　이하

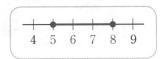

▲ 5 이상 8 이하인 수

초과

어떤 수보다 큼. 또는 정해진 기준을 넘음.

超 넘을 초　過 지날 과

예문　6, 7은 '5 **초과** 8 미만인 수'에 해당한다.

활용　엘리베이터에서 정원 **초과**를 알리는 벨이 울렸다.

반대말　미만

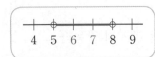

▲ 5 초과 8 미만인 수

올림

구하려는 자리의 아래 수를 올려서 나타내는 방법.

예문　303을 **올림**해 십의 자리까지 나타내면 310이다.

예문　303을 **올림**해 백의 자리까지 나타내면 400이다.

303 → 310	303 → 400

▲ 올림해 십의 자리까지 나타냄　　▲ 올림해 백의 자리까지 나타냄

버림

구하려는 자리의 아래 수를 버려서 나타내는 방법.

예문 127을 **버림**하여 십의 자리까지 나타내면 120이다.

예문 127을 **버림**하여 백의 자리까지 나타내면 100이다.

127 → 120

▲ 버림해 십의 자리까지 나타냄

127 → 100

▲ 버림해 백의 자리까지 나타냄

반올림

구하려는 자리 바로 아래 자리의 숫자가 0~4이면 버리고, 5~9이면 올려서 나타내는 방법.

半 반 **반**

예문 184를 **반올림**하여 십의 자리까지 나타내면 180이다.

예문 184를 **반올림**하여 백의 자리까지 나타내면 200이다.

184 → 180

▲ 반올림해 십의 자리까지 나타냄

184 → 200

▲ 반올림해 백의 자리까지 나타냄

4주

평균

자료에 나타난 전체 수의 합을 자료의 개수로 나눈 값.

平 평평할 **평** 均 고를 **균**

예문 과녁 맞히기에서 총 점수의 **평균**을 구했다.

비슷한말 평균값

과녁 맞히기 점수

회	1회	2회	3회	평균
점수	8점	7점	6점	7점

가능성

어떠한 상황에서 특정한 일이 일어나길 기대할 수 있는 정도.

可 옳을 **가** 能 능할 **능** 性 성질 **성**

예문 내일 비가 내릴 **가능성**을 찾아보았다.

반대말 불가능성

일기 예보

날짜	9월 1일 (오늘)	9월 2일 (내일)
날씨	맑음	흐림

어휘 플러스+ (중학교 어휘)

예 가위바위보를 할 때 한 사람이 낼 수 있는 **경우의 수**는 3이다.

경우의 수는 어떤 일이 일어날 수 있는 가짓수를 뜻해요. 예를 들어 볼까요? 가위바위보를 할 때, 한 사람이 낼 수 있는 경우의 수는 몇 가지일까요? '가위' 또는 '바위' 또는 '보'를 낼 수 있으므로, 한 사람이 낼 수 있는 경우의 수는 3이라고 할 수 있어요. 윷놀이의 경우는 어떨까요? 윷가락을 던졌을 때 '도, 개, 걸, 윷, 모'와 같이 5가지의 경우가 있으므로, 한 사람이 낼 수 있는 경우의 수는 5라고 할 수 있어요.

문장을 읽고, 빈칸에 들어갈 낱말을 보기 에서 찾아 쓰세요.

1 127을 _____하여 십의 자리까지 나타내면 120이다.

2 박물관 입장료 안내에서 '8세 이상 13세 이하'와 같은 _____을/를 살펴볼 수 있다.

3 내일 비가 내릴 _____을/를 찾아보았다.

4 구하려는 자리의 아래 수를 올려서 나타내는 방법을 _____(이)라고 한다.

5 구하려는 자리 바로 아래 자리의 숫자가 0~4이면 버리고, 5~9이면 올려서 나타내는 방법을 _____(이)라고 한다.

6 자료에 나타난 전체 수의 합을 자료의 개수로 나눈 값을 _____(이)라고 한다.

7 엘리베이터에서 정원 _____을/를 알리는 벨이 울렸다.

8 5, 6, 7, 8은 '5 _____ 8 이하인 수'에 해당한다.

어휘 적용

정답과 해설 32쪽

1

낱말 이해

낱말의 뜻을 읽고, 보기 에서 글자 카드를 찾아 빈칸에 알맞은 낱말을 쓰세요.

> **보기**
>
> 균   형   과   상   초   평

(1) 어떤 수보다 큼. 또는 정해진 기준을 넘음.

(2) 자료에 나타난 전체 수의 합을 자료의 개수로 나눈 값.

2

낱말 이해

다음 낱말의 뜻을 읽고, 낱말 퍼즐을 완성하세요.

가로 열쇠 ❶ 구하려는 자리의 아래 수를 올려서 나타내는 방법.
　　　　　예 521 → 530

세로 열쇠 ❷ 구하려는 자리의 아래 수를 버려서 나타내는 방법.
　　　　　예 219 → 210

3

낱말 관계

다음 낱말의 반대말을 찾아 줄로 이으세요.

(1) 이상 ・　　　　　　　・ 불가능성

(2) 가능성 ・　　　　　　　・ 미만

(3) 초과 ・　　　　　　　・ 이하

낱말 적용

4 다음 문장의 빈칸에 들어갈 알맞은 낱말은 무엇인가요? ( )

( )을/를 수직선에 나타내면, 가장 큰 수를 쉽게 찾을 수 있다.

① 수의 감소 　　② 수의 평균 　　③ 수의 단위 　　④ 수의 범위

낱말 쓰임

5 다음 중 낱말을 바르게 활용한 친구에 ○표 하세요.

동준 — 어떤 원인으로 인해 이루어진 결말을 <u>가능성</u>이라고 해. ( )

민정 — 619를 <u>버림</u>하여 십의 자리까지 나타내면 620이야. ( )

광희 — 구하려는 자리 바로 아래 자리의 숫자가 0~4이면 버리고, 5~9이면 올려서 나타내는 방법이 <u>반올림</u>이야. ( )

낱말 적용

6 다음 주사위 그림을 보고, 문장의 빈칸에 공통으로 들어갈 낱말을 쓰세요.

• 주사위를 던져 1 이상인 수가 나올 ( )은 높다.
• 주사위를 던져 10 이상인 수가 나올 ( )은 없다.
• 주사위를 던져 짝수가 나올 ( )은 반반이다.

_____

📖 다음 문자 대화를 읽고, 물음에 답하세요.

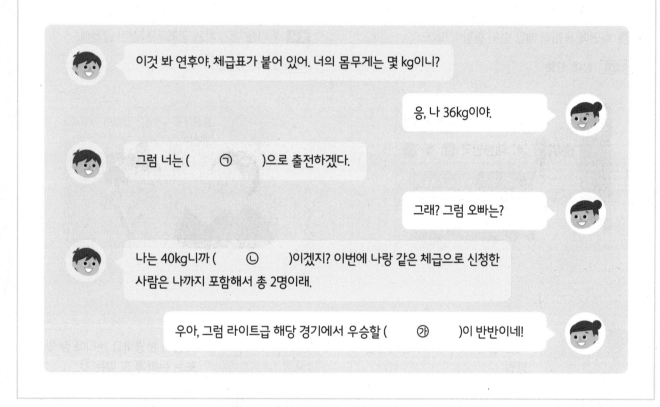

제7회 학생 태권도 대회 경기 체급표

체급	밴텀급	페더급	라이트급
몸무게	34kg 초과 36kg 이하	36kg 초과 39kg 이하	39kg 초과 42kg 이하

이것 봐 연후야, 체급표가 붙어 있어. 너의 몸무게는 몇 kg이니?

응, 나 36kg이야.

그럼 너는 (㉠)으로 출전하겠다.

그래? 그럼 오빠는?

나는 40kg니까 (㉡)이겠지? 이번에 나랑 같은 체급으로 신청한 사람은 나까지 포함해서 총 2명이래.

우아, 그럼 라이트급 해당 경기에서 우승할 (㉮)이 반반이네!

1 ㉠~㉡에 들어갈 알맞은 낱말을 체급표에서 찾아 각각 쓰세요.

㉠ _____   ㉡ _____

2 ㉮에 들어갈 알맞은 낱말에 ○표 하세요.

대상	평균	가능성	반올림

현황

현재의 상황.

現 나타날 **현** 況 상황 **황**

예문 환경 문제 **현황**을 조사해 표로 나타냈다.

활용 화면에 올림픽 메달 순위 **현황**이 떴다.

비슷한말 상태, 상황

간섭

직접 관계가 없는 남의 일에 이치에 맞지 않게 참견함.

干 방패 **간** 涉 건널 **섭**

예문 조선에 대한 일본의 **간섭**은 점점 심해졌다.

활용 누나는 내가 하는 일에 사사건건 **간섭**해.

비슷한말 상관, 참견

대안

어떤 일에 대처하거나 준비하는 방법.

對 대할 **대** 案 생각 **안**

예문 이순신 장군은 왜군을 물리칠 **대안**을 생각했다.

활용 기차표 예매에 실패할 경우, 다른 **대안**을 찾아보자!

비슷한말 대책, 방안

합리적

까닭이 분명하고 논리에 잘 맞는. 또는 논리에 잘 맞는 것.

合 합할 **합** 理 다스릴 **리** 的 과녁 **적**

예문 토의를 거쳐 **합리적**인 결론에 도달했다.

예문 주민들은 **합리적** 의사 결정을 통해 문제를 해결했다.

활용 친구들 사이에 다툼이 일어나자 선생님은 **합리적** 해결책을 제시하셨다.

비슷한말 논리적   반대말 불합리적

견해

어떤 사물이나 상태에 대한 자기의 의견이나 생각.

見 볼 견   解 풀 해

예문 주장하는 글을 쓸 때에는 자신의 **견해**를 분명하게 드러내야 한다.

활용 그림을 본 사람들의 **견해**가 모두 다르다는 사실이 참 신기했어!

비슷한말 생각, 의견, 목소리

예외

일반적 규칙 등에서 벗어나는 일.

例 법식 예   外 바깥 외

예문 환경 문제를 해결하기 위해 **예외** 없이 모든 나라가 함께 힘써야 한다.

활용 선생님께서 안전사고는 누구에게나 **예외** 없이 일어날 수 있다고 하셨어.

4주

마련

필요한 것을 준비하거나 헤아려 갖춤.

예문 아파트 단지 내 안전사고 대책 **마련**을 위한 회의가 열렸다.

활용 어버이날을 맞이하여 부모님께 드릴 선물을 정성껏 **마련**하였다.

비슷한말 장만, 준비

유의

마음에 새겨 두고 조심히 여김.

留 머무를 유   意 뜻 의

예문 주장을 뒷받침하는 근거가 타당한지 **유의**하며 읽는 것이 좋다.

활용 유리로 만들어진 물건은 **유의**해서 사용해야 해.

비슷한말 조심, 주의

어휘 플러스⁺ 속담

⊙ '**남의 잔치에 감 놓아라 배 놓아라 한다**'라는 말은 간섭과 관련된 속담이다.

남의 잔치에 감 놓아라 배 놓아라 한다라는 속담은 남의 일에 쓸데없이 간섭하고 나서는 행동을 가리켜요. 이와 비슷한 표현으로 '오지랖이 넓다'라는 관용구도 있어요. 오지랖은 윗옷의 앞자락을 뜻하는 말인데, 지나치게 남의 일에 나서는 행동을 가리켜요. 또한 '굿이나 보고 떡이나 먹지'라는 속담은 남의 일에 쓸데없이 간섭하지 말고 일이 되어 가는 형편을 보며 이익이나 챙기라는 뜻이지요. 간섭과 관련된 재미있는 표현이 참 많죠?

문장을 읽고, 빈칸에 들어갈 낱말을 보기 에서 찾아 쓰세요.

보기

현황	간섭	대안	합리적
견해	예외	마련	유의

1 화면에 올림픽 메달 순위 _____이/가 떴다.

2 친구들 사이에 다툼이 일어나자 선생님은 _____ 해결책을 제시하셨다.

3 이순신 장군은 왜군을 물리칠 _____을/를 생각했다.

4 누나는 내가 하는 일에 사사건건 _____해.

5 그림을 본 사람들의 _____이/가 모두 다르다는 사실이 참 신기했어!

6 어버이날을 맞이하여 부모님께 드릴 선물을 정성껏 _____하였다.

7 유리로 만들어진 물건은 _____해서 사용해야 해.

8 선생님께서 안전사고는 누구에게나 _____ 없이 일어날 수 있다고 하셨어.

낱말 적용

1 다음 문장의 빈칸에 들어갈 알맞은 낱말을 찾아 ○표 하세요.

(1) 이번 모둠 과제로 도시별 인구 (   )을/를 조사했다.

→ | 예외 | 현황 |
|------|------|

(2) 고려는 몽골의 (   )을/를 받았지만, 끈질 긴 항쟁을 이어 나갔다.

→ | 간섭 | 유의 |
|------|------|

4 주

낱말 쓰임

2 밑줄 친 낱말의 쓰임이 바르지 <u>않은</u> 것은 무엇인가요? (   )

① 불우 이웃을 돕기 위한 성금을 <u>마련</u>하고자 바자회를 열었다.

② 여행 경비를 <u>마련</u>한 그는 유럽 여행을 떠났다.

③ 할머니께 드릴 선물을 <u>마련</u>했다.

④ 끝까지 최선을 다한 그는 결국 목표에 <u>마련</u>하였다.

낱말 적용

3 다음 문장의 빈칸에 공통으로 들어갈 낱말에 ○표 하세요.

• 환경 문제를 해결하기 위해 (   ) 없이 모든 나라가 함께 힘써야 한다.
• 이번 폭우로 모두가 (   ) 없이 피해를 입었다.
• 대부분의 포유류는 땅에서 생활하지만, 고래나 박쥐와 같은 (   )도 있다.

예고	예외	성취	체계

낱말 쓰임

4 다음 중 낱말을 바르게 활용한 친구에 ○표, 잘못 활용한 친구에 ✕표 하세요.

단우   빗길을 걸을 때 미끄러지지 않도록 <u>유의</u>하며 걷는 것이 좋아.   (   )

지인   의견을 조정하는 과정을 거치니 <u>합리적</u>인 결론을 내릴 수 있었어.   (   )

태은   일기 예보에서 내일 비가 내릴 <u>현황</u>이 70%라고 했어.   (   )

낱말 적용

5 다음 문장의 빈칸에 들어갈 알맞은 낱말은 무엇인가요?   (   )

이 책에는 우정에 대한 작가의 솔직한 (   )이/가 담겨 있다.

① 상태   ② 준비   ③ 견해   ④ 현황

낱말 적용

6 문장의 빈칸에 들어갈 낱말의 뜻을 찾아 줄로 이으세요.

(1) 모둠 과제의 주제를 다수결로 정한 것은 (   )인 선택이었다.   ·   ·   까닭이 분명하고 논리에 잘 맞는 것.

(2) 우리 학급의 문제를 해결할 수 있는 (   )을 제시했다.   ·   ·   마음에 새겨 두고 조심히 여김.

(3) 물고기를 반려동물로 기를 때에는 물의 온도 변화에 (   )해야 한다.   ·   ·   어떤 일에 대처하거나 준비하는 방법.

📖 다음 학급 블로그의 글을 읽고, 물음에 답하세요.

Home > 블로그 > 공지

학급 회장 후보의 *공약 연설을 살펴봅시다!

김사랑 30분 전

안녕하세요, 학급 회장 후보 1번 김사랑입니다. 제가 회장이 된다면 정리 정돈이 잘되는 학급을 만들겠습니다. 현재 학급의 공용 물품이 제자리에 없는 경우가 많아서 불편을 겪는 친구들이 늘어나고 있습니다. 저는 이러한 문제를 해결할 수 있는 (㉠)을/를 반드시 (㉡)하겠습니다.

👍 좋아요 12

이행복 20분 전

안녕하세요, 학급 회장 후보 2번 이행복입니다. 제가 회장이 된다면 함께 협력하는 학급을 만들어 갈 것입니다. 일주일에 한 번씩 열리는 학급 회의를 통해 친구들의 ㉢견해를 듣고, 개선해야 할 일들을 합리적으로 해결하도록 노력하겠습니다.

👍 좋아요 11

*공약 후보자가 어떤 일에 대하여 투표를 할 사람들에게 실행할 것을 약속함. 또는 그런 약속.

1 ㉠~㉡에 들어갈 알맞은 낱말을 보기 에서 찾아 각각 쓰세요.

> **보기**
>
> 현황   마련   조사   대안

✏️ ㉠ _____   ㉡ _____

2 ㉢과 바꾸어 쓸 수 있는 낱말에 모두 ○표 하세요.

| 의견 | 발표 | 생각 | 견문 |

141

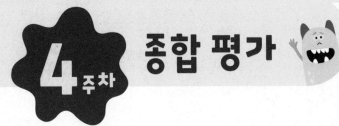

4주차 종합 평가

한 주 동안 학습한 어휘를 평가해 보세요.

1 낱말의 뜻을 읽고, 알맞은 낱말을 찾아 줄로 이으세요.

(1) 글의 내용이 되는 재료. •

(2) 일정하게 정해진 영역. •

(3) 어떤 사물이나 상태에 대한 자기의 의견이나 생각. •

• 범위

• 견해

• 글감

2 다음 뜻에 알맞은 낱말을 보기 에서 찾아 사다리를 타고 내려간 곳에 쓰세요.

보기

견문   문물   신탁 통치

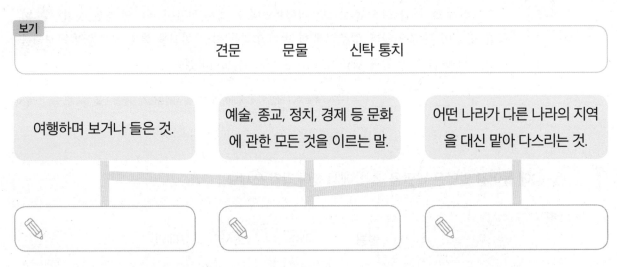

여행하며 보거나 들은 것.

예술, 종교, 정치, 경제 등 문화에 관한 모든 것을 이르는 말.

어떤 나라가 다른 나라의 지역을 대신 맡아 다스리는 것.

3 다음 중 낱말을 잘못 활용한 친구에 ×표 하세요.

아정 무대에서 춤과 노래가 이어지자 관객들이 열렬하게 호응했어.   (   )

현승 우리 반 친구들의 평균 키를 구했어.   (   )

예주 곰팡이는 주로 축축한 환경에서 자라는 원생생물이야.   (   )

4 다음 문장과 사진을 보고, 가장 관련 있는 낱말을 보기 에서 찾아 쓰세요.

보기

늑약   봉기   통상   외교   통치

일제에 맞서 싸우고자 전국 각지에서 활동하는 의병들은 마치 힘차게 날아오르는 벌 떼와 같았다.

4
주

5 다음 중 낱말의 관계가 <u>다른</u> 하나는 무엇인가요?   (   )

① 균류 – 버섯

② 초과 – 미만

③ 가능성 – 불가능성

④ 이상 – 이하

6 다음 낱말의 뜻을 읽고, 낱말 퍼즐을 완성하세요.

가로 열쇠 ❶ 어떠한 상황에서 특정한 일이 일어나길 기대할 수 있는 정도.

❷ 사물이 생겨남. 또는 사물이 생겨나게 함.

❸ 생물들 사이의 먹고 먹히는 관계가 그물처럼 복잡하게 연결된 것.

세로 열쇠 ❹ 살아 있는 것.

❺ 어떤 수보다 크거나 같음. 또는 수량이나 정도가 정해진 기준보다 더 많거나 나음.

초등문해력

어휘
활용의 힘

초등문해력

어휘 활용의 힘

정답과 해설

3 권

초등 4~5학년

메가스터디 BOOKS

초등문해력

어휘 활용의 힘

정답과 해설

3 권

초등 4~5학년

1일차 국어 어휘

어휘 이해 📖 12쪽

1 열거	2 설명문	3 매체	4 동형어
5 항목	6 복합어	7 요약했다	8 새말

어휘 적용 📖 13~14쪽

1 [낱말 적용] 다음 대화의 빈칸에 들어갈 알맞은 낱말로 짝 지어진 것은 무엇인가요? (③)

> 선생님: (㉠)은 어떤 지식이나 정보를 읽는 이에게 전달하기 위해 쉽게 풀어서 쓴 글로, 정확한 정보를 전달하는 것이 중요해요. 여러분은 어떤 주제에 대한 글을 쓰고 싶나요?
> 강희: 선생님, 저는 세계 여러 나라의 탑을 소개하는 글을 쓰고 싶습니다.
> 선생님: 그렇군요, 여러 나라의 탑의 특징을 하나하나 늘어놓아 구체적으로 설명하는 (㉡)의 방법을 사용해 글을 써 보세요.

	㉠	㉡
①	설명문	비교
②	생활문	제시
③	설명문	열거
④	안내문	비교

2 [낱말 적용] 다음 글의 빈칸에 들어갈 알맞은 낱말은 무엇인가요? (④)

> 최근 정부는 '쉬운 우리말 쓰기'를 위해, 어려운 외국어를 모든 사람이 이해하기 쉬운 ( )로 바꾸는 운동을 국립 국어원과 함께 펼치고 있습니다. 지난 3월에는 '플라잉 모빌리티'라는 외국어를 '근거리 비행 수단'이라는 새로운 우리말로 바꿔 발표하였습니다.

① 줄임 말 　② 비속어 　③ 이어 주는 말 　④ 새말

3 [낱말 이해] 다음 글자 카드에서 설명하는 낱말을 각각 쓰세요.

(1)
> • 형태가 같지만 뜻이 서로 다른 낱말.
> • 예시 낱말: 밤

✎ 동형어

(2)
> • 뜻이 있는 두 낱말을 합한 낱말.
> • 예시 낱말: 사과나무

✎ 복합어

4 [낱말 쓰임] 다음 중 낱말을 바르게 활용한 친구에 ○표, 잘못 활용한 친구에 ✕표 하세요.

영은	글을 세 문단으로 나누고 각 문단의 내용을 <u>요약했어</u>.	(○)
동준	두 가지 이상의 대상에서 차이점을 찾아 설명하는 방법은 '<u>열거</u>'야.	(✕)
혜준	'<u>햇김</u>'은 동형어의 예라고 할 수 있어.	(✕)
호영	과학 숙제 <u>항목</u>에는 '모형 만들기'가 포함되어 있었어.	(○)

5 [낱말 적용] 다음 문장의 빈칸에 공통으로 들어갈 낱말은 무엇인가요? (①)

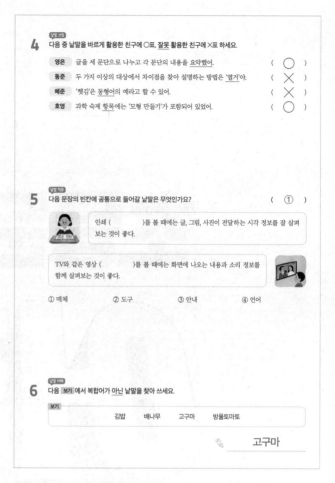

> 인쇄 ( )를 볼 때에는 글, 그림, 사진이 전달하는 시각 정보를 잘 살펴보는 것이 좋다.

> TV와 같은 영상 ( )를 볼 때에는 화면에 나오는 내용과 소리 정보를 함께 살펴보는 것이 좋다.

① 매체 　② 도구 　③ 안내 　④ 언어

6 [낱말 어휘] 다음 보기에서 복합어가 아닌 낱말을 찾아 쓰세요.

> 보기
> 김밥　　배나무　　고구마　　방울토마토

✎ 고구마

도움말

1 ㉠의 뒷부분에 '어떤 지식이나 정보를 읽는 이에게 전달하기 위해 쉽게 풀어서 쓴 글'이라는 내용이 제시되었으므로, ㉠에는 이를 가리키는 '설명문'이 들어가야 합니다. ㉡의 앞부분에 '여러 나라의 탑의 특징을 하나하나 늘어놓아 구체적으로 설명하는'이라는 내용이 제시되었으므로, ㉡에는 이를 가리키는 '열거'가 들어가야 합니다. '비교'는 '여러 대상에서 공통점을 찾아 설명하는 것'을 뜻합니다.

2 두 번째 문장에서 '플라잉 모빌리티'라는 외국어를 '근거리 비행 수단'이라는 새로운 우리말로 바꿔 발표했다고 하였습니다. 따라서 빈칸에는 '새로이 만들어져 사용되는 낱말'을 뜻하는 '새말'이 들어가야 합니다.

3 (1) '밤나무의 열매' 또는 '해가 져서 어두운 상태'를 뜻하는 '밤'은 형태가 같지만 뜻이 서로 다른 낱말인 '동형어'입니다. (2) 뜻이 있는 두 낱말인 '사과'와 '나무'가 합쳐져 만들어진 낱말은 '복합어'에 해당합니다.

도움말

4 동준의 말에서 '두 가지 이상의 대상에서 차이점을 찾아 설명하는 방법'은 '열거'가 아닌 '대조'입니다. 혜준의 말에서 '햇김'은 '뜻을 더해 주는 말과 뜻이 있는 낱말을 합한 낱말'인 '복합어'에 해당되며, '동형어'는 '형태가 같지만 뜻이 서로 다른 낱말'입니다. 따라서 낱말을 잘못 활용한 친구는 동준과 혜준입니다. 영은은 '말이나 글의 중요한 내용을 뽑아 간추리다'라는 뜻의 '요약하다'라는 낱말을 바르게 활용했습니다. 호영 역시 '어떤 기준에 따라 나눈 낱낱의 내용'을 뜻하는 '항목'이라는 낱말을 바르게 활용했습니다.

5 두 문장에서 '글, 그림, 사진이 전달하는 시각 정보'와 'TV와 같은 영상', '화면에 나오는 내용과 소리 정보'라는 내용으로 미루어 봤을 때 빈칸에 공통으로 들어갈 낱말은 '어떤 정보를 한쪽에서 다른 쪽으로 전달하는 물체. 또는 수단.'을 뜻하는 '매체'입니다.

6 '김밥'은 '김'과 '밥', '배나무'는 '배'와 '나무', '방울토마토'는 '방울'과 '토마토'가 합쳐져 만들어진 '복합어'에 해당됩니다. 복합어에는 '뜻이 있는 두 낱말을 합한 낱말' 또는 '뜻을 더해 주는 말과 뜻이 있는 낱말을 합한 낱말'이 해당하므로, '고구마'는 복합어에 해당하지 않습니다.

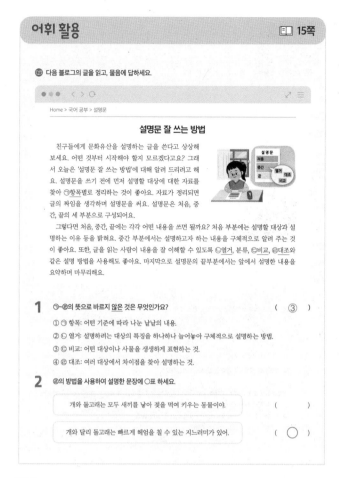

😀 다음 블로그의 글을 읽고, 물음에 답하세요.

Home > 국어 공부 > 설명문

설명문 잘 쓰는 방법

친구들에게 문화유산을 설명하는 글을 쓴다고 상상해 보세요. 어떤 것부터 시작해야 할지 모르겠다고요? 그래서 오늘은 '설명문 잘 쓰는 방법'에 대해 알려 드리려고 해요. 설명문을 쓰기 전에 먼저 설명할 대상에 대한 자료를 찾아 ㉠항목별로 정리하는 것이 좋아요. 자료가 정리되면 글의 짜임을 생각하며 설명문을 써요. 설명문은 처음, 중간, 끝의 세 부분으로 구성되어요.

그렇다면 처음, 중간, 끝에는 각각 어떤 내용을 쓰면 될까요? 처음 부분에는 설명 대상과 설명하는 이유 등을 밝혀요. 중간 부분에서는 설명하고자 하는 내용을 구체적으로 알려 주는 것이 좋아요. 또한, 글을 읽는 사람이 내용을 잘 이해할 수 있도록 ㉡열거, 분류, ㉢비교, ㉣대조와 같은 설명 방법을 사용해도 좋아요. 마지막으로 설명문의 끝부분에서는 앞에서 설명한 내용을 요약하며 마무리해요.

1 ㉠~㉣의 뜻으로 바르지 않은 것은 무엇인가요?　(③)

① ㉠ 항목: 어떤 기준에 따라 나눈 낱낱의 내용.
② ㉡ 열거: 설명하려는 대상의 특징을 하나하나 늘어놓아 구체적으로 설명하는 방법.
③ ㉢ 비교: 어떤 대상이나 사물을 생생하게 표현하는 것.
④ ㉣ 대조: 여러 대상에서 차이점을 찾아 설명하는 것.

2 ㉣의 방법을 사용하여 설명한 문장에 ○표 하세요.

| 개와 돌고래는 모두 새끼를 낳아 젖을 먹여 키우는 동물이야. | ( ) |
| 개와 달리 돌고래는 빠르게 헤엄을 칠 수 있는 지느러미가 있어. | (○) |

🐷 **매체 자료에 대해 알아볼까요?**

블로그는 자신의 관심사와 관련된 글을 올리는 인터넷 누리집입니다. 블로그에서는 읽는 사람이 글을 편하게 읽을 수 있도록 길지 않은 분량의 글을 사진이나 그림과 함께 제시합니다. 이 글에는 설명문을 잘 쓰는 방법에 대한 내용이 담겨 있습니다.

도움말

1 '㉢ 비교'는 '여러 대상에서 공통점을 찾아 설명하는 것'을 뜻하므로, 뜻이 바르지 않은 것은 ㉢입니다.

2 '㉣ 대조'는 '여러 대상에서 차이점을 찾아 설명하는 것'을 뜻합니다. 제시된 두 문장 중, '개와 달리 돌고래는 빠르게 헤엄을 칠 수 있는 지느러미가 있어.'라는 문장에서 개와 돌고래의 차이점이 드러나므로, '대조'를 사용해 설명한 문장이라고 할 수 있습니다. '개와 돌고래는 모두 새끼를 낳아 젖을 먹여 키우는 동물이야.'라는 문장은 개와 돌고래의 공통점을 설명하고 있으므로 '비교'를 사용해 설명한 문장입니다.

2일차 사회 어휘

1 자연재해　　**2** 등온선　　**3** 인구 분포　　**4** 지진의 규모
5 영해　　　**6** 주권　　　**7** 산맥　　　**8** 간척

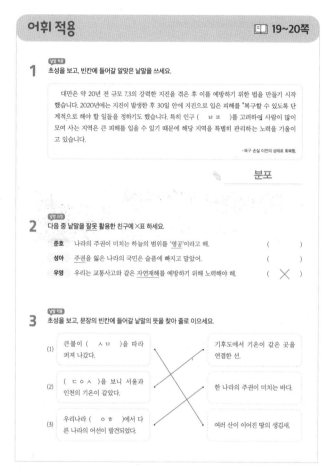

1 초성을 보고, 빈칸에 들어갈 알맞은 낱말을 쓰세요.

대만은 약 20년 전 규모 7.3의 강력한 지진을 겪은 후 이를 예방하기 위한 법을 만들기 시작했습니다. 2020년에는 지진이 발생한 후 30일 안에 지진으로 입은 피해를 *복구할 수 있도록 단계적으로 해야 할 일들을 정하기도 했습니다. 특히 인구 (ㅂㅍ)를 고려하여 사람이 많이 모여 사는 지역은 큰 피해를 입을 수 있기 때문에 해당 지역을 특별히 관리하는 노력을 기울이고 있습니다.
* 복구 손실 이전의 상태로 회복함.

✎ 분포

2 다음 중 낱말을 잘못 활용한 친구에 ✕표 하세요.

준호　나라의 주권이 미치는 하늘의 범위를 '영공'이라고 해.　( )
성아　주권을 잃은 나라의 국민은 슬픔에 빠지고 말았어.　( )
우영　우리는 교통사고와 같은 자연재해를 예방하기 위해 노력해야 해.　(✕)

3 초성을 보고, 문장의 빈칸에 들어갈 낱말의 뜻을 찾아 줄로 이으세요.

(1) 큰불이 (ㅅㅁ)을 따라 퍼져 나갔다.　—　기후도에서 기온이 같은 곳을 연결한 선.

(2) (ㄷㅇㅅ)을 보니 서울과 인천의 기온이 같았다.　—　한 나라의 주권이 미치는 바다.

(3) 우리나라 (ㅇㅎ)에서 다른 나라의 어선이 발견되었다.　—　여러 산이 이어진 땅의 생김새.

도움말

1 제시된 글에서 '대만은 사람이 많이 모여 사는 지역은 큰 피해를 입을 수 있기 때문에 해당 지역을 특별히 관리하는 노력을 기울이고 있습니다.'라고 하였습니다. 따라서 '한 나라 또는 지역에 사는 사람들이 어디에 얼마나 모여 살고 있는가를 나타낸 것'을 뜻하는 '인구 분포'라는 낱말의 '분포'가 빈칸에 들어가야 합니다.

2 '자연재해'는 '홍수, 가뭄, 태풍, 지진, 황사 등 피할 수 없는 자연 현상으로 일어나는 피해'를 뜻합니다. 우영이의 말에서 '교통사고'는 '자연재해'에 해당하지 않으므로, 낱말을 잘못 활용한 친구는 우영입니다.

3 (1) 초성에 해당하는 낱말은 '산맥'이며 그 뜻은 '여러 산이 이어진 땅의 생김새'입니다. (2) 초성에 해당하는 낱말은 '등온선'이며 그 뜻은 '기후도에서 기온이 같은 곳을 연결한 선'입니다. (3) 초성에 해당하는 낱말은 '영해'이며 그 뜻은 '한 나라의 주권이 미치는 바다'입니다.

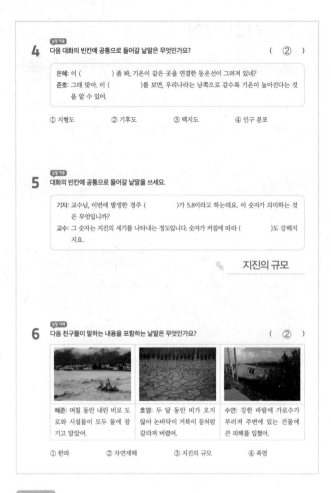

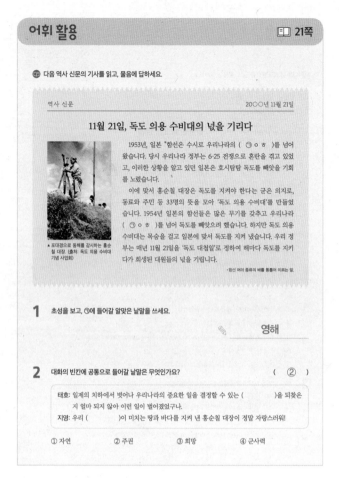

도움말

4 '기온이 같은 곳을 연결한 선'이라는 부분으로 미루어 보았을 때, 빈칸에 공통으로 들어갈 낱말은 '기후도'입니다.

5 기자의 말에서 '5.8'이라는 숫자와 교수의 말에서 '지진의 세기를 나타내는 정도'라는 부분을 살펴보았을 때, 빈칸에 공통으로 들어갈 낱말은 '지진의 세기를 0~9까지 나타낸 값'을 뜻하는 '지진의 규모'입니다.

6 혜준이 말한 내용과 사진은 '홍수', 호영이 말한 내용과 사진은 '가뭄', 수연이 말한 내용과 사진은 '태풍'을 가리킵니다. 따라서 세 친구가 말한 내용을 모두 포함하는 낱말은 '홍수, 가뭄, 태풍, 지진, 황사 등 피할 수 없는 자연 현상으로 일어나는 피해'를 뜻하는 '자연재해'입니다.

매체 자료에 대해 알아볼까요?

역사 신문은 신문의 형식을 빌려 역사적 사건이나 사실을 알기 쉽게 소개하는 자료입니다. 제시된 글은 독도 의용 수비대의 넋을 기리기 위한 독도 대첩일을 객관적으로 알려 주고 있습니다.

도움말

1 '함선', '넘어왔습니다'라는 부분으로 미루어 보았을 때, ㉠에는 '한 나라의 주권이 미치는 바다'를 뜻하는 '영해'가 들어가야 함을 알 수 있습니다.

2 태호의 말에서 빈칸 앞부분에 제시된 '우리나라의 중요한 일을 결정할 수 있는'이라는 부분과 지영의 말에서 빈칸 뒷부분에 제시된 '땅과 바다를 지켜 낸'이라는 부분을 보았을 때, 빈칸에 공통으로 들어갈 낱말은 '다른 나라의 간섭 없이 나라의 중요한 일을 결정하는 권리'를 뜻하는 '주권'입니다.

3일차 과학 어휘

어휘 이해　　　　　　　　　　　　　□ 24쪽

1 온도　**2** 대류　**3** 습도　**4** 이슬

5 기압　**6** 기상청　**7** 해풍　**8** 전도

어휘 적용　　　　　　　　　　　　　□ 25~26쪽

1 〈낱말 이해〉
다음 낱말의 뜻을 읽고, 낱말 퍼즐을 완성하세요.

가로 열쇠 ❶ 따뜻하거나 차가운 정도.
세로 열쇠 ❷ 공기 중에 수증기가 포함된 정도.

	❷습	
❶온	도	

2 〈낱말 이해〉
친구들이 말한 내용과 가장 관련 있는 낱말을 보기 에서 찾아 각각 쓰세요.

보기
　온도　　안개　　전도　　대류

예은: 라면을 끓이고 나서 냄비 손잡이를 잡았는데, 너무 뜨거워 하마터면 화상을 입을 뻔했어. 아마 냄비가 데워지면서 손잡이까지 뜨거워진 것 같아.

✏ 전도

현준: 아침 일찍 산책을 나섰는데 풍경이 선명하지 않았어. 공기 중 수증기가 물방울로 변해 떠 있는 현상 때문인 것 같아.

✏ 안개

3 〈낱말 이해〉
다음 설명에서 가리키는 '이것'은 무엇인가요?　　　　（ ① ）

• 이것은 액체입니다.
• 이것은 수증기가 밤사이 차가워진 물체와 만나 물방울로 변해 맺히는 것입니다.

① 이슬　　　② 바람　　　③ 안개　　　④ 대류

도움말

1 ❶ '따뜻하거나 차가운 정도'는 '온도'입니다. ❷ '공기 중에 수증기가 포함된 정도'는 '습도'입니다.

2 예은이 말한 '아마 냄비가 데워지면서 손잡이까지 뜨거워진 것 같아.'라는 내용으로 미루어 보았을 때, 예은이가 말한 내용과 가장 관련 있는 낱말은 '고체에서 온도가 높은 곳에서 낮은 곳으로 물체를 따라 열이 이동하는 현상'을 뜻하는 '전도'입니다. 현준이가 말한 '공기 중 수증기가 물방울로 변해 떠 있는 현상 때문인 것 같아.'라는 내용으로 미루어 보았을 때, 현준이가 말한 내용과 가장 관련 있는 낱말은 '공기 중 수증기가 물방울로 변해 떠 있는 현상'을 뜻하는 '안개'입니다.

3 액체이며, 수증기가 밤사이 차가워진 물체와 만나 물방울로 변해 맺히는 것은 '이슬'입니다.

---

4 〈낱말 적용〉
다음 문장이 완성되도록 알맞은 낱말에 ○표 하세요.

(1) (기상청)/ 박물관) 누리집에 들어가면, 내가 알고 싶은 지역의 일기 예보를 찾아볼 수 있다.
(2) 일정한 부피에 공기 알갱이가 많을수록 공기는 무거워지며 (수압 /(기압))은 높아진다.
(3) 물이 담긴 냄비를 불에 올려놓으면 ((대류)/ 한류)에 의해 물 전체가 뜨거워진다.

5 〈낱말 응용〉
다음 중 밑줄 친 낱말을 잘못 활용한 친구에 ×표 하세요.

철수	유경	태성
이른 새벽, 풀잎에 이슬이 맺힌 모습을 보니 마음까지 상쾌해져.	안개가 짙게 끼면 앞이 잘 보이지 않아 항공기 착륙이 금지되기도 해.	공기 알갱이가 적어 누르는 힘이 작은 상태를 전도라고 해.
（　）	（　）	（ × ）

6 〈낱말 적용〉
다음 대화의 빈칸에 들어갈 알맞은 낱말을 각각 쓰세요.

연후: 해풍과 육풍을 구분하는 것이 왜 이렇게 헷갈릴까?
강휘: 공기의 이동에 대해 알면 해풍과 육풍도 쉽게 구분할 수 있어. 낮에는 육지의 뜨거운 공기가 위로 올라가고, 이 공간은 바다에서 이동한 공기로 채워져. 공기의 이동에 따라 바다에서 육지로 바람이 부는데, 이것을 （ ㉠ ）이라고 해. 밤에는 육지보다 온도가 높은 바다 위의 공기가 위로 올라가고, 이 공간은 육지에서 이동한 공기로 채워져. 공기가 이동하면서 육지에서 바다로 부는 바람을 （ ㉡ ）이라고 하지.
연후: 아하 그렇구나! 너는 어쩜 이렇게 설명을 잘하니? 고마워!

✏ ㉠ 해풍　㉡ 육풍

도움말

4 (1) 알고 싶은 지역의 일기 예보를 찾아볼 수 있는 곳은 '기상청'입니다. (2) 일정한 부피에 공기 알갱이가 많을수록 공기는 무거워지며 '기압'은 높아집니다. '수압'은 '물의 압력'을 뜻합니다. (3) 물이 담긴 냄비를 불에 올려놓으면 '대류'에 의해 물 전체가 뜨거워집니다. '한류'는 '온도가 낮은 바닷물의 흐름' 또는 '우리나라의 대중문화가 외국에서 유행하는 현상'을 뜻하는 낱말입니다.

5 태성이 말한 '공기 알갱이가 적어 누르는 힘이 작은 상태'를 뜻하는 낱말은 '저기압'입니다. 따라서 낱말을 잘못 활용한 친구는 태성이며, '전도'는 '고체에서 온도가 높은 곳에서 낮은 곳으로 물체를 따라 열이 이동하는 현상'을 뜻합니다.

6 강휘가 말한 세 번째 문장에 제시된 '바다에서 육지로 바람이 부는데'라는 부분으로 미루어 보았을 때, ㉠에는 '해풍'이 들어가야 합니다. 강휘가 말한 다섯 번째 문장에서 '육지에서 바다로 부는 바람'이라는 부분으로 미루어 보았을 때, ㉡에는 '육풍'이 들어가야 합니다.

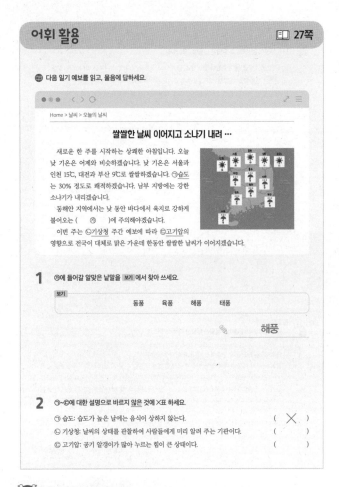

😀 다음 일기 예보를 읽고, 물음에 답하세요.

Home > 날씨 > 오늘의 날씨

쌀쌀한 날씨 이어지고 소나기 내려 …

새로운 한 주를 시작하는 상쾌한 아침입니다. 오늘 낮 기온은 어제와 비슷하겠습니다. 낮 기온은 서울과 인천 15℃, 대전과 부산 9℃로 쌀쌀하겠습니다. ㉠습도는 30% 정도로 쾌적하겠습니다. 남부 지방에는 강한 소나기가 내리겠습니다.

동해안 지역에서는 낮 동안 바다에서 육지로 강하게 불어오는 (　㉮　)에 주의해야겠습니다.

이번 주는 ㉡기상청 주간 예보에 따라 ㉢고기압의 영향으로 전국이 대체로 맑은 가운데 한동안 쌀쌀한 날씨가 이어지겠습니다.

1 ㉮에 들어갈 알맞은 낱말을 보기 에서 찾아 쓰세요.

보기
　　　　동풍　　　육풍　　　해풍　　　태풍

✏️ 　해풍

2 ㉠~㉢에 대한 설명으로 바르지 않은 것에 ✕표 하세요.

㉠ 습도: 습도가 높은 날에는 음식이 상하지 않는다. (✕)

㉡ 기상청: 날씨의 상태를 관찰하여 사람들에게 미리 알려 주는 기관이다. ( )

㉢ 고기압: 공기 알갱이가 많아 누르는 힘이 큰 상태이다. ( )

👾 **매체 자료에 대해 알아볼까요?**

이 글은 일기 예보입니다. 일기 예보에서는 날씨 상태에 따른 변화를 분석하고, 앞으로의 날씨 변화를 미리 예측합니다. 일기 예보를 볼 때는 지역과 각 날씨를 뜻하는 기호, 그리고 온도와 습도 등을 함께 살펴보아야 합니다.

도움말

1 ㉮의 앞부분에 '바다에서 육지로 강하게 불어오는'이라는 내용으로 미루어 보았을 때, ㉮에 들어갈 알맞은 낱말은 '해풍'입니다.

2 '㉠ 습도'는 '공기 중에 수증기가 포함된 정도'를 뜻하며, 습도가 높은 날에는 음식이 상하기 쉽고, 빨래가 잘 마르지 않습니다. 따라서 '습도가 높은 날에는 음식이 상하지 않는다.'라는 설명은 바르지 않습니다.

4일차 수학 어휘

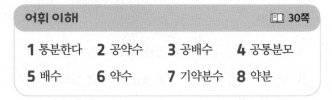

1 통분한다　　**2** 공약수　　**3** 공배수　　**4** 공통분모

5 배수　　**6** 약수　　**7** 기약분수　　**8** 약분

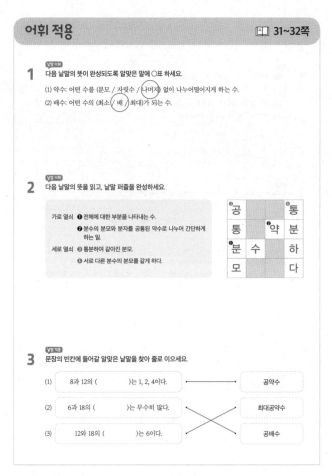

낱말 이해

1 다음 낱말의 뜻이 완성되도록 알맞은 말에 ○표 하세요.

(1) 약수: 어떤 수를 (분모 / 자릿수 / (나머지)) 없이 나누어떨어지게 하는 수.

(2) 배수: 어떤 수의 (최소 / (배) / 최대)가 되는 수.

낱말 이해

2 다음 낱말의 뜻을 읽고, 낱말 퍼즐을 완성하세요.

가로 열쇠 ❶ 전체에 대한 부분을 나타내는 수.
　　　　　❷ 분수의 분모와 분자를 공통된 약수로 나누어 간단하게 하는 일.
세로 열쇠 ❸ 통분하여 같아진 분모.
　　　　　❹ 서로 다른 분수의 분모를 같게 하다.

공			통
통		약	분
분	수		하
모			다

낱말 적용

3 문장의 빈칸에 들어갈 알맞은 낱말을 찾아 줄로 이으세요.

(1) 8과 12의 (　　　)는 1, 2, 4이다. ─── 공약수

(2) 6과 18의 (　　　)는 무수히 많다. ─── 최대공약수

(3) 12와 18의 (　　　)는 6이다. ─── 공배수

도움말

1 (1) '약수'는 '어떤 수를 나머지 없이 나누어떨어지게 하는 수'를 뜻하므로, '나머지'에 ○표 합니다. (2) '배수'는 '어떤 수의 배가 되는 수'를 뜻하므로, '배'에 ○표 합니다.

2 ❶ '전체에 대한 부분을 나타내는 수'는 '분수'입니다. ❷ '분수의 분모와 분자를 공통된 약수로 나누어 간단하게 하는 일'은 '약분'입니다. ❸ '통분하여 같아진 분모'는 '공통분모'입니다. ❹ '서로 다른 분수의 분모를 같게 하다'는 '통분하다'입니다.

3 (1) '어떤 두 수의 공통된 약수'를 뜻하는 '공약수'를 빈칸에 넣어 '8과 12의 공약수는 1, 2, 4이다.'라는 문장으로 완성할 수 있습니다. (2) '어떤 두 수의 공통된 배수'를 뜻하는 '공배수'를 빈칸에 넣어 '6과 18의 공배수는 무수히 많다.'라는 문장으로 완성할 수 있습니다. (3) '공약수 중에서 가장 큰 수'를 뜻하는 '최대공약수'를 빈칸에 넣어 '12와 18의 최대공약수는 6이다.'라는 문장으로 완성할 수 있습니다.

4 밑줄 친 낱말의 쓰임이 바른 것에 ○표, 바르지 <u>않은</u> 것에 ×표 하세요.

(1) 모든 자연수는 1의 <u>배수</u>야. (○)

(2) <u>최소공배수</u>는 약약수 중에 가장 큰 수야. (×)

(3) 1은 모든 수의 <u>약수</u>야. (○)

5 다음 중 밑줄 친 낱말이 잘못 사용된 문장은 무엇인가요? (③)

① 분모가 다른 분수의 크기를 비교할 때 <u>통분</u>한다.

② 분모가 다른 분수의 덧셈과 뺄셈을 할 때 <u>통분</u>한다.

③ 분수를 기약분수로 나타낼 때 <u>통분</u>한다.

④ 두 분모의 곱이나 최소공배수로 <u>통분</u>한다.

6 다음 문장의 빈칸에 공통으로 들어갈 낱말은 무엇인가요? (②)

- ( )가 있는 두 분수의 크기는 분자의 크기를 비교하여 알 수 있다.
- 우리 가족은 모두 영화를 좋아한다는 ( )를 가지고 있다.

① 나머지　　② 공통분모　　③ 공약수　　④ 공배수

어휘 활용　　📖 33쪽

🔢 다음 문자 대화를 읽고, 물음에 답하세요.

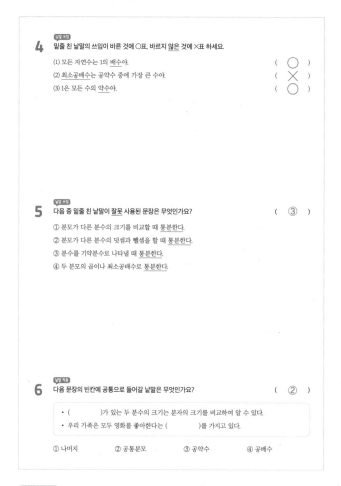

1 ㉠에 들어갈 알맞은 낱말을 쓰세요.

✏️ 기약분수

2 ㉡에 들어갈 알맞은 낱말에 ○표 하세요.

배수　　공배수　　공통분모　　최대공약수(○)

도움말

4 (1) '배수'는 '어떤 수의 배가 되는 수'를 뜻하므로, 밑줄 친 낱말의 쓰임이 바른 문장입니다. (2) '공약수 중에 가장 큰 수'는 '최대공약수'이므로, 밑줄 친 낱말의 쓰임이 바르지 않은 문장입니다. (3) '약수'는 '어떤 수를 나머지 없이 나누어떨어지게 하는 수'를 뜻하며, 1은 모든 수의 약수에 해당하므로, 밑줄 친 낱말의 쓰임이 바른 문장입니다.

5 분수를 기약분수로 나타낼 때, 분모와 분자의 최대공약수로 약분해 구할 수 있습니다. '통분하다'는 '서로 다른 분수의 분모를 같게 하다'라는 뜻입니다.

6 '공통분모'는 두 가지 뜻을 가진 낱말입니다. 첫 번째 문장의 빈칸에는 '통분하여 같아진 분모'를 뜻하는 '공통분모'를 넣어 '공통분모가 있는 두 분수의 크기는 분자의 크기를 비교하여 알 수 있다.'라는 문장으로 완성할 수 있습니다. 두 번째 문장의 빈칸에는 '둘 또는 여럿 사이의 공통점을 비유적으로 이르는 말'을 뜻하는 '공통분모'를 넣어 '우리 가족은 모두 영화를 좋아한다는 공통분모를 가지고 있다.'라는 문장으로 완성할 수 있습니다.

🐛 매체 자료에 대해 알아볼까요?

이 글은 문자 대화입니다. 문자 대화는 휴대 전화, 컴퓨터 등의 매체를 통해 대화가 이루어집니다. 문자 대화에서는 문자, 사진, 그림말(이모티콘) 등을 활용하여 생각이나 느낌, 정보 등을 전달합니다.

도움말

1 '분모와 분자의 공약수가 1뿐이어서 더 이상 약분되지 않는 분수'라는 부분과 분수 $\frac{16}{24}$을 $\frac{2}{3}$로 나타낸 것으로 미루어 보았을 때, ㉠에 들어갈 알맞은 낱말은 '기약분수'입니다.

2 기약분수는 분모와 분자의 최대공약수로 약분하면 바로 구할 수 있으므로 ㉡에 들어갈 알맞은 낱말은 '최대공약수'입니다.

5일차 학습 도움 어휘

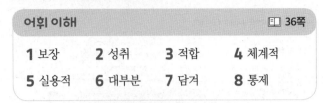

어휘 이해 📖 36쪽

1 보장   2 성취   3 적합   4 체계적

5 실용적   6 대부분   7 담겨   8 통제

어휘 적용 📖 37~38쪽

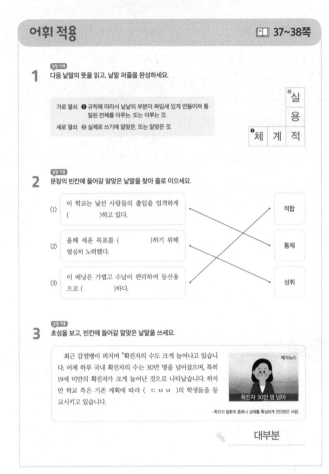

1 낱말 이해
다음 낱말의 뜻을 읽고, 낱말 퍼즐을 완성하세요.

가로 열쇠 ❶ 규칙에 따라서 낱낱의 부분이 짜임새 있게 만들어져 통일된 전체를 이루는. 또는 이루는 것.
세로 열쇠 ❷ 실제로 쓰기에 알맞은. 또는 알맞은 것.

		²실
		용
¹체	계	적

2 낱말 적용
문장의 빈칸에 들어갈 알맞은 낱말을 찾아 줄로 이으세요.

(1) 이 학교는 낯선 사람들의 출입을 엄격하게 (   )하고 있다. — 적합

(2) 올해 세운 목표를 (   )하기 위해 열심히 노력했다. — 통제

(3) 이 배낭은 가볍고 수납이 편리하여 등산용으로 (   )하다. — 성취

3 낱말 적용
초성을 보고, 빈칸에 들어갈 알맞은 낱말을 쓰세요.

최근 감염병이 퍼지며 *확진자의 수도 크게 늘어나고 있습니다. 어제 하루 국내 확진자의 수는 30만 명을 넘어섰으며, 특히 19세 미만의 확진자가 크게 늘어난 것으로 나타났습니다. 하지만 학교 측은 기존 계획에 따라 (ㄷㅂㅂ)의 학생들을 등교시키고 있습니다.

메가뉴스
확진자 30만 명 넘어
*확진자: 질환의 종류나 상태를 확실하게 진단받은 사람.

✎ 대부분

4 낱말 관계
다음 낱말과 비슷한 뜻의 낱말을 보기 에서 찾아 쓰세요.

보기
적합   달성   관리   보호

(1) 성취: 뜻한 바를 이룸. ✎ 달성

(2) 통제: 어떤 목적이나 계획에 따라 행동을 제한함. ✎ 관리

5 낱말 쓰임
밑줄 친 낱말의 쓰임이 바르지 않은 것은 무엇인가요? (①)

① 홍수로 마을 도로의 일부가 물에 담겨 있다.
② 그 앨범에는 어렸을 적 추억이 담겨 있다.
③ 현정이의 도시락에는 엄마의 사랑이 가득 담겨 있다.
④ 강아지를 바라보는 솔이의 얼굴에 웃음이 가득 담겨 있다.

6 낱말 적용
다음 문장의 빈칸에 공통으로 들어갈 낱말은 무엇인가요? (③)

• 대한민국 헌법은 국민의 기본 권리를 (   )한다.
• 장터에는 사람이 아주 많았지만, 나의 물건이 모두 팔린다는 (   )은 없었다.
• 공정한 선거를 위해 한 사람 당 한 표씩 투표할 권리를 (   )해야 한다.

① 집중   ② 실행   ③ 보장   ④ 제공

도움말

1 ❶ '규칙에 따라서 낱낱의 부분이 짜임새 있게 만들어져 통일된 전체를 이루는. 또는 이루는 것.'은 '체계적'입니다. ❷ '실제로 쓰기에 알맞은. 또는 알맞은 것.'은 '실용적'입니다.

2 (1) '어떤 목적이나 계획에 따라 행동을 제한함'을 뜻하는 '통제'를 빈칸에 넣어 '이 학교는 낯선 사람들의 출입을 엄격하게 통제하고 있다.'라는 문장으로 완성할 수 있습니다. (2) '뜻한 바를 이룸'을 뜻하는 '성취'를 빈칸에 넣어 '올해 세운 목표를 성취하기 위해 열심히 노력했다.'라는 문장으로 완성할 수 있습니다. (3) '일이나 조건 따위에 꼭 알맞음'을 뜻하는 '적합'을 넣어 '이 배낭은 가볍고 수납이 편리하여 등산용으로 적합하다.'라는 문장으로 완성할 수 있습니다.

3 초성을 참고했을 때, 빈칸에는 '절반이 훨씬 넘어 전체 양에 거의 가까운 정도'를 뜻하는 '대부분'을 넣는 것이 적절합니다.

도움말

4 (1) '뜻한 바를 이룸'이라는 뜻의 '성취'와 비슷한 뜻의 낱말은 '달성'입니다. (2) '어떤 목적이나 계획에 따라 행동을 제한함'이라는 뜻의 '통제'와 비슷한 뜻의 낱말은 '관리'입니다.

5 밑줄 친 낱말의 기본형인 '담기다'에는 '어떤 내용이나 생각이 그림, 글, 말, 표정 등에 포함되거나 나타나다'라는 뜻과 '어떤 물건이 그릇 따위에 넣어지다'라는 뜻이 있습니다. ②, ③, ④의 밑줄 친 낱말은 모두 첫 번째 뜻으로 쓰였습니다. ①의 문장에서는 밑줄 친 낱말 '담겨'가 아닌, '잠기다'의 활용형 '잠겨'를 사용하여 '홍수로 마을 도로의 일부가 물에 잠겨 있다.'라고 쓰는 것이 적절합니다. 따라서 밑줄 친 낱말의 쓰임이 바르지 않은 것은 ①입니다.

6 각 문장의 빈칸에는 '어떤 일이 어려움 없이 이루어지도록 조건을 마련하여 지킴'을 뜻하는 낱말인 '보장'을 넣어 '대한민국 헌법은 국민의 기본 권리를 보장한다.', '장터에는 사람이 아주 많았지만, 나의 물건이 모두 팔린다는 보장은 없었다.', '공정한 선거를 위해 한 사람 당 한 표씩 투표할 권리를 보장해야 한다.'라는 문장으로 완성할 수 있습니다.

🔵 다음 발표문을 읽고, 물음에 답하세요.

구례 화엄사 각황전 앞 석등

안녕하세요. 우리나라에서 가장 큰 석등을 소개하겠습니다. 우리나라 보물 중 하나인 이 석등은 화엄사 각황전 앞에 세워져 있습니다. 석등의 높이가 무려 6.4m에 달하지요.

이 석등은 어둠을 밝히는 ㉠실용적인 전등의 역할보다는 종교적으로 간절한 마음이 ㉡담긴 문화재라 할 수 있습니다.

석등은 ㉢대부분 ㉣체계적인 순서로 만들어집니다. 아래에는 3단의 받침돌을 두고, 중간에는 등불을 밝혀 두는 화사석을 둡니다. 화사석에는 마치 네모난 창문처럼 구멍이 뚫려 있습니다. 그리고 화사석 위로 지붕돌을 올린 후, 꼭대기에 머리 장식을 얹어 만듭니다.

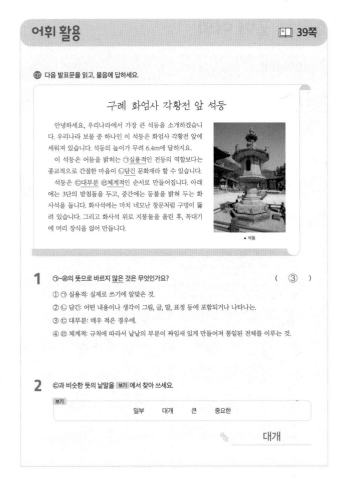

▲ 석등

1 ㉠~㉣의 뜻으로 바르지 <u>않은</u> 것은 무엇인가요?   (③)

① ㉠ 실용적: 실제로 쓰기에 알맞은 것.
② ㉡ 담긴: 어떤 내용이나 생각이 그림, 글, 말, 표정 등에 포함되거나 나타나는.
③ ㉢ 대부분: 매우 적은 경우에.
④ ㉣ 체계적: 규칙에 따라서 낱낱의 부분이 짜임새 있게 만들어져 통일된 전체를 이루는 것.

2 ㉢과 비슷한 뜻의 낱말을 보기 에서 찾아 쓰세요.

보기
| 일부 | 대개 | 큰 | 중요한 |

 대개

🔵 **매체 자료에 대해 알아볼까요?**

발표문은 발표하는 내용을 쓴 글입니다. 발표문은 발표 주제가 명확해야 합니다. 또한 그림, 사진과 같은 시각 자료를 함께 활용하면 청중의 흥미를 유발할 수 있고, 발표 내용에 대한 이해도를 높일 수 있습니다.

도움말

1 '대부분'은 '일반적인 경우에' 또는 '절반이 훨씬 넘어 전체 양에 거의 가까운 정도'를 뜻합니다. ㉢ 대부분은 첫 번째 뜻으로 사용되었으므로, ③이 정답입니다.

2 ㉢ 대부분과 비슷한 뜻의 낱말로, '거의', '대개', '대다수', '주로'가 있습니다.

---

1 다음 중 낱말의 관계가 다른 하나는 무엇인가요?   (③)

① 체계적 - 구조적
② 새말 - 신조어
③ 적합 - 부적합
④ 산맥 - 산줄기

2 다음 빈칸에 공통으로 들어갈 글자에 ○표 하세요.

- 약 ☐ : 분수의 분모와 분자를 공통된 약수로 나누어 간단하게 하는 일.
- 통 ☐ 하다: 서로 다른 분수의 분모를 같게 하다.
- 공통 ☐ 모: 통분하여 같아진 분모.

| 물 | 수 | 공 | 지 | (분) |

3 다음 중 낱말을 잘못 활용한 친구에 ×표 하세요.

현주	민정	준석
우리 문화를 소개하는 글에 전통 음식을 열거하면 어떨까?	이번 여행으로 다녀온 곳은 멋진 풍경이 많아 열거하기 어려울 정도야.	이 글에 나타난 글쓴이의 중심 생각을 한 문장으로 열거할 수 있어.
( )	( )	(×)

도움말

1 ①, ②, ④은 비슷한말끼리 묶인 유의 관계입니다. ③의 '적합'은 '일이나 조건 따위에 꼭 알맞음'이라는 뜻, '부적합'은 '일이나 조건 따위에 꼭 알맞지 아니함'이라는 뜻으로, 반대말끼리 묶인 반의 관계임을 알 수 있습니다.

2 '분수의 분모와 분자를 공통된 약수로 나누어 간단하게 하는 일'은 '약분', '서로 다른 분수의 분모를 같게 하다'는 '통분하다', '통분하여 같아진 분모'는 '공통분모'입니다. 따라서 빈칸에 공통으로 들어갈 글자는 '분'입니다.

3 '열거'는 '설명하려는 대상의 특징을 하나하나 늘어놓아 구체적으로 설명하는 방법'을 뜻합니다. 따라서 밑줄 친 낱말을 잘못 활용한 친구는 준석입니다.

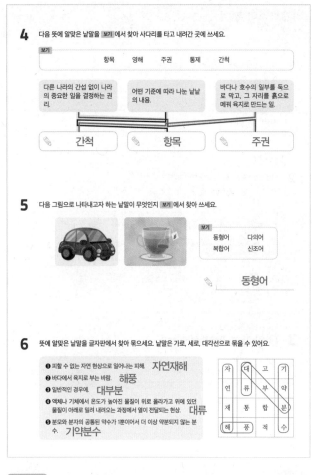

4 다음 뜻에 알맞은 낱말을 보기 에서 찾아 사다리를 타고 내려간 곳에 쓰세요.

보기
항목   영해   주권   통제   간척

| 다른 나라의 간섭 없이 나라의 중요한 일을 결정하는 권리. | 어떤 기준에 따라 나눈 낱낱의 내용. | 바다나 호수의 일부를 둑으로 막고, 그 자리를 흙으로 메꿔 육지로 만드는 일. |

간척   항목   주권

5 다음 그림으로 나타내고자 하는 낱말이 무엇인지 보기 에서 찾아 쓰세요.

보기
동형어   다의어
복합어   신조어

동형어

6 뜻에 알맞은 낱말을 글자판에서 찾아 묶으세요. 낱말은 가로, 세로, 대각선으로 묶을 수 있어요.

❶ 피할 수 있는 자연 현상으로 일어나는 피해. **자연재해**
❷ 바다에서 육지로 부는 바람. **해풍**
❸ 일반적인 경우에. **대부분**
❹ 액체나 기체에서 온도가 높아진 물질이 위로 올라가고 위에 있던 물질이 아래로 밀려 내려오는 과정에서 열이 전달되는 현상. **대류**
❺ 분모와 분자의 공통된 약수가 1뿐이어서 더 이상 약분되지 않는 분수. **기약분수**

자	대	고	기
연	류	부	약
재	통	합	분
해	풍	적	수

도움말

4 '다른 나라의 간섭 없이 나라의 중요한 일을 결정하는 권리'는 '주권'입니다. '어떤 기준에 따라 나눈 낱낱의 내용'은 '항목'입니다. '바다나 호수의 일부를 둑으로 막고, 그 자리를 흙으로 메꿔 육지로 만드는 일'은 '간척'입니다.

5 왼쪽 그림에 제시된 '차'는 '바퀴가 굴러서 나아가게 되어 있는, 사람이나 짐을 실어 옮기는 기관'을 뜻하며, 오른쪽 그림에 제시된 '차'는 '차나무의 어린잎을 달이거나 우린 물'을 뜻합니다. 따라서 그림으로 나타내고자 하는 낱말은 '형태가 같지만 뜻이 서로 다른 낱말'인 '동형어'입니다.

6 ❶ '피할 수 없는 자연 현상으로 일어나는 피해'를 뜻하는 낱말은 '자연재해'입니다. ❷ '바다에서 육지로 부는 바람'은 '해풍'입니다. ❸ '일반적인 경우에'를 뜻하는 낱말은 '대부분'입니다. ❹ '액체나 기체에서 온도가 높아진 물질이 위로 올라가고 위에 있던 물질이 아래로 밀려 내려오는 과정에서 열이 전달되는 현상'을 뜻하는 낱말은 '대류'입니다. ❺ '분모와 분자의 공통된 약수가 1뿐이어서 더 이상 약분되지 않는 분수'는 '기약분수'입니다.

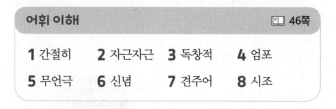

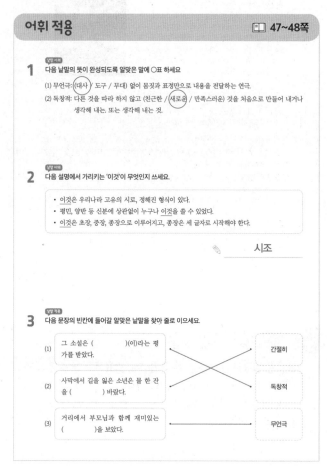

어휘 이해   📖 46쪽

1 간절히   **2** 자근자근   **3** 독창적   **4** 엄포
5 무언극   **6** 신념   **7** 견주어   **8** 시조

어휘 적용   📖 47~48쪽

1 [낱말 이해] 다음 낱말의 뜻이 완성되도록 알맞은 말에 ○표 하세요.

(1) 무언극: (대사 / 도구 / 무대) 없이 몸짓과 표정만으로 내용을 전달하는 연극.
(2) 독창적: 다른 것을 따라 하지 않고 (친근한 / 새로운 / 만족스러운) 것을 처음으로 만들어 내거나 생각해 내는. 또는 생각해 내는 것.

2 [낱말 이해] 다음 설명에서 가리키는 '이것'이 무엇인지 쓰세요.

• 이것은 우리나라 고유의 시로, 정해진 형식이 있다.
• 평민, 양반 등 신분에 상관없이 누구나 이것을 쓸 수 있었다.
• 이것은 초장, 중장, 종장으로 이루어지고, 종장은 세 글자로 시작해야 한다.

시조

3 [낱말 적용] 다음 문장의 빈칸에 들어갈 알맞은 낱말을 찾아 줄로 이으세요.

(1)	그 소설은 ( )(이)라는 평가를 받았다.	간절히
(2)	사막에서 길을 잃은 소년은 물 한 잔을 ( ) 바랐다.	독창적
(3)	거리에서 부모님과 함께 재미있는 ( )을 보았다.	무언극

도움말

1 (1) '무언극'은 '대사 없이 몸짓과 표정만으로 내용을 전달하는 연극'입니다. (2) '독창적'은 '다른 것을 따라 하지 않고 새로운 것을 처음으로 만들어 내거나 생각해 내는. 또는 생각해 내는 것.'을 뜻합니다.

2 우리나라 고유의 시로, 정해진 형식이 있으며, 평민, 양반 등 신분에 상관없이 누구나 쓸 수 있고, 초장, 중장, 종장으로 이루어지는 것은 '시조'입니다.

3 (1) 빈칸에 '독창적'을 넣어 '그 소설은 독창적이라는 평가를 받았다.'라는 문장으로 완성할 수 있습니다. (2) 빈칸에 '간절히'를 넣어 '사막에서 길을 잃은 소년은 물 한 잔을 간절히 바랐다.'라는 문장으로 완성할 수 있습니다. (3) 빈칸에 '무언극'을 넣어 '거리에서 부모님과 함께 재미있는 무언극을 보았다.'라는 문장으로 완성할 수 있습니다.

4 다음 중 낱말을 잘못 활용한 친구에 X표 하세요.

주희: 나는 새해를 맞이하여 엄포를 빌었어. (X)

현석: 가만두지 않겠다던 형의 말은 엄포에 그치고 말았어. ( )

경윤: 욕심쟁이 영감이 사람들을 쫓아내겠다며 엄포를 놓았어. ( )

5 다음 문장의 빈칸에 공통으로 들어갈 낱말은 무엇인가요? (③)

• 그는 독립운동에 대한 굳은 ( )을 지닌 사람이다.
• 이번 경기에서 반드시 승리할 수 있다는 ( )을 가져야 한다.
• 결코 변하지 않던 그의 ( )이 결국 흔들리고 말았다.

① 노력　　② 성실　　③ 신념　　④ 인내심

6 밑줄 친 낱말의 쓰임이 바르지 않은 것은 무엇인가요? (③)

① 강아지는 놀아 달라고 나를 자근자근 따라다녔다.
② 퇴근하신 아빠의 어깨를 자근자근 주물러 드렸다.
③ 아기는 어느새 자근자근 잠이 들었다.
④ 자근자근 씹히는 맛이 재미있어 자꾸 잣을 먹었다.

어휘 활용

📖 49쪽

📝 다음 전시회 안내문을 읽고, 물음에 답하세요.

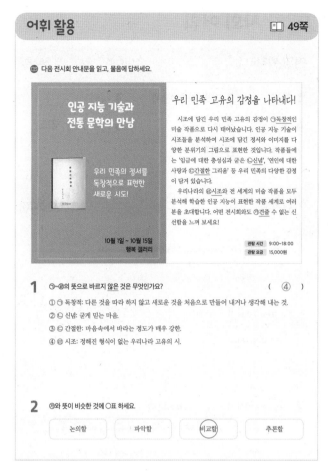

1 ⊙~@의 뜻으로 바르지 않은 것은 무엇인가요? (④)

① ⊙ 독창적: 다른 것을 따라 하지 않고 새로운 것을 처음으로 만들어 내거나 생각해 내는 것.
② ⓒ 신념: 굳게 믿는 마음.
③ ⓒ 간절한: 마음속에서 바라는 정도가 매우 강한.
④ @ 시조: 정해진 형식이 없는 우리나라 고유의 시.

2 ㉮와 뜻이 비슷한 것에 ○표 하세요.

논의할　　파악할　　(비교할)　　추론할

도움말

4 '엄포'는 '실속 없이 큰 소리로 꾸짖거나 위협하는 말이나 행동'을 뜻하므로, 밑줄 친 낱말을 잘못 활용한 친구는 주희입니다. 주희가 말한 문장에서는 '엄포' 대신 '소원'을 넣어 '나는 새해를 맞이하여 소원을 빌었어.'라고 표현하는 것이 적절합니다.

5 빈칸에 '굳게 믿는 마음'을 뜻하는 '신념'을 넣어 '그는 독립운동에 대한 굳은 신념을 지닌 사람이다.', '이번 경기에서 반드시 승리할 수 있다는 신념을 가져야 한다.', '결코 변하지 않던 그의 신념이 결국 흔들리고 말았다.'라는 문장으로 완성할 수 있습니다. '노력'은 '목적을 이루기 위하여 몸과 마음을 다하여 애를 씀'을 뜻하며, '성실'은 '정성스럽고 참됨'을 뜻합니다. '인내심'은 '괴로움이나 어려움을 참고 견디는 마음'을 뜻합니다.

6 '자근자근'은 '자꾸 가볍게 누르거나 밟는 모양'을 뜻하기도 하고, '조금 성가실 정도로 자꾸 은근히 귀찮게 구는 모양'을 뜻하기도 하며, '자꾸 가볍게 씹는 모양'을 뜻하기도 합니다. ①은 두 번째 뜻으로, ②은 첫 번째 뜻으로, ④은 세 번째 뜻으로 쓰였습니다. ③에서는 '자근자근' 대신 '어린아이가 곤히 잠들어 조용하게 자꾸 숨 쉬는 소리'를 뜻하는 '새근새근'을 쓰는 것이 적절하므로, 밑줄 친 낱말의 쓰임이 바르지 않은 것은 ③입니다.

💬 **매체 자료에 대해 알아볼까요?**

이 글은 안내문입니다. 안내문은 어떤 내용을 소개하여 알려 주는 글입니다. 안내문을 읽을 때에는 무엇을 알리는 안내문인지 확인하고, 날짜, 시간, 장소 등을 꼼꼼하게 살펴봅니다.

도움말

1 '@시조'는 '정해진 형식이 있는 우리나라 고유의 시'를 뜻합니다. 따라서 낱말의 뜻이 바르지 않은 것은 ④입니다.

2 '㉮견줄'의 기본형 '견주다'는 '둘 이상의 사물에 어떠한 차이가 있는지 알기 위하여 서로 대어 보다'를 뜻하며, 이와 비슷한 뜻의 낱말은 '비교하다'입니다. 따라서 정답은 '비교할'입니다.

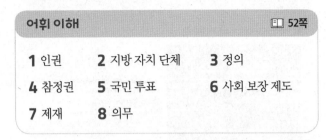

2일차 **사회 어휘**

어휘 이해 📖 52쪽

1 인권   **2** 지방 자치 단체   **3** 정의

4 참정권   **5** 국민 투표   **6** 사회 보장 제도

7 제재   **8** 의무

어휘 적용 📖 53~54쪽

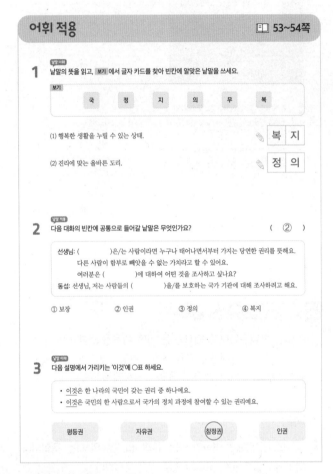

1 낱말의 뜻을 읽고, 보기 에서 글자 카드를 찾아 빈칸에 알맞은 낱말을 쓰세요.

보기

| 국 | 정 | 지 | 의 | 무 | 복 |

(1) 행복한 생활을 누릴 수 있는 상태. ✏️ 복 지

(2) 진리에 맞는 올바른 도리. ✏️ 정 의

2 다음 대화의 빈칸에 공통으로 들어갈 낱말은 무엇인가요? (②)

> 선생님: ( )은/는 사람이라면 누구나 태어나면서부터 가지는 당연한 권리를 뜻해요. 다른 사람이 함부로 빼앗을 수 없는 가치라고 할 수 있어요. 여러분은 ( )에 대하여 어떤 것을 조사하고 싶나요?
>
> 동섭: 선생님, 저는 사람들의 ( )을/를 보호하는 국가 기관에 대해 조사하려고 해요.

① 보장   ② 인권   ③ 정의   ④ 복지

3 다음 설명에서 가리키는 '이것'에 ○표 하세요.

> • 이것은 한 나라의 국민이 갖는 권리 중 하나예요.
> • 이것은 국민의 한 사람으로서 국가의 정치 과정에 참여할 수 있는 권리예요.

[평등권]   [자유권]   [(참정권)]   [인권]

도움말

1 (1) '행복한 생활을 누릴 수 있는 상태'를 뜻하는 낱말은 '복지'입니다. (2) '진리에 맞는 올바른 도리'를 뜻하는 낱말은 '정의'입니다.

2 선생님의 말에서 '사람이라면 누구나 태어나면서부터 가지는 당연한 권리'라는 부분을 살펴보았을 때, 빈칸에 공통으로 들어갈 낱말은 '인권'입니다.

3 한 나라의 국민이 갖는 권리 중 하나이며, 국민의 한 사람으로서 국가의 정치 과정에 참여할 수 있는 권리를 뜻하는 낱말은 '참정권'입니다. '평등권'은 '차별받지 않을 권리'를 뜻하며, '자유권'은 '자유롭게 생각하고 행동할 수 있는 권리'를 뜻하는 낱말입니다.

4 주어진 힌트와 관련 있는 낱말의 기호를 보기 에서 찾아 각각 쓰세요.

보기

   ㉠ 지방 자치 단체   ㉡ 사회 보장 제도   ㉢ 국민 투표

	첫 번째 힌트		두 번째 힌트		정답
(1)	국민을 도움	➡	복지	➡	✏️ ㉡
(2)	지역의 일을 처리	➡	시·군·구청	➡	✏️ ㉠
(3)	국가의 중요한 일	➡	찬성과 반대	➡	✏️ ㉢

5 밑줄 친 '의무'의 뜻이 나머지와 다른 것은 무엇인가요? (③)

① 학생은 학교 규칙을 지킬 의무가 있다.
② 그는 학생들을 가르치며 스승의 의무를 다하기 위해 노력했다.
③ 국민으로서 헌법에 제시된 의무를 지키지 않으면 벌금을 낼 수도 있다.
④ 반려동물을 사랑으로 보살펴야 할 의무에 책임감을 느껴야 한다.

6 다음 문장의 빈칸에 들어갈 알맞은 낱말로 짝 지어진 것은 무엇인가요? (②)

> • 쓰레기를 몰래 버리는 회사에 대한 (㉠) 방안을 강화했다.
> • 헌법에는 국민이 지켜야 할 (㉡)가 나타나 있다.

	㉠	㉡
①	제재	의도
②	제재	의무
③	정의	의무
④	금지	의도

도움말

4 (1) '국민을 도움'과 '복지'와 관련 있는 낱말은 '생활에 어려움을 겪는 국민이 잘 살 수 있도록 도와주는 제도'를 뜻하는 '㉡ 사회 보장 제도'입니다. (2) '지역의 일을 처리'와 '시·군·구청'과 관련 있는 낱말은 '시·군·구청 등 지역의 일을 결정하고 처리하는 조직'을 뜻하는 '㉠ 지방 자치 단체'입니다. (3) '국가의 중요한 일'과 '찬성과 반대'와 관련 있는 낱말은 '국가의 중요한 일을 국민이 최종적으로 투표해 결정하는 제도'를 뜻하는 '㉢ 국민 투표'입니다.

5 '의무'는 '법에 의해 강제로 지켜야 하는 행동'을 뜻하기도 하고, '사람으로서 마땅히 해야 할 일'을 뜻하기도 합니다. ①, ②, ④의 '의무'는 모두 두 번째 뜻으로 쓰였으며, ③의 '의무'는 첫 번째 뜻으로 쓰였습니다. 따라서 정답은 ③입니다.

6 첫 번째 문장의 빈칸에는 '법이나 규정을 어겼을 때 국가가 처벌을 내리는 일'을 뜻하는 '제재'를 넣어 '쓰레기를 몰래 버리는 회사에 대한 제재 방안을 강화했다.'라는 문장으로 완성할 수 있습니다. 두 번째 문장의 빈칸에는 '법에 의해 강제로 지켜야 하는 행동'을 뜻하는 '의무'를 넣어 '헌법에는 국민이 지켜야 할 의무가 나타나 있다.'라는 문장으로 완성할 수 있습니다. 따라서 정답은 ②입니다.

어휘 활용

📖 55쪽

📰 다음 블로그의 글을 읽고, 물음에 답하세요.

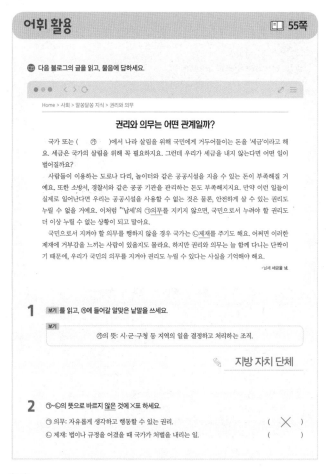

권리와 의무는 어떤 관계일까?

국가 또는 (㉮)에서 나라 살림을 위해 국민에게 거두어들이는 돈을 '세금'이라고 해요. 세금은 국가의 살림을 위해 꼭 필요하지요. 그런데 우리가 세금을 내지 않는다면 어떤 일이 벌어질까요?

사람들이 이용하는 도로나 다리, 놀이터와 같은 공공시설을 지을 수 있는 돈이 부족해질 거예요. 또한 소방서, 경찰서와 같은 공공 기관을 관리하는 돈도 부족해지지요. 만약 이런 일들이 실제로 일어난다면 우리는 공공시설을 사용할 수 없는 것은 물론, 안전하게 살 수 있는 권리도 누릴 수 없을 거예요. 이처럼 "납세'의 ㉠의무를 지키지 않으면, 국민으로서 누려야 할 권리도 더 이상 누릴 수 없는 상황이 되고 말아요.

국민으로서 지켜야 할 의무를 행하지 않을 경우 국가는 ㉡제재를 주기도 해요. 어쩌면 이러한 제재에 거부감을 느끼는 사람이 있을지도 몰라요. 하지만 권리와 의무는 늘 함께 다니는 단짝이기 때문에, 우리가 국민의 의무를 지켜야 권리도 누릴 수 있다는 사실을 기억해야 해요.

· 납세 세금을 냄.

1 보기 를 읽고, ㉮에 들어갈 알맞은 낱말을 쓰세요.

> 보기
> ㉮의 뜻: 시·군·구청 등 지역의 일을 결정하고 처리하는 조직.

✎ **지방 자치 단체**

2 ㉠~㉡의 뜻으로 바르지 <u>않은</u> 것에 ✕표 하세요.

㉠ 의무: 자유롭게 생각하고 행동할 수 있는 권리. (✕)
㉡ 제재: 법이나 규정을 어겼을 때 국가가 처벌을 내리는 일. ( )

💬 **매체 자료에 대해 알아볼까요?**

블로그는 자신의 관심사와 관련된 글을 올리는 인터넷 누리집입니다. 블로그에서는 읽는 사람이 글을 편하게 읽을 수 있도록 길지 않은 분량의 글을 사진이나 그림과 함께 제시합니다. 이 글에서는 권리와 의무의 관계를 알려 주고 있습니다.

도움말

1 '시·군·구청 등 지역의 일을 결정하고 처리하는 조직'을 뜻하는 낱말은 '지방 자치 단체'입니다.

2 '의무'는 '법에 의해 강제로 지켜야 하는 행동' 또는 '사람으로서 마땅히 해야 할 일'을 뜻합니다. 이 글에서 '㉠ 의무'는 첫 번째 뜻으로 쓰였으므로, 낱말의 뜻으로 바르지 않은 것은 ㉠입니다.

3일차 과학 어휘

어휘 이해

📖 58쪽

1 행성	**2** 위성	**3** 태양계	**4** 별자리
5 태양	**6** 구성원	**7** 북극성	**8** 천체

어휘 적용

📖 59~60쪽

1 [낱말 적용] 대화의 빈칸에 공통으로 들어갈 낱말을 보기 에서 찾아 쓰세요.

> 보기
> 위성   북극성   태양   행성

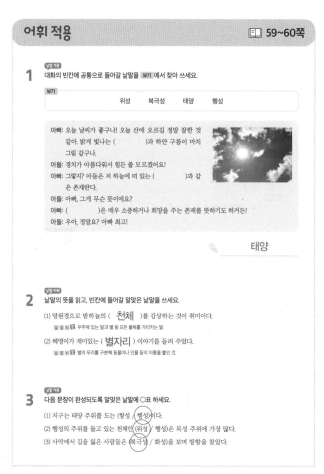

아빠: 오늘 날씨가 좋구나! 오늘 산에 오르길 정말 잘한 것 같아. 밝게 빛나는 ( )과 하얀 구름이 마치 그림 같구나.
아들: 경치가 아름다워서 힘든 줄 모르겠어요!
아빠: 그렇지? 아들은 저 하늘에 떠 있는 ( )과 같은 존재란다.
아들: 아빠, 그게 무슨 뜻이에요?
아빠: ( )은 매우 소중하거나 희망을 주는 존재를 뜻하기도 하거든!
아들: 우아, 정말요? 아빠 최고!

✎ **태양**

2 [낱말 의미] 낱말의 뜻을 읽고, 빈칸에 들어갈 알맞은 낱말을 쓰세요.

(1) 망원경으로 밤하늘의 (**천체**)를 감상하는 것이 취미이다.
[낱말의 뜻] 우주에 있는 달과 별 등 모든 물체를 가리키는 말.

(2) 혜영이가 재미있는 (**별자리**) 이야기를 들려 주었다.
[낱말의 뜻] 별의 무리를 구분해 동물이나 인물 등의 이름을 붙인 것.

3 [낱말 적용] 다음 문장이 완성되도록 알맞은 낱말에 ○표 하세요.

(1) 지구는 태양 주위를 도는 (항성 /⃝행성⃝)이다.
(2) 행성의 주위를 돌고 있는 천체인 (⃝위성⃝/ 행성)은 목성 주위에 가장 많다.
(3) 사막에서 길을 잃은 사람들은 (⃝북극성⃝/ 화성)을 보며 방향을 찾았다.

도움말

1 아빠의 말에서 '밝게 빛나는'이라는 부분과 '매우 소중하거나 희망을 주는 존재'라는 부분으로 미루어 보았을 때, 빈칸에 공통으로 들어갈 낱말은 '태양'임을 알 수 있습니다.

2 (1) '우주에 있는 달과 별 등 모든 물체를 가리키는 말'은 '천체'입니다. (2) '별의 무리를 구분해 동물이나 인물 등의 이름을 붙인 것'은 '별자리'입니다.

3 (1) '지구처럼 태양의 주위를 도는 둥근 천체'를 뜻하는 '행성'을 빈칸에 넣어 문장을 완성할 수 있습니다. (2) '행성의 주위를 돌고 있는 천체'를 뜻하는 '위성'을 빈칸에 넣어 문장을 완성할 수 있습니다. (3) '북쪽 하늘의 작은곰자리의 꼬리 끝부분에 있는 밝은 별로, 계절이 바뀌어도 위치가 거의 변하지 않음'을 뜻하는 '북극성'을 빈칸에 넣어 문장을 완성할 수 있습니다.

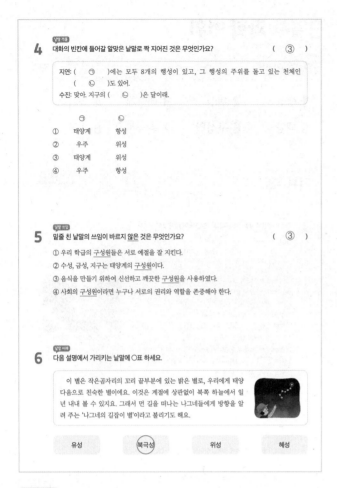

4 대화의 빈칸에 들어갈 알맞은 낱말로 짝 지어진 것은 무엇인가요? (③)

> 지연: (㉠)에는 모두 8개의 행성이 있고, 그 행성의 주위를 돌고 있는 천체인
> (㉡)도 있어.
> 수진: 맞아. 지구의 (㉡)은 달이래.

	㉠	㉡
①	태양계	항성
②	우주	위성
③	태양계	위성
④	우주	항성

5 밑줄 친 낱말의 쓰임이 바르지 <u>않은</u> 것은 무엇인가요? (③)

① 우리 학급의 <u>구성원</u>들은 서로 예절을 잘 지킨다.
② 수성, 금성, 지구는 태양계의 <u>구성원</u>이다.
③ 음식을 만들기 위하여 신선하고 깨끗한 <u>구성원</u>을 사용하였다.
④ 사회의 <u>구성원</u>이라면 누구나 서로의 권리와 역할을 존중해야 한다.

6 다음 설명에서 가리키는 낱말에 ○표 하세요.

> 이 별은 작은곰자리의 꼬리 끝부분에 있는 밝은 별로, 우리에게 태양
> 다음으로 친숙한 별이에요. 이것은 계절에 상관없이 북쪽 하늘에서 일
> 년 내내 볼 수 있지요. 그래서 먼 길을 떠나는 나그네들에게 방향을 알
> 려 주는 '나그네의 길잡이 별'이라고 불리기도 해요.

유성	(북극성)	위성	혜성

도움말

4 8개의 행성이 있는 곳은 '태양의 영향이 미치는 공간과 그 공간에 있는 천체를 통틀어 이르는 말'을 뜻하는 '태양계'이며, 지구의 '위성'은 달입니다. 따라서 정답은 ③입니다.

5 '구성원'은 '어떤 단체나 조직을 이루고 있는 사람 또는 존재'를 뜻합니다. ③의 문장에서 '구성원' 대신 '재료'를 넣어 '음식을 만들기 위하여 신선하고 깨끗한 재료를 사용하였다.'라는 문장으로 쓰는 것이 적절합니다.

6 '작은곰자리의 꼬리 끝부분에 있는 밝은 별', '먼 길을 떠나는 나그네들에게 방향을 알려 주는'이라는 부분으로 미루어 보았을 때, 설명에서 가리키는 낱말은 '북극성'입니다. '유성'은 '지구의 대기권에서 빛을 내며 떨어지는 천체'를 뜻하며, '혜성'은 '가스 상태의 빛나는 긴 꼬리를 끌고 태양을 중심으로 타원에 가까운 모양으로 움직이는 작은 천체'입니다.

어휘 활용 📖 61쪽

🔟 다음 인터넷 신문의 기사를 읽고, 물음에 답하세요.

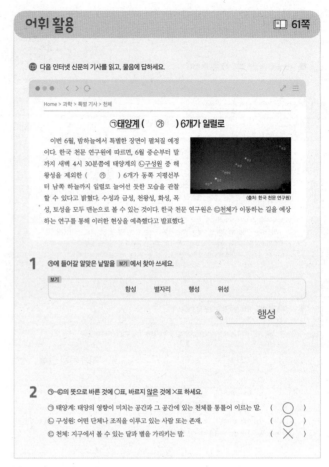

㉠**태양계 (㉮) 6개가 일렬로**

이번 6월, 밤하늘에 특별한 장면이 펼쳐질 예정이다. 한국 천문 연구원에 따르면, 6월 중순부터 말까지 새벽 4시 30분쯤에 태양계의 ㉡구성원 중 해왕성을 제외한 (㉮) 6개가 동쪽 지평선부터 남쪽 하늘까지 일렬로 늘어선 듯한 모습을 관찰할 수 있다고 밝혔다. 수성과 금성, 천왕성, 화성, 목성, 토성을 모두 맨눈으로 볼 수 있는 것이다. 한국 천문 연구원은 ㉢천체가 이동하는 길을 예상하는 연구를 통해 이러한 현상을 예측했다고 발표했다.

(출처: 한국 천문 연구원)

1 ㉮에 들어갈 알맞은 낱말을 [보기] 에서 찾아 쓰세요.

> [보기]
> 항성   별자리   행성   위성

✏️ _____행성_____

2 ㉠~㉢의 뜻으로 바른 것에 ○표, 바르지 <u>않은</u> 것에 ✕표 하세요.

㉠ 태양계: 태양의 영향이 미치는 공간과 그 공간에 있는 천체를 통틀어 이르는 말. (○)
㉡ 구성원: 어떤 단체나 조직을 이루고 있는 사람 또는 존재. (○)
㉢ 천체: 지구에서 볼 수 있는 달과 별을 가리키는 말. (✕)

🐛 **매체 자료에 대해 알아볼까요?**

이 글은 기사입니다. 기사는 신문, 뉴스 등에서 어떠한 사건이나 현상을 알리는 글로, 그 내용이 정확하고 분명해야 합니다. 제시된 글은 특정 시기에 평소에는 보지 못했던 천문 현상이 일어난다는 소식을 객관적으로 알려 주는 기사입니다.

도움말

1 ㉮에는 '지구처럼 태양의 주위를 도는 둥근 천체'를 뜻하는 '행성'이 들어가야 합니다. '항성'은 '스스로 빛을 내는 천체'이며, '위성'은 '행성의 주위를 돌고 있는 천체'입니다.

2 '㉢ 천체'는 지구에서 볼 수 있는 달과 별만을 가리키는 낱말이 아니며, '우주에 있는 달과 별 등 모든 물체'를 가리키는 낱말입니다. 따라서 낱말의 뜻이 바르지 않은 것은 '㉢ 천체'입니다.

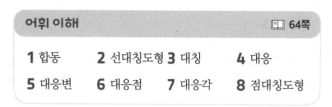

4일차 수학 어휘

어휘 이해 📖 64쪽

1 합동 **2** 선대칭도형 **3** 대칭 **4** 대응

5 대응변 **6** 대응점 **7** 대응각 **8** 점대칭도형

어휘 적용 📖 65~66쪽

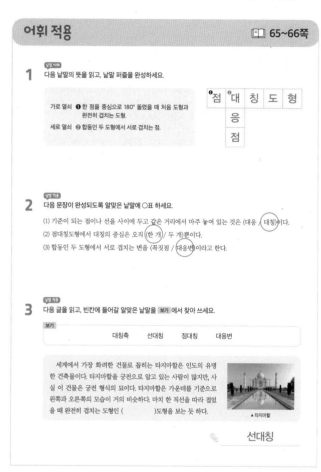

1 [낱말 이해] 다음 낱말의 뜻을 읽고, 낱말 퍼즐을 완성하세요.

점	❶대	칭	도	형
	응			
	점			

가로 열쇠 ❶ 한 점을 중심으로 180° 돌렸을 때 처음 도형과 완전히 겹치는 도형.

세로 열쇠 ❷ 합동인 두 도형에서 서로 겹치는 점.

2 [낱말 적용] 다음 문장이 완성되도록 알맞은 낱말에 ○표 하세요.

(1) 기준이 되는 점이나 선을 사이에 두고 같은 거리에서 마주 놓여 있는 것은 (대응 / ⃝대칭)이다.

(2) 점대칭도형에서 대칭의 중심은 오직 (⃝한 개 / 두 개)뿐이다.

(3) 합동인 두 도형에서 서로 겹치는 변을 (꼭짓점 / ⃝대응변)이라고 한다.

3 [낱말 적용] 다음 글을 읽고, 빈칸에 들어갈 알맞은 낱말을 보기 에서 찾아 쓰세요.

보기

대칭축   선대칭   점대칭   대응변

세계에서 가장 화려한 건물로 꼽히는 타지마할은 인도의 유명한 건축물이다. 타지마할을 궁전으로 알고 있는 사람이 많지만, 사실 이 건물은 궁전 형식의 묘이다. 타지마할은 가운데를 기준으로 왼쪽과 오른쪽의 모습이 거의 비슷하다. 마치 한 직선을 따라 접었을 때 완전히 겹치는 도형인 (   )도형을 보는 듯 하다.

▲ 타지마할

✎ 선대칭

도움말

1 ❶ '한 점을 중심으로 180° 돌렸을 때 처음 도형과 완전히 겹치는 도형'을 뜻하는 낱말은 '점대칭도형'입니다. ❷ '합동인 두 도형에서 서로 겹치는 점'은 '대응점'입니다.

2 (1) 기준이 되는 점이나 선을 사이에 두고 같은 거리에서 마주 놓여 있는 것은 '대칭'입니다. (2) 점대칭도형에서 대칭의 중심은 오직 '한 개'뿐입니다. (3) 합동인 두 도형에서 서로 겹치는 변을 '대응변'이라고 합니다.

3 '타지마할은 가운데를 기준으로 왼쪽과 오른쪽의 모습이 거의 비슷하다.'라는 부분과 '마치 한 직선을 따라 접었을 때 완전히 겹치는 도형'이라는 부분으로 미루어 보았을 때, 빈칸에 들어갈 알맞은 낱말은 '선대칭'이며, '선대칭도형'은 '한 직선을 따라 접었을 때 완전히 겹치는 도형'을 뜻합니다.

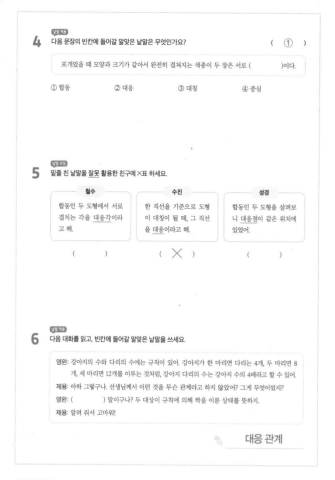

4 [낱말 적용] 다음 문장의 빈칸에 들어갈 알맞은 낱말은 무엇인가요? (①)

포개었을 때 모양과 크기가 같아서 완전히 겹쳐지는 색종이 두 장은 서로 (   )이다.

① 합동   ② 대응   ③ 대칭   ④ 중심

5 [낱말 쓰임] 밑줄 친 낱말을 잘못 활용한 친구에 ×표 하세요.

철수	수진	성경
합동인 두 도형에서 서로 겹치는 각을 대응각이라고 해.	한 직선을 기준으로 도형이 대칭이 될 때, 그 직선을 대응이라고 해.	합동인 두 도형을 살펴보니 대응점이 같은 위치에 있었어.
( )	(×)	( )

6 [낱말 적용] 다음 대화를 읽고, 빈칸에 들어갈 알맞은 낱말을 쓰세요.

영완: 강아지의 수와 다리의 수에는 규칙이 있어. 강아지가 한 마리면 다리는 4개, 두 마리면 8개, 세 마리면 12개를 이루는 것처럼, 강아지 다리의 수는 강아지 수의 4배라고 할 수 있어.

제용: 아하 그렇구나. 선생님께서 이런 것을 무슨 관계라고 하지 않았어? 그게 무엇이었지?

영완: (   ) 말이구나? 두 대상이 규칙에 의해 짝을 이룬 상태를 뜻하지.

제용: 알려 줘서 고마워!

✎ 대응 관계

도움말

4 제시된 문장에서 색종이 두 장을 겹쳤을 때 모양과 크기가 같아서 완전히 포개어진다고 하였습니다. 따라서 빈칸에는 '모양과 크기가 같아서 포개었을 때 완전히 겹치는 두 도형'을 뜻하는 '합동'이 들어가야 합니다.

5 수진이 말한 내용에서 '한 직선을 기준으로 도형이 대칭이 될 때, 그 직선'은 '대칭축'이라고 합니다. 따라서 밑줄 친 낱말을 잘못 활용한 친구는 수진입니다.

6 영완의 말 중, 빈칸 뒷부분에 '두 대상이 규칙에 의해 짝을 이룬 상태를 뜻하지.'라는 부분이 있습니다. 이는 '대응 관계'의 뜻과 같으므로, 빈칸에 들어갈 알맞은 낱말은 '대응 관계'입니다.

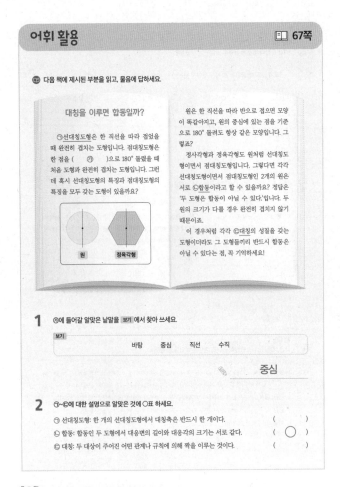

어휘 활용

📖 67쪽

📑 다음 책에 제시된 부분을 읽고, 물음에 답하세요.

대칭을 이루면 합동일까?

㉠선대칭도형은 한 직선을 따라 접었을 때 완전히 겹치는 도형입니다. 점대칭도형은 한 점을 (㉮)으로 180° 돌렸을 때 처음 도형과 완전히 겹치는 도형입니다. 그런데 혹시 선대칭도형의 특징과 점대칭도형의 특징을 모두 갖는 도형이 있을까요?

원은 한 직선을 따라 반으로 접으면 모양이 똑같아지고, 원의 중심에 있는 점을 기준으로 180° 돌려도 항상 같은 모양입니다. 그렇죠?

정사각형과 정육각형도 원처럼 선대칭도형이면서 점대칭도형입니다. 그렇다면 각각 선대칭도형이면서 점대칭도형인 2개의 원은 서로 ㉡합동이라고 할 수 있을까요? 정답은 '두 도형은 합동이 아닐 수 있다.'입니다. 두 원의 크기가 다를 경우 완전히 겹치지 않기 때문이죠.

이 경우처럼 각각 ㉢대칭의 성질을 갖는 도형이더라도 그 도형들끼리 반드시 합동은 아닐 수 있다는 점, 꼭 기억하세요!

원   정육각형

1 ㉮에 들어갈 알맞은 낱말을 보기 에서 찾아 쓰세요.

보기
바탕   중심   직선   수직

✎ 중심

2 ㉠~㉢에 대한 설명으로 알맞은 것에 ○표 하세요.

㉠ 선대칭도형: 한 개의 선대칭도형에서 대칭축은 반드시 한 개이다. ( )
㉡ 합동: 합동인 두 도형에서 대응변의 길이와 대응각의 크기는 서로 같다. (○)
㉢ 대칭: 두 대상이 주어진 어떤 관계나 규칙에 의해 짝을 이루는 것이다. ( )

🐷 **매체 자료에 대해 알아볼까요?**

책은 일정한 목적, 내용 등에 맞추어 사상, 감정, 지식 따위를 글이나 그림으로 표현하여 적거나 인쇄하여 묶어 놓은 매체입니다. 책에는 정보나 상상의 이야기 등 다양한 내용이 담길 수 있습니다. 이 글은 대칭을 이루지만 합동이 아닐 수 있는 도형에 대해 알려 주고 있습니다.

도움말

1 ㉮에는 '점대칭도형'의 뜻을 완성할 수 있는 낱말이 들어가야 합니다. '점대칭도형'은 '한 점을 중심으로 180° 돌렸을 때 처음 도형과 완전히 겹치는 도형'을 말하므로, ㉮에는 '중심'이라는 낱말이 들어가야 합니다.

2 ㉠ 한 개의 선대칭도형에서 대칭축은 여러 개일 수 있으므로, ㉠에 대한 설명은 바르지 않습니다. ㉢ 두 대상이 주어진 어떤 관계나 규칙에 의해 짝을 이루는 것은 '대응'이므로, ㉢에 대한 설명도 바르지 않습니다.

5일차 **학습 도움 어휘**

어휘 이해

📖 70쪽

1 도달했다	**2** 중점	**3** 보완	**4** 상호 작용
5 전망	**6** 병행	**7** 의의	**8** 분석

어휘 적용

📖 71~72쪽

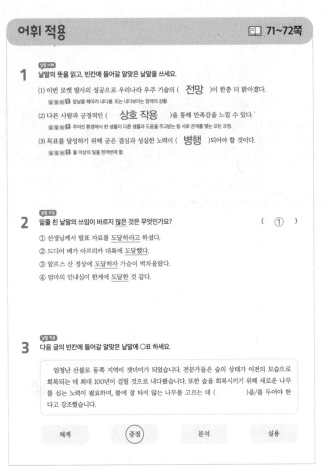

1 낱말 이해
낱말의 뜻을 읽고, 빈칸에 들어갈 알맞은 낱말을 쓰세요.

(1) 이번 로켓 발사의 성공으로 우리나라 우주 기술의 (전망)이 한층 더 밝아졌다.
뜻 앞날을 헤아려 내다봄. 또는 내다보이는 장래의 상황.

(2) 다른 사람과 긍정적인 (상호 작용)을 통해 만족감을 느낄 수 있다.
뜻 주어진 환경에서 한 생물이 다른 생물과 도움을 주고받는 등 서로 관계를 맺는 모든 과정.

(3) 목표를 달성하기 위해 굳은 결심과 성실한 노력이 (병행)되어야 할 것이다.
뜻 둘 이상의 일을 한꺼번에 함.

2 낱말 쓰임
밑줄 친 낱말의 쓰임이 바르지 않은 것은 무엇인가요? (①)

① 선생님께서 발표 자료를 도달하라고 하셨다.
② 드디어 배가 아프리카 대륙에 도달했다.
③ 알프스 산 정상에 도달하자 가슴이 벅차올랐다.
④ 엄마의 인내심이 한계에 도달한 것 같다.

3 낱말 적용
다음 글의 빈칸에 들어갈 알맞은 낱말에 ○표 하세요.

엄청난 산불로 동쪽 지역이 잿더미가 되었습니다. 전문가들은 숲의 상태가 이전의 모습으로 회복되는 데 최대 100년이 걸릴 것으로 내다봤습니다. 또한 숲을 회복시키기 위해 새로운 나무를 심는 노력이 필요하며, 불에 잘 타지 않는 나무를 고르는 데 ( )을/를 두어야 한다고 강조했습니다.

체계   (중점)   분석   실용

도움말

1 (1) '앞날을 헤아려 내다봄. 또는 내다보이는 장래의 상황.'을 뜻하는 낱말은 '전망'입니다. (2) '주어진 환경에서 한 생물이 다른 생물과 서로 도움을 주고받는 등 서로 관계를 맺는 모든 과정'은 '상호 작용'입니다. (3) '둘 이상의 일을 한꺼번에 함'을 뜻하는 낱말은 '병행'입니다.

2 '도달하다'는 '목적한 곳이나 수준에 다다르다'라는 뜻입니다. ②, ③의 밑줄 친 낱말은 '목적한 곳에 다다르다'라는 뜻으로, ④의 밑줄 친 낱말은 '수준에 다다르다'라는 뜻으로 사용되었습니다. ①에서는 '도달하라고' 대신 '제출하라고'라는 말로 쓰이는 것이 적절합니다.

3 빈칸에는 '가장 중요하게 여겨야 할 점'을 뜻하는 낱말인 '중점'을 넣어 '불에 잘 타지 않는 나무를 고르는 데 중점을 두어야 한다고 강조했습니다.'라는 문장으로 완성할 수 있습니다. '체계'는 '규칙에 따라서 낱낱의 부분이 짜임새 있게 조직되어 통일된 전체'를 뜻합니다.

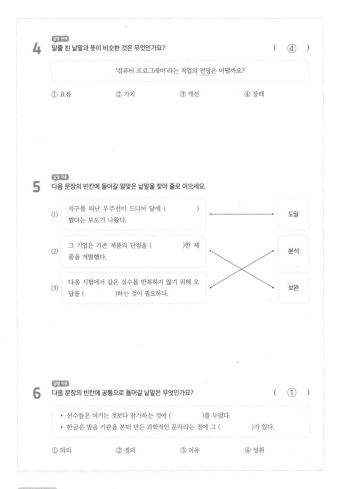

4 밑줄 친 낱말과 뜻이 비슷한 것은 무엇인가요? (④)

> '컴퓨터 프로그래머'라는 직업의 전망은 어떨까요?

① 요점　　② 가치　　③ 개선　　④ 장래

5 다음 문장의 빈칸에 들어갈 알맞은 낱말을 찾아 줄로 이으세요.

(1) 지구를 떠난 우주선이 드디어 달에 (　　) 했다는 보도가 나왔다.　　· 　　· 도달

(2) 그 기업은 기존 제품의 단점을 (　　)한 제품을 개발했다.　　· 　　· 분석

(3) 다음 시험에서 같은 실수를 반복하지 않기 위해 오답을 (　　)하는 것이 필요하다.　　· 　　· 보완

6 다음 문장의 빈칸에 공통으로 들어갈 낱말은 무엇인가요? (①)

> • 선수들은 이기는 것보다 참가하는 것에 (　　)를 두었다.
> • 한글은 발음 기관을 본떠 만든 과학적인 문자라는 점에 그 (　　)가 있다.

① 의의　　② 정의　　③ 이유　　④ 성취

도움말

4 '전망'은 '넓고 먼 곳을 멀리 바라봄. 또는 멀리 내다보이는 경치'를 뜻하기도 하고, '앞날을 헤아려 내다봄. 또는 내다보이는 장래의 상황'을 뜻하기도 합니다. 제시된 문장의 밑줄 친 낱말은 두 번째 뜻으로 쓰였으며, 이와 비슷한 뜻의 낱말은 '장래'입니다.

5 (1) '목적한 곳이나 수준에 다다름'이라는 뜻의 '도달'을 빈칸에 넣어 '지구를 떠난 우주선이 드디어 달에 도달했다는 보도가 나왔다.'라는 문장으로 완성할 수 있습니다. (2) '모자라거나 부족한 것을 채워 완전하게 함'을 뜻하는 '보완'을 빈칸에 넣어 '그 기업은 기존 제품의 단점을 보완한 제품을 개발했다.'라는 문장으로 완성할 수 있습니다. (3) '얽혀 있거나 복잡한 것을 개별적인 부분이나 성질로 나누는 것'을 뜻하는 '분석'을 빈칸에 넣어 '다음 시험에서 같은 실수를 반복하지 않기 위해 오답을 분석하는 것이 필요하다.'라는 문장으로 완성할 수 있습니다.

6 '어떤 사실이나 행동 등이 갖는 중요성이나 가치'를 뜻하는 '의의'를 빈칸에 넣어 '선수들은 이기는 것보다 참가하는 것에 의의를 두었다.', '한글은 발음 기관을 본떠 만든 과학적인 문자라는 점에 그 의의가 있다.'라는 문장으로 완성할 수 있습니다.

어휘 활용　　📖 73쪽

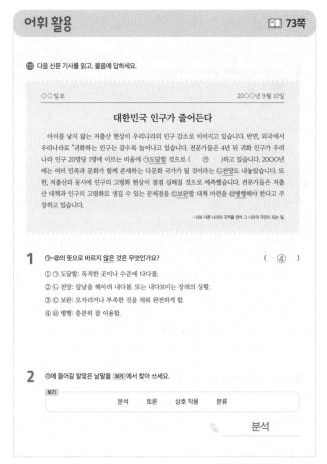

다음 신문 기사를 읽고, 물음에 답하세요.

○○일보　　2000년 9월 10일

대한민국 인구가 줄어든다

아이를 낳지 않는 저출산 현상이 우리나라의 인구 감소로 이어지고 있습니다. 반면, 외국에서 우리나라로 *귀화하는 인구는 갈수록 늘어나고 있습니다. 전문가들은 4년 뒤 귀화 인구가 우리나라 인구 20명당 1명에 이르는 비율에 ⊙도달할 것으로 (㉮)하고 있습니다. 2000년에는 여러 민족과 문화가 함께 존재하는 다문화 국가가 될 것이라는 ⓒ전망도 내놓았습니다. 또한, 저출산과 동시에 인구의 고령화 현상이 점점 심해질 것으로 예측했습니다. 전문가들은 저출산 대책과 인구의 고령화로 생길 수 있는 문제점을 ⓒ보완할 대책 마련을 ㉣병행해야 한다고 주장하고 있습니다.

*귀화: 다른 나라의 국적을 얻어 그 나라의 국민이 되는 일

1 ⊙~㉣의 뜻으로 바르지 않은 것은 무엇인가요? (④)

① ⊙ 도달함: 목적한 곳이나 수준에 다다름.
② ⓒ 전망: 앞날을 헤아려 내다봄. 또는 내다보이는 장래의 상황.
③ ⓒ 보완: 모자라거나 부족한 것을 채워 완전하게 함.
④ ㉣ 병행: 충분히 잘 이용함.

2 ㉮에 들어갈 알맞은 낱말을 보기 에서 찾아 쓰세요.

보기
분석　　토론　　상호 작용　　분류

✎ 　분석

🐷 **매체 자료에 대해 알아볼까요?**

신문은 사회에서 발생한 사건에 대한 진실이나 해설을 널리 알리기 위한 매체입니다. 신문 기사는 어떤 사건이나 사실을 알리는 신문 속 짧은 글입니다. 신문 기사를 읽을 때에는 기사에 드러난 육하원칙 '누가, 언제, 어디서, 무엇을, 어떻게, 왜'의 내용을 살펴봅니다.

도움말

1 '병행'은 '둘 이상의 일을 한꺼번에 함' 또는 '둘 이상의 사물이나 현상이 나란히 감'을 뜻합니다. '㉣ 병행'은 첫 번째 뜻으로 사용되었으며, '충분히 잘 이용함'이라는 뜻을 가진 낱말은 '활용'입니다. 따라서 정답은 ④입니다.

2 ㉮에는 해당 문장의 주어인 '전문가들은'과 호응이 되는 낱말이 들어가야 합니다. '얽혀 있거나 복잡한 것을 개별적인 부분이나 성질로 나누는 것'을 뜻하는 '분석'을 넣어 '전문가들은 4년 뒤 귀화 인구가 우리나라 인구 20명당 1명에 이르는 비율에 도달할 것으로 분석하고 있습니다.'라는 문장으로 완성할 수 있습니다. '분류'는 '종류에 따라서 가름'을 뜻합니다.

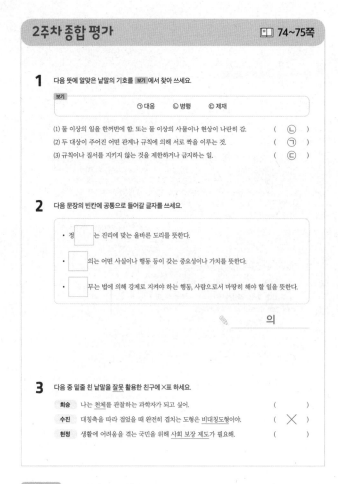

1 다음 뜻에 알맞은 낱말의 기호를 보기 에서 찾아 쓰세요.

보기
           ⊙ 대응   ⓒ 병행   ⓒ 제재

(1) 둘 이상의 일을 한꺼번에 함. 또는 둘 이상의 사물이나 현상이 나란히 감.   (ⓒ)
(2) 두 대상이 주어진 어떤 관계나 규칙에 의해 서로 짝을 이루는 것.   (⊙)
(3) 규칙이나 질서를 지키지 않는 것을 제한하거나 금지하는 일.   (ⓒ)

2 다음 문장의 빈칸에 공통으로 들어갈 글자를 쓰세요.

- 정 ☐ 는 진리에 맞는 올바른 도리를 뜻한다.
- ☐ 의는 어떤 사실이나 행동 등이 갖는 중요성이나 가치를 뜻한다.
- ☐ 무는 법에 의해 강제로 지켜야 하는 행동, 사람으로서 마땅히 해야 할 일을 뜻한다.

✏️   의

3 다음 중 밑줄 친 낱말을 잘못 활용한 친구에 ✕표 하세요.

희승   나는 천체를 관찰하는 과학자가 되고 싶어.   ( )
수진   대칭축을 따라 접었을 때 완전히 겹치는 도형은 비대칭도형이야.   (✕)
현정   생활에 어려움을 겪는 국민을 위해 사회 보장 제도가 필요해.   ( )

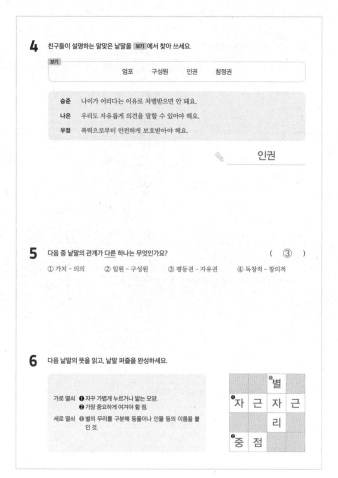

4 친구들이 설명하는 알맞은 낱말을 보기 에서 찾아 쓰세요.

보기
       엄포   구성원   인권   참정권

승준   나이가 어리다는 이유로 차별받으면 안 돼요.
나은   우리도 자유롭게 의견을 말할 수 있어야 해요.
우정   폭력으로부터 안전하게 보호받아야 해요.

✏️   인권

5 다음 중 낱말의 관계가 다른 하나는 무엇인가요?   (③)
① 가치 - 의의   ② 일원 - 구성원   ③ 평등권 - 자유권   ④ 독창적 - 창의적

6 다음 낱말의 뜻을 읽고, 낱말 퍼즐을 완성하세요.

가로 열쇠 ❶ 자꾸 가볍게 누르거나 밟는 모양.
           ❷ 가장 중요하게 여겨야 할 점.
세로 열쇠 ❶ 별의 무리를 구분해 동물이나 인물 등의 이름을 붙인 것.

		⁰별	
¹자	근	자	근
		리	
²중	점		

도움말

1 (1) '둘 이상의 일을 한꺼번에 함. 또는 둘 이상의 사물이나 현상이 나란히 감.'을 뜻하는 낱말은 'ⓒ 병행'입니다. (2) '두 대상이 주어진 어떤 관계나 규칙에 의해 서로 짝을 이루는 것'을 뜻하는 낱말은 '⊙ 대응'입니다. (3) '규칙이나 질서를 지키지 않는 것을 제한하거나 금지하는 일'을 뜻하는 낱말은 'ⓒ 제재'입니다.

2 '진리에 맞는 올바른 도리'는 '정의'며, '어떤 사실이나 행동 등이 갖는 중요성이나 가치'를 뜻하는 말은 '의의'입니다. '법에 의해 강제로 지켜야 하는 행동, 사람으로서 마땅히 해야 할 일'을 뜻하는 낱말은 '의무'입니다. 따라서 빈칸에 공통으로 들어갈 글자는 '의'입니다.

3 수진의 말에서 '대칭축을 따라 접었을 때 완전히 겹치는 도형'은 '비대칭도형'이 아닌 '선대칭도형'입니다. 따라서 밑줄 친 낱말을 잘못 활용한 친구는 수진입니다.

도움말

4 '차별받으면 안 되는, 자유롭게 의견을 말할 수 있는, 폭력으로부터 안전하게 보호받아야 하는'이라는 부분은 '사람이라면 누구나 태어나면서부터 가지는 당연한 권리'를 뜻하는 '인권'과 관련된 내용입니다. '참정권'은 '국민의 한 사람으로서 국가의 정치 과정에 참여할 수 있는 권리'입니다. '엄포'는 '실속 없이 큰 소리로 꾸짖거나 위협하는 말이나 행동'을 뜻합니다.

5 ①, ②, ④의 두 낱말은 뜻이 서로 비슷한 관계로 이루어져 있습니다. ③의 '평등권'은 '차별받지 않을 권리'를, '자유권'은 '자유롭게 생각하고 행동할 수 있는 권리'를 뜻하며, 두 낱말은 서로 비슷한 뜻이 아닌, 관련 있는 낱말로 묶인 관계입니다.

6 ❶ '자꾸 가볍게 누르거나 밟는 모양'을 뜻하는 낱말은 '자근자근'입니다. ❷ '가장 중요하게 여겨야 할 점'을 뜻하는 낱말은 '중점'입니다. ❶ '별의 무리를 구분해 동물이나 인물 등의 이름을 붙인 것'은 '별자리'입니다.

3주

1일차 국어 어휘

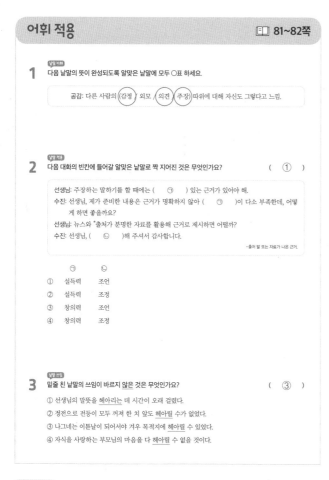

어휘 이해 📖 80쪽

1 훼손   2 헤아려야   3 되짚어   4 토의

5 조정   6 공감   7 설득력   8 조언

어휘 적용 📖 81~82쪽

낱말 이해

1 다음 낱말의 뜻이 완성되도록 알맞은 낱말에 모두 ○표 하세요.

> 공감: 다른 사람의 (감정) 외모 (의견) (주장) 따위에 대해 자신도 그렇다고 느낌.

낱말 적용

2 다음 대화의 빈칸에 들어갈 알맞은 낱말로 짝 지어진 것은 무엇인가요? (①)

> 선생님: 주장하는 말하기를 할 때에는 (㉠) 있는 근거가 있어야 해.
> 수진: 선생님, 제가 준비한 내용은 근거가 명확하지 않아 (㉠)이 다소 부족한데, 어떻게 하면 좋을까요?
> 선생님: 뉴스와 *출처가 분명한 자료를 활용해 근거로 제시하면 어떨까?
> 수진: 선생님, (㉡)해 주셔서 감사합니다.
>
> *출처: 말 또는 자료가 나온 근거

	㉠	㉡
①	설득력	조언
②	설득력	조정
③	창의력	조언
④	창의력	조정

낱말 쓰임

3 밑줄 친 낱말의 쓰임이 바르지 않은 것은 무엇인가요? (③)

① 선생님의 말뜻을 헤아리는 데 시간이 오래 걸렸다.
② 정전으로 전등이 모두 꺼진 칸 앞도 헤아릴 수가 없었다.
③ 나그네는 이튿날이 되어서야 겨우 목적지에 헤아릴 수 있었다.
④ 자식을 사랑하는 부모님의 마음을 다 헤아릴 수 없을 것이다.

도움말

1 '공감'의 뜻은 '다른 사람의 감정, 의견, 주장 따위에 대해 자신도 그렇다고 느낌'입니다. 따라서 알맞은 낱말은 '감정, 의견, 주장'입니다.

2 ㉠에는 '상대편이 이쪽 편의 이야기를 따르도록 깨우치는 힘'을 뜻하는 '설득력'을 넣어 '설득력 있는 근거', '근거가 명확하지 않아 설득력이 다소 부족한데'라는 내용으로 완성할 수 있습니다. ㉡에는 '도움이 되는 말이나 몰랐던 것을 깨우쳐 주는 말'을 뜻하는 '조언'을 넣어 '선생님, 조언해 주셔서 감사합니다.'라는 문장으로 완성할 수 있습니다.

3 밑줄 친 낱말의 기본형 '헤아리다'는 '짐작하거나 미루어 생각하다' 또는 '수량을 세다'를 뜻합니다. ①, ②, ④의 밑줄 친 낱말은 모두 첫 번째 뜻으로 사용되었습니다. ③에서는 '헤아릴' 대신에 '목적한 곳이나 수준에 다다를'을 뜻하는 '도달할'을 쓰는 것이 적절합니다.

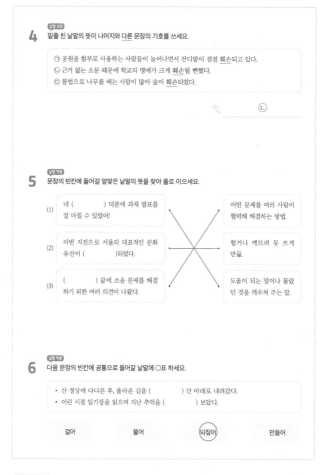

낱말 쓰임

4 밑줄 친 낱말의 뜻이 나머지와 다른 문장의 기호를 쓰세요.

> ㉠ 공원을 함부로 사용하는 사람들이 늘어나면서 잔디밭이 점점 훼손되고 있다.
> ㉡ 근거 없는 소문 때문에 학교의 명예가 크게 훼손될 뻔했다.
> ㉢ 불법으로 나무를 베는 사람이 많아 숲이 훼손되었다.

✎ (㉡)

낱말 적용

5 문장의 빈칸에 들어갈 알맞은 낱말의 뜻을 찾아 줄로 이으세요.

(1) 네 ( ) 덕분에 과제 발표를 잘 마칠 수 있었어!   • • 어떤 문제를 여러 사람이 협력해 해결하는 방법.

(2) 이번 지진으로 서울의 대표적인 문화유산이 ( )되었다.   • • 헐거나 깨뜨려 못 쓰게 만듦.

(3) ( ) 끝에 소음 문제를 해결하기 위한 여러 의견이 나왔다.   • • 도움이 되는 말이나 몰랐던 것을 깨우쳐 주는 말.

낱말 적용

6 다음 문장의 빈칸에 공통으로 들어갈 낱말에 ○표 하세요.

• 산 정상에 다다른 후, 올라온 길을 ( ) 산 아래로 내려갔다.
• 어린 시절 일기장을 읽으며 지난 추억을 ( ) 보았다.

걸어   물어   (되짚어)   만들어

도움말

4 '훼손'은 '체면이나 명예를 떨어뜨림' 또는 '헐거나 깨뜨려 못 쓰게 만듦'을 뜻합니다. ㉠과 ㉢의 밑줄 친 낱말은 두 번째 뜻으로, ㉡은 첫 번째 뜻으로 썼습니다. 따라서 정답은 ㉡입니다.

5 (1) 빈칸에 들어갈 낱말 '조언'은 '도움이 되는 말이나 몰랐던 것을 깨우쳐 주는 말'을 뜻합니다. (2) 빈칸에 들어갈 낱말 '훼손'은 '헐거나 깨뜨려 못 쓰게 만듦'을 뜻합니다. (3) 빈칸에 들어갈 낱말 '토의'는 '어떤 문제를 여러 사람이 협력해 해결하는 방법'을 뜻합니다.

6 빈칸에 공통으로 들어갈 낱말은 '되짚어'입니다. '되짚어'의 기본형 '되짚다'는 '다시 짚다', "곧 되돌아서' 또는 '곧 되돌려'의 뜻을 나타내는 말', '다시 살피거나 반성하다'를 뜻합니다. 첫 번째 문장에서는 두 번째 뜻으로, 두 번째 문장에서는 세 번째 뜻으로 썼습니다.

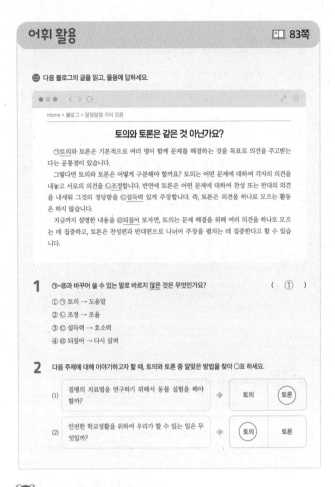

어휘 활용 📖 83쪽

😀 다음 블로그의 글을 읽고, 물음에 답하세요.

Home > 블로그 > 알쏭달쏭 지식 모음

토의와 토론은 같은 것 아닌가요?

㉠토의와 토론은 기본적으로 여러 명이 함께 문제를 해결하는 것을 목표로 의견을 주고받는다는 공통점이 있습니다.

그렇다면 토의와 토론은 어떻게 구분해야 할까요? 토의는 어떤 문제에 대하여 각자의 의견을 내놓고 서로의 의견을 ㉡조정합니다. 반면에 토론은 어떤 문제에 대하여 찬성 또는 반대의 의견을 내세워 그것의 정당함을 ㉢설득력 있게 주장합니다. 즉, 토론은 의견을 하나로 모으는 활동은 하지 않습니다.

지금까지 설명한 내용을 ㉣되짚어 보자면, 토의는 문제 해결을 위해 여러 의견을 하나로 모으는 데 집중하고, 토론은 찬성편과 반대편으로 나뉘어 주장을 펼치는 데 집중한다고 할 수 있습니다.

1 ㉠~㉣과 바꾸어 쓸 수 있는 말로 바르지 <u>않은</u> 것은 무엇인가요? (①)

① ㉠ 토의 → 도움말
② ㉡ 조정 → 조율
③ ㉢ 설득력 → 호소력
④ ㉣ 되짚어 → 다시 살펴

2 다음 주제에 대해 이야기하고자 할 때, 토의와 토론 중 알맞은 방법을 찾아 ○표 하세요.

(1) 질병의 치료법을 연구하기 위해서 동물 실험을 해야 할까? → 토의 (토론)

(2) 안전한 학교생활을 위하여 우리가 할 수 있는 일은 무엇일까? → (토의) 토론

🐷 매체 자료에 대해 알아볼까요?

블로그는 자신의 관심사와 관련된 글을 올리는 인터넷 누리집입니다. 블로그에서는 읽는 사람이 글을 편하게 읽을 수 있도록 길지 않은 분량의 글을 사진이나 그림과 함께 제시합니다. 이 글은 토론과 토의에 대한 공통점과 차이점을 알려 주고 있습니다.

도움말

1 '㉠ 토의'는 '어떤 문제를 여러 사람이 협력해 해결하는 방법'입니다. 이와 비슷한 뜻의 낱말로 '의논'이 있습니다. 따라서 ㉠의 '토의'를 '도움말'로 바꾸어 쓰는 것은 바르지 않습니다.

2 이 글의 마지막 문장에서 '토의는 문제 해결을 위해 여러 의견을 하나로 모으는 데 집중하고, 토론은 찬성편과 반대편으로 나뉘어 주장을 펼치는 데 집중한다고 할 수 있습니다.'라고 하였습니다. 따라서 찬성편과 반대편으로 나뉠 수 있는 ⑴의 문장은 '토론'에 해당하고, 의견을 하나로 모을 수 있는 ⑵의 문장은 '토의'에 해당합니다.

2일차 사회 어휘

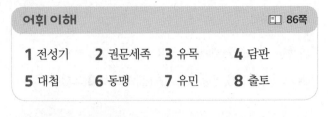

어휘 이해 📖 86쪽

1 전성기 **2** 권문세족 **3** 유목 **4** 담판
5 대첩 **6** 동맹 **7** 유민 **8** 출토

어휘 적용 📖 87~88쪽

1 🔤 낱말 이해
다음 낱말의 뜻을 읽고, 낱말 퍼즐을 완성하세요.

가로 열쇠 ❶ 망해 없어진 나라의 백성. 또는 어떤 곳에 머물러 살지 않고 이리저리 떠돌아다니는 백성.
❷ 땅속에 묻혀 있던 물건이 밖으로 나옴. 또는 그것을 파냄.
세로 열쇠 ❶ 머물러 살 곳을 정하지 않고 가축과 함께 물과 풀밭을 찾아 이동하며 사는 삶.

(퍼즐) 유 민 / 목 / 출 토

2 🔤 낱말 적용
다음 문장의 빈칸에 들어갈 알맞은 낱말은 무엇인가요? (③)

적극적으로 영토를 넓히는 고구려에 위험을 느낀 신라와 백제는 고구려를 함께 막아 내고자 (   )을 맺었다.

① 연락 ② 담판 ③ 동맹 ④ 연결

3 🔤 낱말 이해
다음 글자 카드에서 설명하는 낱말을 각각 쓰세요.

(1)
• 많은 재산과 군대가 있었어요.
• 신라 말과 고려 초에 활동했던 지방 세력이에요.

✏️ 호족

(2)
• 고려 후기에 권력이 있던 집안이에요.
• 고려의 정치에 간섭하던 원나라의 힘을 등에 업었어요.

✏️ 권문세족

도움말

1 ❶ '망해 없어진 나라의 백성. 또는 어떤 곳에 머물러 살지 않고 이리저리 떠돌아다니는 백성.'을 뜻하는 낱말은 '유민'입니다. ❷ '땅속에 묻혀 있던 물건이 밖으로 나옴. 또는 그것을 파냄.'을 뜻하는 낱말은 '출토'입니다. ❶ '머물러 살 곳을 정하지 않고 가축과 함께 물과 풀밭을 찾아 이동하며 사는 삶'을 뜻하는 낱말은 '유목'입니다.

2 신라와 백제는 고구려를 함께 막아 내고자 하는 서로의 목적이 같으므로 빈칸에는 '개인, 단체, 국가 간에 서로의 이익이나 목적을 위하여 함께 행동하기로 하는 약속'을 뜻하는 '동맹'이 들어가야 적절합니다. '담판'은 '서로 맞선 관계에 있는 사람 또는 집단이 의논하여 옳고 그름을 판단함'을 뜻합니다.

3 ⑴ '많은 재산과 군대가 있었고, 신라 말과 고려 초에 활동했던 지방 세력'을 뜻하는 낱말은 '호족'입니다. ⑵ '고려 후기에 권력이 있던 집안으로, 고려의 정치에 간섭하던 원나라의 힘을 등에 업었던 집안'을 뜻하는 낱말은 '권문세족'입니다.

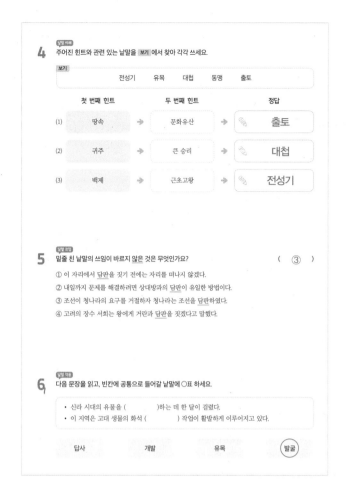

4 주어진 힌트와 관련 있는 낱말을 보기 에서 찾아 각각 쓰세요.

보기

전성기　유목　대첩　동맹　출토

첫 번째 힌트		두 번째 힌트		정답
(1) 땅속	→	문화유산	→	출토
(2) 귀주	→	큰 승리	→	대첩
(3) 백제	→	근초고왕	→	전성기

5 밑줄 친 낱말의 쓰임이 바르지 <u>않은</u> 것은 무엇인가요? (③)

① 이 자리에서 담판을 짓기 전에는 자리를 떠나지 않겠다.

② 내일까지 문제를 해결하려면 상대방과의 담판이 유일한 방법이다.

③ 조선이 청나라의 요구를 거절하자 청나라는 조선을 담판하였다.

④ 고려의 장수 서희는 왕에게 거란과 담판을 짓겠다고 말했다.

6 다음 문장을 읽고, 빈칸에 공통으로 들어갈 낱말에 ○표 하세요.

• 신라 시대의 유물을 (　　　　)하는 데 한 달이 걸렸다.

• 이 지역은 고대 생물의 화석 (　　　　) 작업이 활발하게 이루어지고 있다.

답사　　　개발　　　유목　　　(발굴)

어휘 활용

📖 89쪽

다음 역사 잡지의 글을 읽고, 물음에 답하세요.

서희와 소손녕의 담판

발해를 멸망시키고 ㉠전성기를 맞이한 거란은 고려를 위협했어요. 겁먹은 고려의 신하들은 땅의 일부를 거란에게 넘겨주고 항복하자며 고려의 제6대 왕 성종에게 말했어요. 하지만 서희는 성종에게 자신이 직접 거란의 장수를 만나 ㉡담판을 짓겠다고 말했어요.

"거란의 속셈은 고려와 송나라의 ㉢동맹 관계를 끊으려는 것입니다. 제게 맡겨 주십시오."

그의 자신만만한 태도는 성종과 신하들의 마음을 움직였고, 서희는 거란의 장수 소손녕을 만났어요.

"고려는 우리와 국경을 접하고 있는데 왜 바다를 건너 송과 교류하는 것이오?"

소손녕의 물음에 서희는 답했어요.

"여진이 길을 막고 있어 거란과 교류할 수 없는 것이오. 그러니 당신들은 지금 우리보다 여진을 공격하는 것이 맞소. 우리와 함께 여진을 쫓아냅시다."

"일리가 있는 말이오."

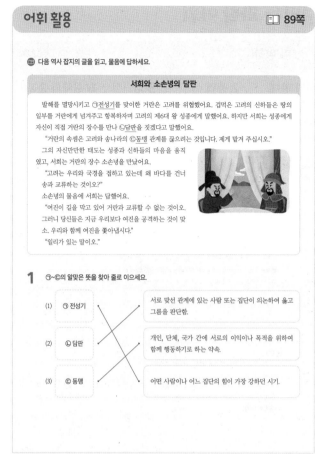

1 ㉠~㉢의 알맞은 뜻을 찾아 줄로 이으세요.

(1) ㉠전성기 　—　 서로 맞선 관계에 있는 사람 또는 집단이 의논하여 옳고 그름을 판단함.

(2) ㉡담판 　—　 개인, 단체, 국가 간에 서로의 이익이나 목적을 위하여 함께 행동하기로 하는 약속.

(3) ㉢동맹 　—　 어떤 사람이나 어느 집단의 힘이 가장 강하던 시기.

도움말

4 (1) '땅속', '문화유산'이라는 힌트와 관련 있는 낱말은 '땅속에 묻혀 있던 물건이 밖으로 나옴. 또는 그것을 파냄.'을 뜻하는 '출토'입니다. (2) '귀주', '큰 승리'라는 힌트와 관련 있는 낱말은 '크게 이김. 또는 큰 승리'를 뜻하는 '대첩'입니다. (3) '백제', '근초고왕'이라는 힌트와 관련 있는 낱말은 '어떤 사람이나 어느 집단의 힘이 가장 강하던 시기'를 뜻하는 '전성기'임을 알 수 있습니다.

5 밑줄 친 낱말 '담판'은 '서로 맞선 관계에 있는 사람 또는 집단이 의논하여 옳고 그름을 판단함'을 뜻합니다. ③에서는 밑줄 친 낱말 '담판' 대신에 '정당한 이유 없이 남의 나라에 쳐들어감'을 뜻하는 '침략'이라는 낱말이 적절합니다. 따라서 밑줄 친 낱말의 쓰임이 바르지 않은 것은 ③입니다.

6 두 문장의 빈칸에는 '땅속에 묻혀 있는 것을 찾아서 파냄'을 뜻하는 '발굴'을 넣어 '신라 시대의 유물을 발굴하는 데 한 달이 걸렸다.', '이 지역은 고대 생물의 화석 발굴 작업이 활발하게 이루어지고 있다.'라는 문장으로 완성할 수 있습니다. '개발'은 '토지나 천연자원 따위를 유용하게 만듦', '지식이나 재능 따위를 발달하게 함', '산업이나 경제 따위를 발전하게 함', '새로운 물건을 만들거나 새로운 생각을 내어놓음'이라는 뜻을 가진 낱말입니다.

🐷 **매체 자료에 대해 알아볼까요?**

이 글은 잡지에 실린 글입니다. 잡지는 정기적으로 발행되는 출판물(책)이며, 잡지의 성격에 따라 다양한 글이 실립니다. 이 글에서는 고려의 서희와 거란의 장수 소손녕의 담판 장면을 다루고 있습니다.

도움말

1 (1) '㉠ 전성기'의 뜻은 '어떤 사람이나 어느 집단의 힘이 가장 강하던 시기'입니다. (2) '㉡ 담판'의 뜻은 '서로 맞선 관계에 있는 사람 또는 집단이 의논하여 옳고 그름을 판단함'입니다. (3) '㉢ 동맹'의 뜻은 '개인, 단체, 국가 간에 서로의 이익이나 목적을 위하여 함께 행동하기로 하는 약속'입니다.

3일차 과학 어휘

어휘 이해 　　　　　　　　　　　📖 92쪽

1 용매	2 용액	3 염기성	4 물체의 운동
5 산성	6 물체의 속력	7 용질	8 용해

어휘 적용 　　　　　　　　　　📖 93~94쪽

1 [낱말 이해]
뜻에 알맞은 낱말을 글자판에서 찾아 묶으세요. 낱말은 가로, 세로, 대각선으로 묶을 수 있어요.

❶ 어떤 물질이 다른 물질에 녹아 골고루 섞이는 현상. **용해**
❷ 붉은색 리트머스 종이를 푸른색으로 변하게 하는 성질. **염기성**
❸ 녹는 물질이 녹이는 물질에 골고루 섞여 있는 물질. **용액**
❹ 어떤 용액을 만났을 때 용액의 성질을 알 수 있게 하는 물질. **지시약**

산	염	물	체
용	해	기	운
속	액	질	성
소	지	시	약

2 [낱말 적용]
다음 글을 읽고, 빈칸에 들어갈 알맞은 낱말을 쓰세요.

운동을 한 뒤에 마시는 이온 음료는 어떤 성질일까요? 리트머스 종이에 이온 음료를 묻히면 푸른색 리트머스 종이는 붉은색으로 변하고, 붉은색 리트머스 종이는 색깔 변화가 없습니다. 따라서 이온 음료는 (　　　) 용액임을 알 수 있습니다.

✎ **산성**

3 [낱말 적용]
다음 문장의 빈칸에 들어갈 알맞은 낱말을 찾아 ○표 하세요.

(1) 물체의 (　　　)은 시간이 지남에 따라 물체의 위치가 변하는 일을 뜻한다. → 행동 | ⬭운동

(2) 물체의 (　　　)은/는 1초, 1분, 1시간 등과 같은 단위 시간 동안 물체가 이동한 거리를 뜻한다. → ⬭속력 | 상태

도움말

1 ❶ '어떤 물질이 다른 물질에 녹아 골고루 섞이는 현상'은 '용해'입니다. ❷ '붉은색 리트머스 종이를 푸른색으로 변하게 하는 성질'은 '염기성'입니다. ❸ '녹는 물질이 녹이는 물질에 골고루 섞여 있는 물질'은 '용액'입니다. ❹ '어떤 용액을 만났을 때 용액의 성질을 알 수 있게 하는 물질'은 '지시약'입니다.

2 두 번째 문장에서 '리트머스 종이에 이온 음료를 묻히면 푸른색 리트머스 종이는 붉은색으로 변하고, 붉은색 리트머스 종이는 색깔 변화가 없습니다.'라고 하였습니다. 따라서 빈칸에는 '푸른색 리트머스 종이를 붉은색으로 변하게 하는 성질'인 '산성'이 들어가야 합니다.

3 (1) '시간이 지남에 따라 물체의 위치가 변하는 일'을 뜻하는 것은 '물체의 운동'이므로, 빈칸에 들어갈 알맞은 낱말은 '운동'입니다. (2) '1초, 1분, 1시간 등과 같은 단위 시간 동안 물체가 이동한 거리'를 뜻하는 것은 '물체의 속력'이므로, 빈칸에 들어갈 알맞은 낱말은 '속력'입니다.

---

4 [낱말 적용]
다음 대화의 빈칸에 들어갈 알맞은 낱말을 보기 에서 찾아 쓰세요.

보기
　　세제　　용액　　지시약　　혼합물

우영: 푸른색 리트머스 종이에 식초를 한 방울씩 떨어뜨렸더니 붉은색으로 바뀌는 것을 관찰할 수 있었어.
준호: 그렇다면 식초는 산성 물질이구나! (　　　) 중 하나인 리트머스 종이를 사용하니 용액의 성질을 알 수 있네.

산성

✎ **지시약**

5 [낱말 적용]
다음 문장의 빈칸에 들어갈 알맞은 낱말은 무엇인가요? 　　(③)

투명한 용액의 맛이 단 것으로 보아 (　　　)은/는 설탕인 것으로 확인되었다.

① 용매　　　② 용도　　　③ 용질　　　④ 용해

6 [낱말 적용]
밑줄 친 낱말의 쓰임이 바르지 않은 것은 무엇인가요? 　　(④)

① 두 개의 비커에 담긴 용액의 진하기는 서로 다르다.
② 각설탕이 물에 용해되기 전과 후의 무게는 같다.
③ 어떤 용질은 물에 더 이상 녹지 않고 바닥에 가라앉는다.
④ 소금물에서 소금은 용매이다.

도움말

4 준호의 말에서 리트머스 종이는 '이것' 중 하나라고 하였습니다. 리트머스 종이는 '용액이 산성인지 염기성인지 구별하는 데 쓰이는 종이로, 지시약 중 하나임'을 뜻합니다. 따라서 빈칸에 들어갈 알맞은 낱말은 '지시약'입니다. '혼합물'은 '두 가지 이상의 물질이 각각의 성질을 지니면서 뒤섞인 것'을 뜻합니다.

5 제시된 문장에서 '용액'은 '녹는 물질이 녹이는 물질에 골고루 섞여 있는 물질'을 뜻하며 용액의 맛이 달다고 하였으므로, '설탕'은 '용매에 녹는 물질'인 '용질'임을 알 수 있습니다. 따라서 정답은 ③입니다.

6 ④의 소금물에서 '소금'은 '용매'가 아닌 '용매에 녹는 물질'을 뜻하는 '용질'입니다. '용매'는 '어떤 물질을 녹이는 물질'을 뜻합니다. 따라서 밑줄 친 낱말의 쓰임이 바르지 않은 것은 ④입니다.

어휘 활용 📖 95쪽

📱 다음 블로그의 글을 읽고, 물음에 답하세요.

Home > 상식 > 생활 속 지혜

밭에 석회 가루를 왜 뿌리는 것일까?

농사를 짓고 농작물을 수확한 후, 농부는 이듬해 밭에 석회 가루를 뿌려요. 그 이유는 무엇일까요?

농작물은 자라면서 땅속의 영양분을 흡수하고, 땅의 상태는 (㉠)으로 변해요. 이러한 땅에서는 더 이상 농작물이 자랄 수 없지요. 이때 식물에 필요한 양분이 많고, (㉠)인 땅을 중화시키는 석회 가루를 뿌리는 거예요. 중화란, 산성 물질과 염기성 물질이 반응하여 서로의 성질을 잃는 것을 말하지요.

㉡밭에 석회 가루를 뿌리는 이유, 이제 이해할 수 있겠지요?

1 다음 `보기` 는 ㉠에 들어갈 낱말의 힌트입니다. ㉠에 들어갈 알맞은 낱말에 ○표 하세요.

> `보기`
> • ㉠에 해당하는 물질로 식초, 사이다 등이 있어요.
> • ㉠은 푸른색 리트머스 종이를 붉은색으로 변하게 하는 성질이에요.

지시약   염기성   (산성)   용액

2 빈칸에 들어갈 알맞은 낱말을 써서 ㉡에 대한 답을 완성해 보세요.

✎ 땅을 __중화__ 시키기 위해 석회 가루를 뿌려요.

😮 매체 자료에 대해 알아볼까요?

블로그는 자신의 관심사와 관련된 글을 올리는 인터넷 누리집입니다. 블로그에서는 읽는 사람이 글을 편하게 읽을 수 있도록 길지 않은 분량의 글을 사진이나 그림과 함께 제시합니다. 이 글에는 밭에 석회 가루를 뿌리는 이유에 대한 내용이 담겨 있습니다.

도움말

1 `보기` 의 내용을 살펴보면, '㉠에 해당하는 물질로 식초, 사이다 등이 있어요.', '㉠은 푸른색 리트머스 종이를 붉은색으로 변하게 하는 성질이에요.'라고 하였습니다. 이는 모두 '산성'에 해당하는 내용이므로, ㉠에 들어갈 알맞은 낱말은 '산성'입니다. '염기성'은 '붉은색 리트머스 종이를 푸른색으로 변하게 하는 성질'로, 염기성에 해당하는 물질에는 비누, 제산제 등이 있습니다.

2 다섯 번째 문장에 '땅을 중화시키는 석회 가루를 뿌리는 거예요.'라는 부분이 제시되어 있으므로, 빈칸에는 '중화'라는 낱말을 넣어 ㉡에 대한 답을 완성할 수 있습니다.

4일차 수학 어휘

어휘 이해 📖 98쪽

1 둘레   **2** 정다각형   **3** 면

4 정육면체의 전개도   **5** 직육면체의 겨냥도

6 넓이   **7** 직육면체   **8** 높이

어휘 적용 📖 99~100쪽

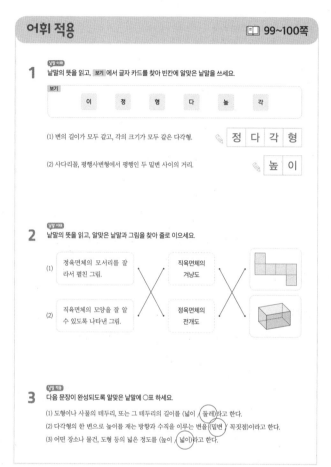

낱말 이해
1 낱말의 뜻을 읽고, `보기` 에서 글자 카드를 찾아 빈칸에 알맞은 낱말을 쓰세요.

> `보기`
> 이   정   형   다   높   각

(1) 변의 길이가 모두 같고, 각의 크기가 모두 같은 다각형.   ✎ | 정 | 다 | 각 | 형 |

(2) 사다리꼴, 평행사변형에서 평행인 두 밑변 사이의 거리.   ✎ | 높 | 이 |

낱말 이해
2 낱말의 뜻을 읽고, 알맞은 낱말과 그림을 찾아 줄로 이으세요.

(1) 정육면체의 모서리를 잘라서 펼친 그림.

직육면체의 겨냥도

(2) 직육면체의 모양을 잘 알 수 있도록 나타낸 그림.

정육면체의 전개도

낱말 적용
3 다음 문장이 완성되도록 알맞은 낱말에 ○표 하세요.

(1) 도형이나 사물의 테두리. 또는 그 테두리의 길이를 (넓이 /(둘레))라고 한다.
(2) 다각형의 한 변으로 높이를 재는 방향과 수직을 이루는 변을 ((밑변)/ 꼭짓점)이라고 한다.
(3) 어떤 장소나 물건, 도형 등의 넓은 정도를 (높이 /(넓이))라고 한다.

도움말

1 (1) '변의 길이가 모두 같고, 각의 크기가 모두 같은 다각형'은 '정다각형'입니다. (2) '사다리꼴, 평행사변형에서 평행인 두 밑변 사이의 거리'는 '높이'입니다.

2 (1) '정육면체의 모서리를 잘라서 펼친 그림'은 '정육면체의 전개도'이며, 첫 번째 그림에 해당합니다. (2) '직육면체의 모양을 잘 알 수 있도록 나타낸 그림'은 '직육면체의 겨냥도'이며, 두 번째 그림에 해당합니다.

3 (1) '도형이나 사물의 테두리. 또는 그 테두리의 길이.'를 '둘레'라고 합니다. (2) '다각형의 한 변으로 높이를 재는 방향과 수직을 이루는 변'을 '밑변'이라고 합니다. (3) '어떤 장소나 물건, 도형 등의 넓은 정도'를 '넓이'라고 합니다.

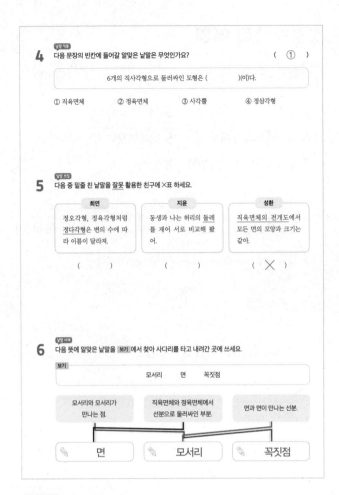

4 다음 문장의 빈칸에 들어갈 알맞은 낱말은 무엇인가요?　　　　　(①)

> 6개의 직사각형으로 둘러싸인 도형은 (　　　)(이)다.

① 직육면체　　② 정육면체　　③ 사각뿔　　④ 정삼각형

5 다음 중 밑줄 친 낱말을 잘못 활용한 친구에 ×표 하세요.

희연	지윤	성환
정오각형, 정육각형처럼 정다각형은 변의 수에 따라 이름이 달라져.	동생과 나는 허리의 둘레를 재어 서로 비교해 봤어.	직육면체의 전개도에서 모든 면의 모양과 크기는 같아.
(　　)	(　　)	(×)

6 다음 뜻에 알맞은 낱말을 보기 에서 찾아 사다리를 타고 내려간 곳에 쓰세요.

보기
> 모서리　　면　　꼭짓점

모서리와 모서리가 만나는 점.	직육면체와 정육면체에서 선분으로 둘러싸인 부분.	면과 면이 만나는 선분.
면	모서리	꼭짓점

도움말

4 '6개의 직사각형으로 둘러싸인 도형'은 '직육면체'입니다. '정육면체'는 '6개의 정사각형으로 둘러싸인 도형'을 말합니다.

5 '직육면체'는 '6개의 직사각형으로 둘러싸인 도형'이기 때문에 '직육면체의 전개도'에서도 모든 면의 모양과 크기가 같을 수 없습니다. 모든 면의 모양과 크기가 같을 수 있는 것은 '정육면체의 전개도'입니다. 따라서 밑줄 친 낱말을 잘못 활용한 친구는 '성환'입니다.

6 '모서리와 모서리가 만나는 점'은 '꼭짓점'입니다. '직육면체와 정육면체에서 선분으로 둘러싸인 부분'은 '면'입니다. '면과 면이 만나는 선분'은 '모서리'입니다.

어휘 활용　　　　　🔖 101쪽

다음 수학 이야기책을 읽고, 물음에 답하세요.

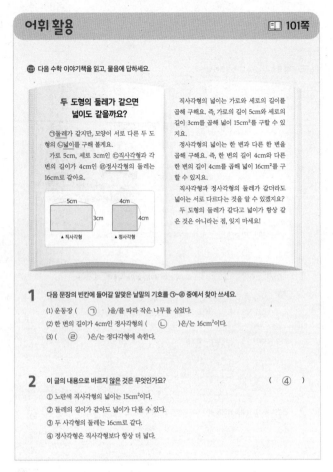

두 도형의 둘레가 같으면 넓이도 같을까요?

㉠둘레가 같지만, 모양이 서로 다른 두 도형의 ㉡넓이를 구해 볼게요.
가로 5cm, 세로 3cm인 ㉢직사각형과 각 변의 길이가 4cm인 ㉣정사각형의 둘레는 16cm로 같아요.

직사각형의 넓이는 가로와 세로의 길이를 곱해 구해요. 즉, 가로의 길이 5cm와 세로의 길이 3cm를 곱해 넓이 15cm²를 구할 수 있지요.
정사각형의 넓이는 한 변과 다른 한 변을 곱해 구해요. 즉, 한 변의 길이가 4cm와 다른 한 변의 길이가 4cm를 곱해 넓이 16cm²를 구할 수 있지요.
직사각형과 정사각형의 둘레가 같더라도 넓이는 서로 다르다는 것을 알 수 있겠지요?
두 도형의 둘레가 같다고 넓이가 항상 같은 것은 아니라는 점, 잊지 마세요!

▲ 직사각형　　　▲ 정사각형

1 다음 문장의 빈칸에 들어갈 알맞은 낱말의 기호를 ㉠~㉣ 중에서 찾아 쓰세요.

(1) 운동장 (　㉠　)을/를 따라 작은 나무를 심었다.
(2) 한 변의 길이가 4cm인 정사각형의 (　㉡　)은/는 16cm²이다.
(3) (　㉣　)은/는 정다각형에 속한다.

2 이 글의 내용으로 바르지 않은 것은 무엇인가요?　　　(④)

① 노란색 직사각형의 넓이는 15cm²이다.
② 둘레의 길이가 같아도 넓이가 다를 수 있다.
③ 두 사각형의 둘레는 16cm로 같다.
④ 정사각형은 직사각형보다 항상 더 넓다.

🐛 **매체 자료에 대해 알아볼까요?**

책은 일정한 목적, 내용, 체재에 맞추어 사상, 감정, 지식 따위를 글이나 그림으로 표현하여 적거나 인쇄하여 묶어 놓은 매체예요. 책에는 정보나 상상의 이야기 등 다양한 내용이 담길 수 있어요.

도움말

1 (1) '도형이나 사물의 테두리. 또는 그 테두리의 길이.'를 뜻하는 '㉠둘레'를 넣어 '운동장 둘레를 따라 작은 나무를 심었다.'라는 문장으로 완성할 수 있습니다. (2) '어떤 장소나 물건, 도형 등의 넓은 정도'를 뜻하는 '㉡넓이'를 넣어 '한 변의 길이가 4cm인 정사각형의 넓이는 16cm²이다.'라는 문장으로 완성할 수 있습니다. (3) 제시된 문장의 '정다각형'은 '변의 길이가 모두 같고, 각의 크기가 모두 같은 다각형'을 뜻하므로, 빈칸에는 '㉣정사각형'을 넣을 수 있습니다.

2 이 글에서 제시된 정사각형의 넓이는 16cm², 직사각형의 넓이는 15cm²로, 정사각형의 넓이가 직사각형의 넓이보다 넓습니다. 하지만 정사각형의 넓이가 직사각형의 넓이보다 항상 넓은 것은 아니므로, 이 글의 내용으로 바르지 않은 것은 ④입니다.

5일차 학습 도움 어휘

어휘 이해　　　　　　　　　　　📖 104쪽

1 쟁점　　**2** 마무리　　**3** 채택　　**4** 실시했다

5 비례　　**6** 상당히　　**7** 유리하다　　**8** 수정

어휘 적용　　　　　　　　　　　📖 105~106쪽

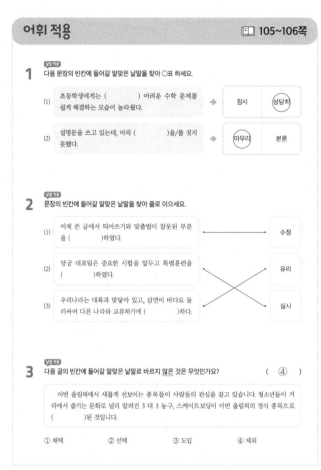

1 〔낱말 적용〕 다음 문장의 빈칸에 들어갈 알맞은 낱말을 찾아 ○표 하세요.

(1) 초등학생에게는 (　　　) 어려운 수학 문제를 쉽게 해결하는 모습이 놀라웠다. → 잠시 / (상당히)

(2) 설명문을 쓰고 있는데, 아직 (　　　)을/를 짓지 못했다. → (마무리) / 본론

2 〔낱말 적용〕 문장의 빈칸에 들어갈 알맞은 낱말을 찾아 줄로 이으세요.

(1) 어제 쓴 글에서 띄어쓰기와 맞춤법이 잘못된 부분을 (　　　)하였다. ― 수정

(2) 양궁 대표팀은 중요한 시합을 앞두고 특별훈련을 (　　　)하였다. ― 유리

(3) 우리나라는 대륙과 맞닿아 있고, 삼면이 바다로 둘러싸여 다른 나라와 교류하기에 (　　　)하다. ― 실시

3 〔낱말 적용〕 다음 글의 빈칸에 들어갈 알맞은 낱말로 바르지 <u>않은</u> 것은 무엇인가요?　　(　④　)

　이번 올림픽에서 새롭게 선보이는 종목들이 사람들의 관심을 끌고 있습니다. 청소년들이 거리에서 즐기는 문화로 널리 알려진 3 대 3 농구, 스케이트보딩이 이번 올림픽의 정식 종목으로 (　　　)된 것입니다.

① 채택　　② 선택　　③ 도입　　④ 제외

4 〔낱말 이해〕 낱말의 뜻을 읽고, **보기** 에서 글자 카드를 찾아 빈칸에 알맞은 낱말을 쓰세요.

보기

| 리 | 점 | 정 | 수 | 쟁 | 마 | 무 |

(1) 서로 다투는 중심이 되는 점.　　🖊 쟁 점

(2) 글이나 글자의 잘못된 점을 고침.　　🖊 수 정

(3) 글의 끝맺는 부분. 또는 일의 끝맺음.　　🖊 마 무 리

5 〔낱말 관계〕 다음 중 낱말의 관계가 <u>다른</u> 하나는 무엇인가요?　　(　②　)

① 상당히 - 굉장히
② 유리하다 - 불리하다
③ 쟁점 - 논점
④ 마무리 - 결론

6 〔낱말 적용〕 다음 문장의 빈칸에 공통으로 들어갈 낱말은 무엇인가요?　　(　③　)

• 공부하는 시간과 성적이 반드시 (　　　)하는 것은 아니다.
• 한쪽의 양이나 수가 증가하는 만큼 그와 관련 있는 다른 쪽의 양이나 수도 증가하는 것을 (　　　)한다고 말한다.

① 감소　　② 비교　　③ 비례　　④ 계산

도움말

1 (1) 빈칸에는 '수준이나 실력이 꽤 높이'를 뜻하는 '상당히'를 넣는 것이 알맞습니다. (2) 빈칸에는 '글의 끝맺는 부분'을 뜻하는 '마무리'를 넣는 것이 알맞습니다.

2 (1) '글이나 글자의 잘못된 점을 고침'을 뜻하는 '수정'을 빈칸에 넣어 '어제 쓴 글에서 띄어쓰기와 맞춤법이 잘못된 부분을 수정하였다.'라는 문장으로 완성할 수 있습니다. (2) '어떤 일이나 법, 제도 등을 실제로 행함'을 뜻하는 '실시'를 빈칸에 넣어 '양궁 대표팀은 중요한 시합을 앞두고 특별훈련을 실시하였다.'라는 문장으로 완성할 수 있습니다. (3) '이익이 있음'을 뜻하는 '유리'를 넣어 '우리나라는 대륙과 맞닿아 있고, 삼면이 바다로 둘러싸여 다른 나라와 교류하기에 유리하다.'라는 문장으로 완성할 수 있습니다.

3 빈칸에는 '작품, 의견, 제도 따위를 골라서 다루거나 뽑아 씀'을 뜻하는 '채택'이나 비슷한말 '선택', '도입' 등을 넣어 문장을 완성할 수 있습니다. 빈칸에 들어갈 알맞은 낱말로 바르지 않은 것은 '제외'입니다.

도움말

4 (1) '서로 다투는 중심이 되는 점'은 '쟁점'입니다. (2) '글이나 글자의 잘못된 점을 고침'을 뜻하는 낱말은 '수정'입니다. (3) '글의 끝맺는 부분. 또는 일의 끝맺음.'은 '마무리'입니다.

5 ①, ③, ④은 서로 비슷한 뜻의 낱말로 이루어진 유의 관계입니다. ②에서 '유리하다'는 '이익이 있다'를, '불리하다'는 '이롭지 아니하다'를 뜻하며 서로 뜻이 반대되는 낱말 관계입니다. 따라서 낱말의 관계가 다른 하나는 ②입니다.

6 문장의 빈칸에 '한쪽의 양이나 수가 증가하는 만큼 그와 관련 있는 다른 쪽의 양이나 수도 증가함'을 뜻하는 '비례'를 넣어 '공부하는 시간과 성적이 반드시 비례하는 것은 아니다.', '한쪽의 양이나 수가 증가하는 만큼 그와 관련 있는 다른 쪽의 양이나 수도 증가하는 것을 비례한다고 말한다.'로 완성할 수 있습니다. '비교'는 '둘 이상의 사물을 견주어 서로 간의 공통점 등을 살펴보는 일'을 뜻합니다. '감소'는 '양이나 수치가 줆. 또는 양이나 수치를 줄임.'을 뜻합니다.

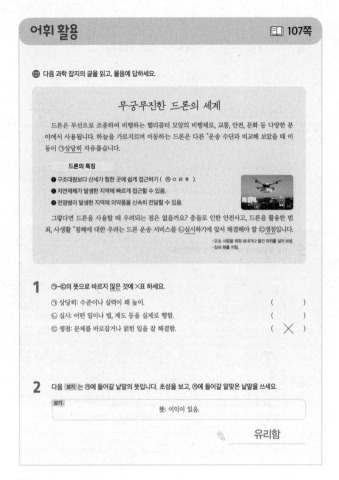

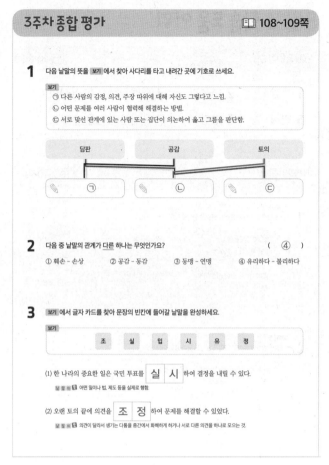

😀 매체 자료에 대해 알아볼까요?

이 글은 잡지에 실린 글입니다. 잡지는 정기적으로 발행되는 출판물(책)이며, 잡지의 성격에 따라 다양한 글이 실립니다. 이 글에서는 드론의 특징과 우려되는 점에 대해 다루고 있습니다.

도움말

1 'ⓒ 쟁점'의 뜻은 '문제를 바로잡거나 얽힌 일을 잘 해결함'이 아닌, '서로 다투는 중심이 되는 점'을 말합니다.

2 제시된 보기 의 뜻과 초성을 참고했을 때, ㉮에 들어갈 알맞은 낱말은 '유리함'입니다.

도움말

1 '담판'은 'ⓒ 서로 맞선 관계에 있는 사람 또는 집단이 의논하여 옳고 그름을 판단함'을 뜻합니다. '공감'은 '㉠ 다른 사람의 감정, 의견, 주장 따위에 대해 자신도 그렇다고 느낌'을 뜻합니다. '토의'는 'ⓒ 어떤 문제를 여러 사람이 협력해 해결하는 방법'을 뜻합니다.

2 ①, ②, ③은 모두 서로 비슷한 뜻의 낱말로 이루어진 유의 관계입니다. ④의 '유리하다'는 '이익이 있다'를, '불리하다'는 '이롭지 아니하다'를 뜻하며 서로 뜻이 반대되는 낱말 관계이므로, 정답은 ④입니다.

3 (1) '어떤 일이나 법, 제도 등을 실제로 행함'을 뜻하는 '실시'를 넣어 '한 나라의 중요한 일은 국민 투표를 실시하여 결정을 내릴 수 있다.'라는 문장으로 완성할 수 있습니다. (2) '의견이 달라서 생기는 다툼을 중간에서 화해하게 하거나 서로 다른 의견을 하나로 모으는 것'을 뜻하는 '조정'을 넣어 '오랜 토의 끝에 의견을 조정하여 문제를 해결할 수 있었다.'라는 문장으로 완성할 수 있습니다.

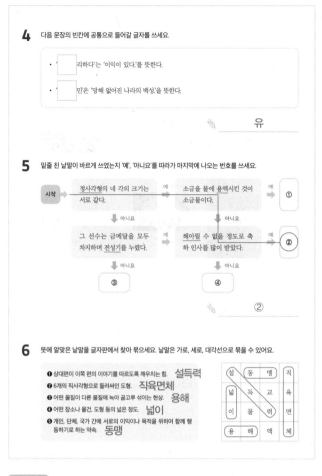

4 다음 문장의 빈칸에 공통으로 들어갈 글자를 쓰세요.

> • '☐리하다'는 '이익이 있다.'를 뜻한다.
> • '☐민'은 '망해 없어진 나라의 백성.'을 뜻한다.

✎ 유

5 밑줄 친 낱말이 바르게 쓰였는지 '예', '아니요'를 따라 마지막에 나오는 번호를 쓰세요.

시작 → 정사각형의 네 각의 크기는 서로 같다. —예→ 소금을 물에 용액시킨 것이 소금물이다. —예→ ①
아니요↓ 아니요↓
그 선수는 금메달을 모두 차지하며 전성기를 누렸다. —예→ 헤아릴 수 없을 정도로 축하 인사를 많이 받았다. —예→ ②
아니요↓ 아니요↓
③ ④

✎ ②

6 뜻에 알맞은 낱말을 글자판에서 찾아 묶으세요. 낱말은 가로, 세로, 대각선으로 묶을 수 있어요.

❶ 상대편이 이쪽 편의 이야기를 따르도록 깨우치는 힘. **설득력**
❷ 6개의 직사각형으로 둘러싸인 도형. **직육면체**
❸ 어떤 물질이 다른 물질에 녹아 골고루 섞이는 현상. **용해**
❹ 어떤 장소나 물건, 도형 등의 넓은 정도. **넓이**
❺ 개인, 단체, 국가 간에 서로의 이익이나 목적을 위하여 함께 행동하기로 하는 약속. **동맹**

설	동	맹	직
넓	득	교	육
이	물	력	면
용	해	액	체

도움말

4 '이익이 있다'를 뜻하는 낱말은 '유리하다', '망해 없어진 나라의 백성'을 뜻하는 낱말은 '유민'입니다. 따라서 빈칸에 공통으로 들어갈 글자는 '유'입니다.

5 첫 번째 상자의 문장에서 '정사각형'의 네 각의 크기는 서로 같으므로, '예'를 따라 오른쪽 상자로 이동합니다. 밑줄 친 낱말 '용액'은 '녹는 물질이 녹이는 물질에 골고루 섞여 있는 물질'을 뜻합니다. 따라서 '용액' 대신 '어떤 물질이 다른 물질에 녹아 골고루 섞이는 현상'을 뜻하는 '용해'를 쓰는 것이 적절하므로 '아니요'를 따라 아래에 있는 상자로 이동합니다. '헤아릴'의 기본형 '헤아리다'는 '수량을 세다'라는 뜻이므로, 밑줄 친 낱말을 바르게 사용했습니다. 따라서 '예'를 따라 이동하며, 마지막에 나오는 번호는 ②입니다.

6 ❶ '상대편이 이쪽 편의 이야기를 따르도록 깨우치는 힘'은 '설득력'입니다. ❷ '6개의 직사각형으로 둘러싸인 도형'은 '직육면체'입니다. ❸ '어떤 물질이 다른 물질에 녹아 골고루 섞이는 현상'은 '용해'입니다. ❹ '어떤 장소나 물건, 도형 등의 넓은 정도'는 '넓이'입니다. ❺ '개인, 단체, 국가 간에 서로의 이익이나 목적을 위하여 함께 행동하기로 하는 약속'은 '동맹'입니다.

1일차 국어 어휘

어휘 이해
📖 114쪽

1 문장 성분 **2** 다발 짓기 **3** 글감 **4** 드러나는
5 대동 **6** 생성 **7** 호응 **8** 기행문

어휘 적용
📖 115~116쪽

1 [어휘 적용] 다음 문장의 빈칸에 들어갈 알맞은 낱말을 찾아 ○표 하세요.

(1) 좋은 (　　　)을 고르는 일은 글쓰기에서 아주 중요하다. → (글감) / 견문

(2) 마을 사람들이 (　　　)하여 문제를 해결했다. → 개인 / (대동)

2 [어휘 심화] 밑줄 친 낱말의 뜻이 나머지와 다른 것은 무엇인가요? (　③　)

① 끈질긴 관찰과 철저한 조사 끝에 사건의 원인이 드러났다.
② 새롭게 발굴된 유물로 마침내 역사의 진실이 드러났다.
③ 최악의 가뭄으로 호수의 바닥이 드러났다.
④ 그동안 아저씨가 사람들을 속여 왔던 사실이 드러났다.

3 [어휘 적용] 다음 문장이 완성되도록 알맞은 낱말에 ○표 하세요.

(1) 문장에서 앞에 어떤 말이 오고 짝인 말이 뒤따라오는 것은 (문장 성분 / (호응))이다.
(2) 여행하면서 보고, 듣고, 느낀 것을 자유로운 형식으로 쓴 글은 ((기행문) / 설명문)이다.

도움말

1 (1) '글의 내용이 되는 재료'를 뜻하는 '글감'을 넣어 '좋은 글감을 고르는 일은 글쓰기에서 아주 중요하다.'라는 문장으로 완성할 수 있습니다. (2) '여러 사람이 힘을 합침'을 뜻하는 '대동'을 넣어 '마을 사람들이 대동하여 문제를 해결했다.'라는 문장으로 완성할 수 있습니다.

2 '드러나다'의 뜻은 '겉에 나타나 있거나 눈에 띄다.', '가려지거나 보이지 않던 것이 나타나다.', '알려지지 않은 사실이 널리 밝혀지다.'입니다. 이 중, ①, ②, ④의 밑줄 친 낱말은 세 번째 뜻으로 쓰였습니다. ③의 밑줄 친 낱말은 두 번째 뜻으로 쓰였습니다.

3 (1) '문장에서 앞에 어떤 말이 오고 짝인 말이 뒤따라오는 것'은 '호응'입니다. (2) '여행하면서 보고, 듣고, 느낀 것을 자유로운 형식으로 쓴 글'은 '기행문'입니다.

4 밑줄 친 낱말의 쓰임이 바르지 <u>않은</u> 것은 무엇인가요?　　　(②)

① 한 달 간의 여정을 순서대로 적어 보았다.
② 여행에서 보고 들은 제주도의 풍습을 기행문의 감상으로 적었다.
③ 기행문에서 견문은 여행하며 보거나 들은 것을 나타낸다.
④ 여행지에서 느낀 감상을 오래 기억하기 위해 <u>기행문</u>을 쓰기도 한다.

5 다음 문장의 빈칸에 공통으로 들어갈 낱말을 쓰세요.

• 한라산의 백록담은 화산 활동으로 (　　　)되었다.
• 수력 발전소는 물을 이용하여 전력을 (　　　)하는 곳이다.
• 오늘 수업 시간에 지구의 (　　　) 과정에 대해 들었다.

✏️ 　　　생성

6 다음 대화의 빈칸에 들어갈 알맞은 낱말로 짝 지어진 것은 무엇인가요?　　(①)

도윤: 선생님, 할머니 댁에 다녀온 일을 쓰려고 하는데 어떤 내용부터 써야 할지 막막해요.
선생님: 인상 깊었던 일이 많았구나! 먼저 겪은 일을 생각나는 대로 말해 볼까?
도윤: 맛있는 음식도 먹었고, 할머니와 산책도 했고, 재래시장에도 다녀왔어요!
선생님: 방금 도윤이가 선생님에게 말한 내용을 시간의 흐름이나 장소의 변화에 따라 묶는 (　㉠　)를 해 보자! 그리고 그 내용을 바탕으로 글을 써 보렴.
　　　마지막으로 문장의 호응 관계를 생각하여 (　㉡　)를 하면 좋은 글이 완성될 거야.
도윤: 네, 선생님 감사합니다!

	㉠	㉡
①	다발 짓기	고쳐쓰기
②	개요 짜기	다발 짓기
③	고쳐쓰기	다발 짓기
④	다발 짓기	개요 짜기

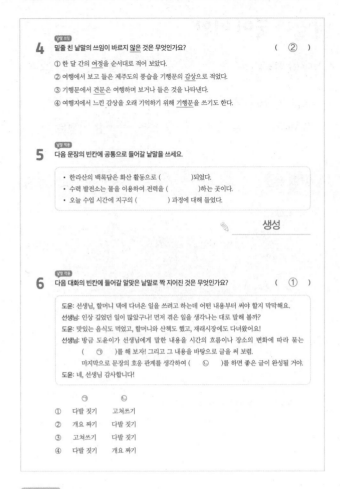

🔟 다음 관광 안내 책자를 읽고, 물음에 답하세요.

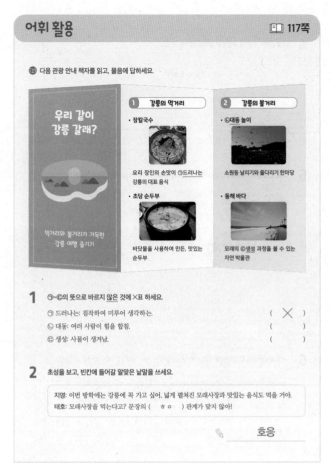

우리 같이 강릉 갈래?

먹거리와 볼거리가 가득한
강릉 여행 즐기기

1 강릉의 먹거리
• 장칼국수
요리 장인의 손맛이 ㉠드러나는 강릉의 대표 음식
• 초당 순두부
바닷물을 사용하여 만든, 맛있는 순두부

2 강릉의 볼거리
• ㉡대동 놀이
소원등 날리기와 줄다리기 한마당
• 동해 바다
모래의 ㉢생성 과정을 볼 수 있는 자연 박물관

1 ㉠~㉢의 뜻으로 바르지 않은 것에 ✕표 하세요.

㉠ 드러나는: 짐작하여 미루어 생각하는.　　(✕)
㉡ 대동: 여러 사람이 힘을 합침.　　　　　(　)
㉢ 생성: 사물이 생겨남.　　　　　　　　(　)

2 초성을 보고, 빈칸에 들어갈 알맞은 낱말을 쓰세요.

지영: 이번 방학에는 강릉에 꼭 가고 싶어. 넓게 펼쳐진 모래사장과 맛있는 음식도 먹을 거야.
태호: 모래사장을 먹는다고? 문장의 (　ㅎㅇ　) 관계가 맞지 않아!

✏️ 　　　호응

도움말

4 '감상'은 '여행하며 든 생각이나 느낌'을 뜻합니다. ②에서 '여행에서 보고 들은 제주도의 풍습'이라고 하였으므로, 밑줄 친 '감상' 대신 '견문'을 사용하는 것이 적절합니다.

5 '사물이 생겨남. 또는 사물이 생겨나게 함.'을 뜻하는 '생성'을 넣어 '한라산의 백록담은 화산 활동으로 생성되었다.', '수력 발전소는 물을 이용하여 전력을 생성하는 곳이다.', '오늘 수업 시간에 지구의 생성 과정에 대해 들었다.'라는 문장으로 완성할 수 있습니다.

6 빈칸 ㉠의 앞부분에 '내용을 시간의 흐름이나 장소의 변화에 따라 묶는'이라는 내용이 제시되어 있습니다. 따라서 ㉠에는 '흐름에 맞게 생각이나 느낌을 묶는 것'을 뜻하는 '다발 짓기'가 들어가야 합니다. 빈칸 ㉡의 앞부분에 '문장의 호응 관계를 생각하여'와 ㉡의 뒷부분에 '좋은 글이 완성될 거야'라는 내용으로 미루어 보았을 때, ㉡에는 '자신이 쓴 글을 읽고 내용이나 표현이 어색한 부분을 찾아 고치는 것'을 뜻하는 '고쳐쓰기'가 들어가야 합니다.

🐛 **매체 자료에 대해 알아볼까요?**

관광 안내 책자에는 관광지명, 관광할 만한 장소, 특색 있는 음식 등에 대한 내용이 담깁니다. 관광 안내 책자를 읽을 때에는 자신의 여행 일정이나 관심사를 고려하여 필요한 내용을 살펴봅니다.

도움말

1 '드러나다'의 뜻은 '겉에 나타나 있거나 눈에 띄다.', '가려지거나 보이지 않던 것이 나타나다.', '알려지지 않은 사실이 널리 밝혀지다.'를 뜻합니다. 이 중, 안내문의 '㉠ 드러나는'의 뜻은 첫 번째 뜻으로 사용되었습니다.

2 지영이 말한 '넓게 펼쳐진 모래사장과 맛있는 음식도 먹을 거야.'라는 문장에서 '모래사장'과 '먹을 거야'는 호응이 잘못된 부분입니다. 따라서 초성을 참고했을 때, 빈칸에는 '문장에서 앞에 어떤 말이 오고 짝인 말이 뒤따라오는 것'을 뜻하는 '호응'을 넣어 태호의 말을 완성할 수 있습니다.

2일차 사회 어휘

어휘 이해
📖 120쪽

| **1** 봉기 | **2** 붕당 | **3** 일제 강점기 | **4** 신탁 통치 |
| **5** 문물 | **6** 을사늑약 | **7** 수교 | **8** 세도 정치 |

어휘 적용
📖 121~122쪽

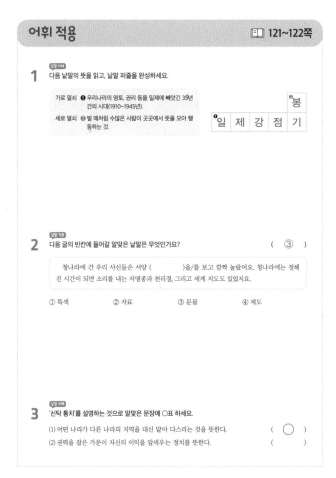

1 (낱말 이해) 다음 낱말의 뜻을 읽고, 낱말 퍼즐을 완성하세요.

가로 열쇠 ❶ 우리나라의 영토, 권리 등을 일제에 빼앗긴 35년 간의 시대(1910~1945년).
세로 열쇠 ❷ 벌 떼처럼 수많은 사람이 곳곳에서 뜻을 모아 행동하는 것.

			²봉
¹일	제	강	점	기

2 (낱말 적용) 다음 글의 빈칸에 들어갈 알맞은 낱말은 무엇인가요? (③)

청나라에 간 우리 사신들은 서양 (　　　)을/를 보고 깜짝 놀랐어요. 청나라에는 정해진 시간이 되면 소리를 내는 자명종과 천리경, 그리고 세계 지도도 있었지요.

① 특색　　② 자료　　③ 문물　　④ 제도

3 (낱말 이해) '신탁 통치'를 설명하는 것으로 알맞은 문장에 ○표 하세요.

(1) 어떤 나라가 다른 나라의 지역을 대신 맡아 다스리는 것을 뜻한다. (○)
(2) 권력을 잡은 가문이 자신의 이익을 앞세우는 정치를 뜻한다. ( )

도움말

1 ❶ '우리나라의 영토, 권리 등을 일제에 빼앗긴 35년간의 시대(1910~1945년)'를 뜻하는 낱말은 '일제 강점기'입니다. ❷ '벌 떼처럼 수많은 사람이 곳곳에서 뜻을 모아 행동하는 것'을 뜻하는 낱말은 '봉기'입니다.

2 제시된 문장에서 우리 사신들은 자명종과 천리경, 세계 지도를 보고 깜짝 놀랐다고 하였습니다. 따라서 빈칸에는 '예술, 종교, 정치, 경제 등 문화에 관한 모든 것을 이르는 말'인 '문물'이 들어가야 합니다.

3 '신탁 통치'는 '어떤 나라가 다른 나라의 지역을 대신 맡아 다스리는 것'을 뜻합니다. '권력을 잡은 가문이 자신의 이익을 앞세우는 정치'를 뜻하는 것은 '세도 정치'입니다.

4 (낱말 이해) 주어진 힌트와 관련 있는 낱말의 기호를 보기 에서 찾아 각각 쓰세요.

보기
　　ⓐ 문물　　ⓑ 일제 강점기　　ⓒ 을사늑약　　ⓓ 붕당

첫 번째 힌트	두 번째 힌트	정답
(1) 1910~1945년 →	독립운동 →	✎ ⓑ
(2) 집단 →	영조 →	✎ ⓓ
(3) 1905년 →	외교권 →	✎ ⓒ

5 (낱말 쓰임) 밑줄 친 낱말의 쓰임이 바르지 않은 것은 무엇인가요? (④)

① 을사늑약 이후, 조선의 백성들은 슬픔에 잠겼다.
② 일제의 군인들이 경복궁을 습격하자 우리나라 의병들이 봉기하였다.
③ 한국과 중국은 수교를 맺었다.
④ 일제 강점기, 조선의 백성들은 일제에 맞서 세도 정치를 하였다.

6 (낱말 적용) 다음 문장의 빈칸에 공통으로 들어갈 낱말은 무엇인가요? (④)

• 뉴스에서 두 나라가 (　　　)을/를 맺었다는 보도가 나왔다.
• 흥선 대원군에 맞서 서양과 (　　　)을/를 맺어야 한다는 사람도 있었다.
• 두 나라의 (　　　) 이후, 문화 교류가 활발해졌다.

① 조정　　② 봉기　　③ 관광　　④ 수교

도움말

4 (1) '1910~1945년', '독립운동'과 관련 있는 낱말은 '우리나라의 영토, 권리 등을 일제에 빼앗긴 35년간의 시대(1910~1945년)'를 뜻하는 'ⓑ 일제 강점기'입니다. (2) '집단', '영조'와 관련 있는 낱말은 '학문이나 정치적으로 생각을 같이하는 사람들의 집단'을 뜻하는 'ⓓ 붕당'입니다. (3) '1905년', '외교권'과 관련 있는 낱말은 '1905년, 일제가 대한 제국의 외교권을 빼앗기 위하여 강제로 맺은 약속'을 뜻하는 'ⓒ 을사늑약'입니다.

5 '세도 정치'는 '왕실과 혼인 관계를 맺은 가문이 권력을 잡고 자신의 이익을 앞세우는 정치'를 말합니다. 따라서 ④의 문장은 밑줄 친 낱말인 '세도 정치' 대신 '독립운동'을 사용하여 '일제 강점기, 조선의 백성들은 일제에 맞서 독립운동을 하였다.'라는 문장으로 완성하는 것이 적절합니다.

6 빈칸에는 '나라와 나라 사이에 교류를 하기로 약속을 맺음'을 뜻하는 '수교'를 넣어 '뉴스에서 두 나라가 수교를 맺었다는 보도가 나왔다.', '흥선 대원군에 맞서 서양과 수교를 맺어야 한다는 사람도 있었다.', '두 나라의 수교 이후, 문화 교류가 활발해졌다.'라는 문장으로 완성할 수 있습니다.

🔖 다음 역사 잡지의 글을 읽고, 물음에 답하세요.

대한 제국 특집

을사늑약의 억울함을 세계에 알리려던 고종의 노력

1907년 6월 25일, 특별한 임무를 맡은 세 사람이 한반도를 떠나 머나먼 지구 반대편에 도착했다. (㉮ㅇㅅㄴㅇ)으로 우리나라는 다른 나라와 ㉠수교를 할 수 없었고, ㉡통상도 하기 어려웠다. 이준, 이상설, 이위종 세 명의 *특사는 고종의 명령으로 만국 평화 회의가 열리는 네덜란드의 헤이그를 찾았다. 특사들은 을사늑약의 억울함을 세계에 알리고자 했다. 세 사람의 노력은 일제에 맞서 싸우기 위해 우리나라 곳곳에서 ㉢봉기한 많은 사람들에게 힘이 되었다.

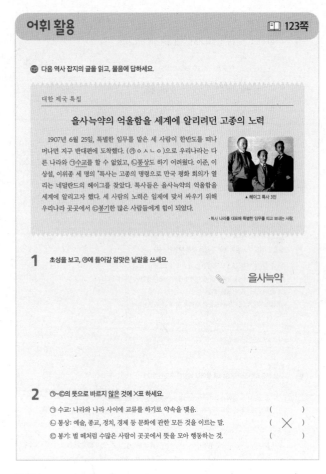
▲ 헤이그 특사 3인

• 특사 나라를 대표해 특별한 임무를 띠고 보내는 사람.

1 초성을 보고, ㉮에 들어갈 알맞은 낱말을 쓰세요.

🖊 ＿＿＿＿ 을사늑약 ＿＿＿＿

2 ㉠~㉢의 뜻으로 바르지 않은 것에 ×표 하세요.

㉠ 수교: 나라와 나라 사이에 교류를 하기로 약속을 맺음. (　　)
㉡ 통상: 예술, 종교, 정치, 경제 등 문화에 관한 모든 것을 이르는 말. (　×　)
㉢ 봉기: 벌 떼처럼 수많은 사람이 곳곳에서 뜻을 모아 행동하는 것. (　　)

👾 **매체 자료에 대해 알아볼까요?**

이 글은 잡지에 실린 글입니다. 잡지는 정기적으로 발행되는 출판물(책)이며, 잡지의 성격에 따라 다양한 글이 실립니다. 이 글에서는 을사늑약을 세계에 알리려는 고종의 노력에 대해 다루고 있습니다.

도움말

1 빈칸 ㉮의 초성과 뒷부분에 제시된 '우리나라는 다른 나라와 수교를 할 수 없었고, 통상도 하기 어려웠다.'라는 부분으로 미루어 보았을 때, ㉮에는 '1905년, 일제가 대한 제국의 외교권을 빼앗기 위하여 강제로 맺은 약속'을 뜻하는 '을사늑약'이 들어가야 합니다.

2 '㉡ 통상'은 '나라들 사이에 물건 등을 사고파는 것'을 뜻하므로, 낱말의 뜻이 바르지 않은 것은 '㉡ 통상'입니다. '예술, 종교, 정치, 경제 등 문화에 관한 모든 것을 이르는 말'을 뜻하는 낱말은 '문물'입니다.

3일차 **과학 어휘**

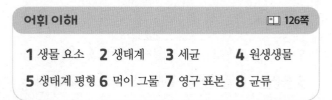

1 생물 요소　**2** 생태계　**3** 세균　**4** 원생생물
5 생태계 평형　**6** 먹이 그물　**7** 영구 표본　**8** 균류

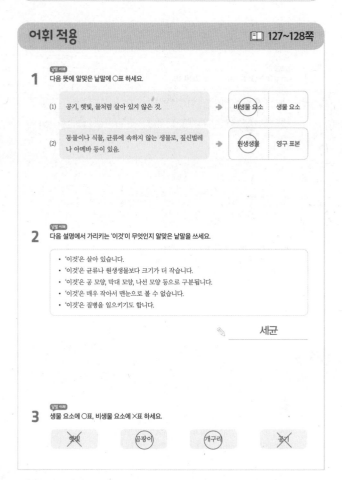

1 낱말 적용
다음 뜻에 알맞은 낱말에 ○표 하세요.

(1) 공기, 햇빛, 물처럼 살아 있지 않은 것. ➡ 〔비생물 요소〕 생물 요소

(2) 동물이나 식물, 균류에 속하지 않는 생물로, 짚신벌레나 아메바 등이 있음. ➡ 〔원생생물〕 영구 표본

2 낱말 어휘
다음 설명에서 가리키는 '이것'이 무엇인지 알맞은 낱말을 쓰세요.

• '이것'은 살아 있습니다.
• '이것'은 균류나 원생생물보다 크기가 더 작습니다.
• '이것'은 공 모양, 막대 모양, 나선 모양 등으로 구분됩니다.
• '이것'은 매우 작아서 맨눈으로 볼 수 없습니다.
• '이것'은 질병을 일으키기도 합니다.

🖊 ＿＿＿ 세균 ＿＿＿

3 낱말 이해
생물 요소에 ○표, 비생물 요소에 ×표 하세요.

〔햇빛×〕　〔곰팡이〕　〔개구리〕　〔공기×〕

도움말

1 (1) '공기, 햇빛, 물처럼 살아 있지 않은 것'은 '비생물 요소'라고 합니다. (2) '동물이나 식물, 균류에 속하지 않는 생물로, 짚신벌레나 아메바 등이 있음'을 뜻하는 낱말은 '원생생물'입니다.

2 살아 있으며, 균류나 원생생물보다 크기가 더 작고, 공 모양, 막대 모양, 나선 모양 등으로 구분되며, 매우 작아서 맨눈으로 볼 수 없고, 질병을 일으키기도 하는 것은 '세균'입니다.

3 '생물 요소'는 '살아 있는 것'을, '비생물 요소'는 '살아 있지 않은 것'을 뜻합니다. 따라서 '곰팡이', '개구리'에는 ○표를, '햇빛', '공기'에는 ×표를 합니다.

4 다음 대화의 빈칸에 공통으로 들어갈 낱말을 보기 에서 찾아 쓰세요.

보기

화석　　영구 표본　　생물 요소　　원생생물

윤희: 이렇게 작은 생물들을 현미경으로 보니 더 신기한 것 같아. 해캄, 짚신벌레와 같은 생물을 오랫동안 보존하여 관찰할 수 있도록 (　　　)(으)로 만든 기술이 놀라워.
경훈: 그렇지? (　　　)을/를 관찰하기 쉽도록 눈에 잘 보이는 색으로 염색해 두었다고 해.

✎ **영구 표본**

5 밑줄 친 낱말의 쓰임이 바르지 않은 것은 무엇인가요?　　　　　(④)

① 생물들 사이의 먹고 먹히는 관계는 먹이 그물로 나타낼 수 있다.
② 균류도 살아 있기 때문에 생물 요소라고 할 수 있다.
③ 한 번 깨진 생태계 평형을 다시 회복하려면 오랜 시간과 노력이 필요하다.
④ 우리 주변의 살아 있는 것들만을 가리켜 생태계라고 한다.

6 문장이 빈칸에 들어갈 알맞은 낱말을 각각 쓰세요.

• 메뚜기는 풀을 먹고, 개구리는 메뚜기를 먹고, 독수리는 개구리를 먹습니다. 이와 같이 생물들 사이의 먹고 먹히는 관계가 사슬처럼 연결된 것을 (㉠)이라고 합니다.
• 메뚜기는 벼 말고도 다른 것을 먹고, 개구리도 메뚜기 외에 다른 것을 먹습니다. 이와 같이 생물들 사이의 먹고 먹히는 관계가 그물처럼 복잡하게 연결된 것을 (㉡)이라고 합니다.

✎ ㉠ **먹이 사슬**　　㉡ **먹이 그물**

도움말

4 윤희의 말에서 '생물을 오랫동안 보존하여 관찰할 수 있도록'이라는 부분과 경훈의 말에서 '관찰하기 쉽도록 눈에 잘 보이는 색으로 염색해 두었다'라는 부분을 살펴보았을 때, 빈칸에 공통으로 들어갈 낱말은 '생물을 오랫동안 보존하여 관찰할 수 있게 만든 것'을 뜻하는 '영구 표본'입니다.

5 ④의 문장에서 '생태계'는 '어떤 장소에서 서로 영향을 주고받는 생물 요소와 비생물 요소를 말하며, '살아 있는 것'은 '생물 요소'에 해당합니다. 따라서 밑줄 친 낱말의 쓰임이 바르지 않은 것은 ④입니다.

6 ㉠의 앞부분에 제시된 '생물들 사이의 먹고 먹히는 관계가 사슬처럼 연결된 것'이라는 부분으로 미루어 보았을 때, ㉠에는 '먹이 사슬'이 들어가야 합니다. ㉡의 앞부분에 제시된 '생물들 사이의 먹고 먹히는 관계가 그물처럼 복잡하게 연결된 것'이라는 부분으로 미루어 보았을 때, ㉡에는 '먹이 그물'이 들어가야 합니다.

어휘 활용　　📖 129쪽

🔟 다음 블로그의 글을 읽고, 물음에 답하세요.

Home > 블로그 > 과학 > 환경

생태계에도 피라미드가 있다고요?

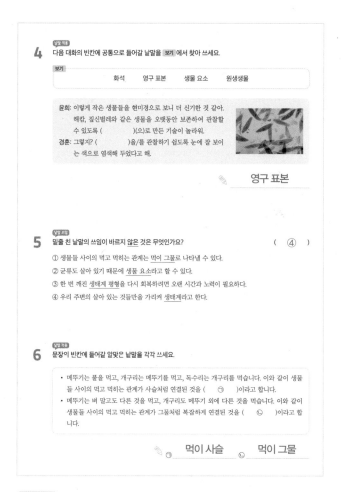

▲ 생태 피라미드

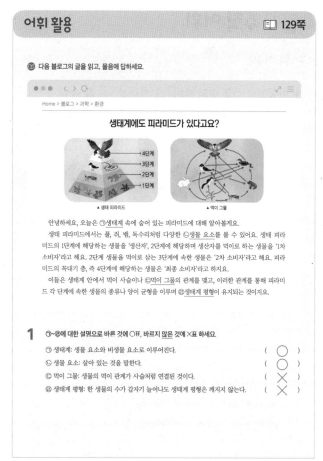

▲ 먹이 그물

안녕하세요, 오늘은 ㉠생태계 속에 숨어 있는 피라미드에 대해 알아볼게요.
생태 피라미드에서는 풀, 쥐, 뱀, 독수리처럼 다양한 ㉡생물 요소를 볼 수 있어요. 생태 피라미드의 1단계에 해당하는 생물을 '생산자', 2단계에 해당하며 생산자를 먹이로 하는 생물을 '1차 소비자'라고 해요. 2단계 생물을 먹이로 삼는 3단계에 속한 생물을 '2차 소비자'라고 해요. 피라미드의 꼭대기 층, 즉 4단계에 해당하는 생물은 '최종 소비자'라고 하지요.
이들은 생태계 안에서 먹이 사슬이나 ㉢먹이 그물의 관계를 맺고, 이러한 관계를 통해 피라미드 각 단계에 속한 생물의 종류나 양이 균형을 이루며 ㉣생태계 평형이 유지되는 것이지요.

1 ㉠~㉣에 대한 설명으로 바른 것에 ○표, 바르지 않은 것에 ✕표 하세요.

㉠ 생태계: 생물 요소와 비생물 요소로 이루어진다.　　(○)
㉡ 생물 요소: 살아 있는 것을 말한다.　　(○)
㉢ 먹이 그물: 생물의 먹이 관계가 사슬처럼 연결된 것이다.　　(✕)
㉣ 생태계 평형: 한 생물의 수가 갑자기 늘어나도 생태계 평형은 깨지지 않는다.　　(✕)

🐷 **매체 자료에 대해 알아볼까요?**

블로그는 자신의 관심사와 관련된 글을 올리는 인터넷 누리집입니다. 블로그에서는 읽는 사람이 글을 편하게 읽을 수 있도록 길지 않은 분량의 글을 사진이나 그림과 함께 제시합니다. 이 글은 생태 피라미드와 먹이 그물, 생태계 평형에 대해 알려 주고 있습니다.

도움말

1 '㉢ 먹이 그물'은 '생물들 사이의 먹고 먹히는 관계가 그물처럼 복잡하게 연결된 것'을 뜻합니다. 따라서 '생물의 먹이 관계가 사슬처럼 연결된 것이다.'라는 설명은 바르지 않습니다. '㉣ 생태계 평형'은 '생물의 종류와 수 또는 양이 균형을 이루며 안정된 상태를 유지하는 것'을 뜻하며, 어떤 생물의 수가 갑자기 늘어나거나 줄어들면 깨지기도 합니다. 따라서 '한 생물의 수가 갑자기 늘어나도 생태계 평형은 깨지지 않는다.'라는 설명도 바르지 않습니다.

4일차 수학 어휘

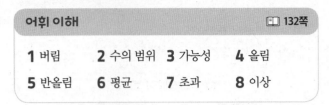

어휘 이해　　📖 132쪽

1 버림　　**2** 수의 범위　　**3** 가능성　　**4** 올림

5 반올림　　**6** 평균　　**7** 초과　　**8** 이상

어휘 적용　　📖 133~134쪽

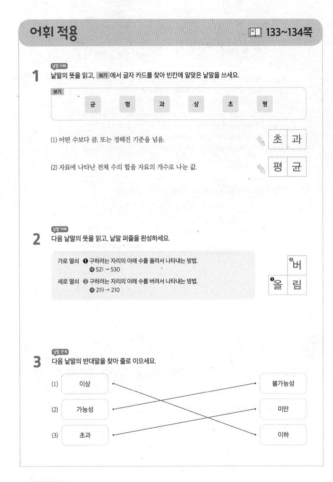

1 낱말의 뜻을 읽고, 보기에서 글자 카드를 찾아 빈칸에 알맞은 낱말을 쓰세요.

보기
균　형　과　상　초　평

(1) 어떤 수보다 큼. 또는 정해진 기준을 넘음. ✏ 초과

(2) 자료에 나타난 전체 수의 합을 자료의 개수로 나눈 값. ✏ 평균

2 다음 낱말의 뜻을 읽고, 낱말 퍼즐을 완성하세요.

가로 열쇠 ❶ 구하려는 자리의 아래 수를 올려서 나타내는 방법.
예 521 → 530
세로 열쇠 ❷ 구하려는 자리의 아래 수를 버려서 나타내는 방법.
예 219 → 210

버
올 림

3 다음 낱말의 반대말을 찾아 줄로 이으세요.

(1) 이상　　　　　불가능성
(2) 가능성　　　　미만
(3) 초과　　　　　이하

4 다음 문장의 빈칸에 들어갈 알맞은 낱말은 무엇인가요?　　(④)

(　)을/를 수직선에 나타내면, 가장 큰 수를 쉽게 찾을 수 있다.

① 수의 감소　　② 수의 평균　　③ 수의 단위　　④ 수의 범위

5 다음 중 낱말을 바르게 활용한 친구에 ○표 하세요.

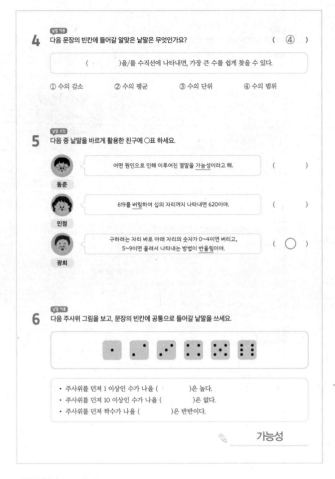

동준: 어떤 원인으로 인해 이루어진 결말을 가능성이라고 해. ( )

민정: 619를 버림하여 십의 자리까지 나타내면 620이야. ( )

광희: 구하려는 자리 바로 아래 자리의 숫자가 0~4이면 버리고, 5~9이면 올려서 나타내는 방법이 반올림이야. (○)

6 다음 주사위 그림을 보고, 문장의 빈칸에 공통으로 들어갈 낱말을 쓰세요.

⚀ ⚁ ⚂ ⚃ ⚄ ⚅

• 주사위를 던져 1 이상인 수가 나올 (　)은 높다.
• 주사위를 던져 10 이상인 수가 나올 (　)은 없다.
• 주사위를 던져 짝수가 나올 (　)은 반반이다.

✏ 가능성

도움말

1 (1) '어떤 수보다 큼. 또는 정해진 기준을 넘음.'을 뜻하는 낱말은 '초과'입니다. (2) '자료에 나타난 전체 수의 합을 자료의 개수로 나눈 값'은 '평균'입니다.

2 ❶ '구하려는 자리의 아래 수를 올려서 나타내는 방법'은 '올림'입니다. ❷ '구하려는 자리의 아래 수를 버려서 나타내는 방법'은 '버림'입니다.

3 (1) '어떤 수보다 크거나 같음. 또는 수량이나 정도가 정해진 기준보다 더 많거나 나음'을 뜻하는 '이상'의 반대말은 '이하'입니다. (2) '어떠한 상황에서 특정한 일이 일어나길 기대할 수 있는 정도'를 뜻하는 '가능성'의 반대말은 '불가능성'입니다. (3) '어떤 수보다 큼. 또는 정해진 기준을 넘음.'을 뜻하는 '초과'의 반대말은 '미만'입니다.

도움말

4 '기준이 되는 어떤 수에 의해 정해진 수의 테두리'를 뜻하는 '수의 범위'를 빈칸에 넣어 '수의 범위를 수직선에 나타내면, 가장 큰 수를 쉽게 찾을 수 있다.'라는 문장으로 완성할 수 있습니다.

5 '어떤 원인으로 인해 이루어진 결말'은 '가능성'이 아닌, '결과'이므로, 동준은 밑줄 친 낱말을 바르게 사용하지 못했습니다. '버림'은 '구하려는 자리의 아래 수를 버려서 나타내는 방법'을 말합니다. 따라서 '619를 버림하여 십의 자리까지 나타내면 620이야.'라고 말한 민정이도 밑줄 친 낱말을 잘못 사용했습니다.

6 빈칸에는 '어떠한 상황에서 특정한 일이 일어나길 기대할 수 있는 정도'를 뜻하는 '가능성'을 넣어 '주사위를 던져 1 이상인 수가 나올 가능성은 높다.', '주사위를 던져 10 이상인 수가 나올 가능성은 없다.', '주사위를 던져 짝수가 나올 가능성은 반반이다.'라는 문장으로 완성할 수 있습니다.

어휘 활용

📖 135쪽

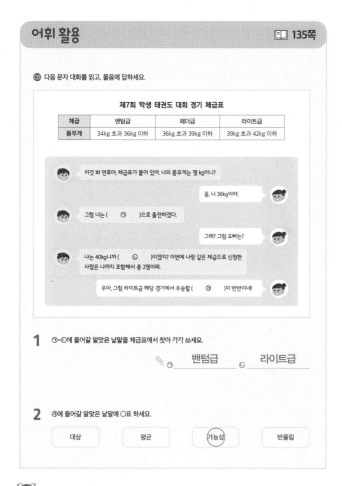

❓ 다음 문자 대화를 읽고, 물음에 답하세요.

제7회 학생 태권도 대회 경기 체급표

체급	밴텀급	페더급	라이트급
몸무게	34kg 초과 36kg 이하	36kg 초과 39kg 이하	39kg 초과 42kg 이하

이것 봐 연후야. 체급표가 붙어 있어. 너의 몸무게는 몇 kg이니?

응, 나 36kg이야.

그럼 너는 (㉠)으로 출전하겠다.

그래? 그럼 오빠는?

나는 40kg니까 (㉡)이겠지? 이번에 나랑 같은 체급으로 신청한 사람은 나까지 포함해서 총 2명이래.

우아, 그럼 라이트급 해당 경기에서 우승할 (㉰)이 반반이네!

1 ㉠~㉡에 들어갈 알맞은 낱말을 체급표에서 찾아 각각 쓰세요.

✎ ㉠ __밴텀급__   ㉡ __라이트급__

2 ㉰에 들어갈 알맞은 낱말에 ○표 하세요.

대상	평균	(가능성)	반올림

😀 **매체 자료에 대해 알아볼까요?**

이 글은 문자 대화입니다. 문자 대화는 휴대 전화, 컴퓨터 등의 매체를 통해 대화가 이루어집니다. 문자 대화에서는 문자, 사진, 그림말(이모티콘) 등을 활용하여 생각이나 느낌, 정보 등을 전달합니다.

도움말

1 연후의 몸무게는 36kg이라고 하였으므로, ㉠에는 36kg가 속하는 체급이 들어가야 합니다. 따라서 ㉠에는 '밴텀급'이 들어가야 합니다. 연후의 오빠는 40kg이라고 하였으므로, ㉡에는 40kg가 속하는 체급이 들어가야 합니다. 따라서 ㉡에는 '라이트급'이 들어가야 합니다.

2 ㉰에는 '어떠한 상황에서 특정한 일이 일어나길 기대할 수 있는 정도'를 뜻하는 '가능성'을 넣어 '우아, 그럼 라이트급 해당 경기에서 우승할 가능성이 반반이네!'라는 문장으로 완성할 수 있습니다.

5일차 학습 도움 어휘

어휘 이해

📖 138쪽

1 현황 **2** 합리적 **3** 대안 **4** 간섭

5 견해 **6** 마련 **7** 유의 **8** 예외

어휘 적용

📖 139~140쪽

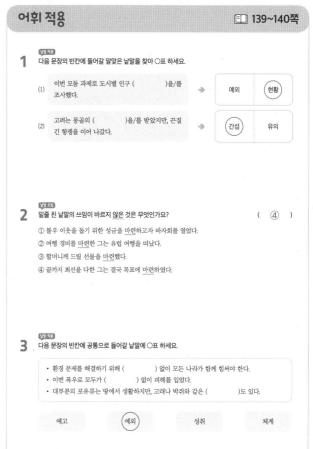

1 [낱말 적용] 다음 문장의 빈칸에 들어갈 알맞은 낱말을 찾아 ○표 하세요.

(1) 이번 모둠 과제로 도시별 인구 ( )을/를 조사했다. ➡ 예외 / (현황)

(2) 고려는 몽골의 ( )을/를 받았지만, 끈질 긴 항쟁을 이어 나갔다. ➡ 간섭 / 유의

2 [낱말 유의] 밑줄 친 낱말의 쓰임이 바르지 않은 것은 무엇인가요? (④)

① 불우 이웃을 돕기 위한 성금을 <u>마련</u>하고자 바자회를 열었다.
② 여행 경비를 <u>마련</u>한 그는 유럽 여행을 떠났다.
③ 할머니께 드릴 선물을 <u>마련</u>했다.
④ 끝까지 최선을 다한 그는 결국 목표에 <u>마련</u>하였다.

3 [낱말 적용] 다음 문장의 빈칸에 공통으로 들어갈 낱말에 ○표 하세요.

• 환경 문제를 해결하기 위해 ( ) 없이 모든 나라가 함께 힘써야 한다.
• 이번 폭우로 모두가 ( ) 없이 피해를 입었다.
• 대부분의 포유류는 땅에서 생활하지만, 고래나 박쥐와 같은 ( )도 있다.

예고	(예외)	성취	체계

도움말

1 (1) '현재의 상황'을 뜻하는 '현황'을 빈칸에 넣어 '이번 모둠 과제로 도시별 인구 현황을 조사했다.'라는 문장으로 완성할 수 있습니다. (2) '직접 관계가 없는 남의 일에 이치에 맞지 않게 참견함'을 뜻하는 '간섭'을 넣어 '고려는 몽골의 간섭을 받았지만, 끈질 긴 항쟁을 이어 나갔다.'라는 문장으로 완성할 수 있습니다.

2 밑줄 친 낱말 '마련'은 '필요한 것을 준비하거나 헤아려 갖춤'을 뜻합니다. ④의 문장에서는 밑줄 친 낱말인 '마련' 대신 '목적한 곳이나 수준에 다다름'을 뜻하는 '도달'을 쓰는 것이 적절합니다.

3 빈칸에는 '일반적 규칙 등에서 벗어나는 일'을 뜻하는 '예외'를 넣어 '환경 문제를 해결하기 위해 예외 없이 모든 나라가 함께 힘써야 한다.', '이번 폭우로 모두가 예외 없이 피해를 입었다.', '대부분의 포유류는 땅에서 생활하지만, 고래나 박쥐와 같은 예외도 있다.'라는 문장으로 완성할 수 있습니다.

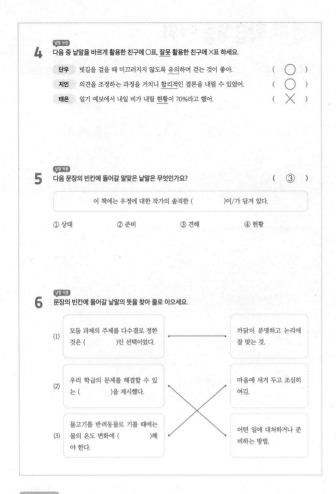

4 다음 중 낱말을 바르게 활용한 친구에 ○표, 잘못 활용한 친구에 ✕표 하세요.

단우 빗길을 걸을 때 미끄러지지 않도록 유의하며 걷는 것이 좋아. (○)

지인 의견을 조정하는 과정을 거치니 합리적인 결론을 내릴 수 있었어. (○)

태은 일기 예보에서 내일 비가 내릴 현황이 70%라고 했어. (✕)

5 다음 문장의 빈칸에 들어갈 알맞은 낱말은 무엇인가요? (③)

> 이 책에는 우정에 대한 작가의 솔직한 (   )이/가 담겨 있다.

① 상태   ② 준비   ③ 견해   ④ 현황

6 문장의 빈칸에 들어갈 낱말의 뜻을 찾아 줄로 이으세요.

(1) 모둠 과제의 주제를 다수결로 정한 것은 (   )인 선택이었다. —— 까닭이 분명하고 논리에 잘 맞는 것.

(2) 우리 학급의 문제를 해결할 수 있는 (   )을 제시했다. —— 마음에 새겨 두고 조심히 여김.

(3) 물고기를 반려동물로 기를 때에는 물의 온도 변화에 (   )해야 한다. —— 어떤 일에 대처하거나 준비하는 방법.

도움말

4 태은이 말한 문장에서 밑줄 친 낱말인 '현황'은 '현재의 상황'을 뜻합니다. 해당 문장에서 '내일'은 현재의 상황이 아닌 시점이므로, '현황' 대신에 '가능성'을 활용하는 것이 적절합니다.

5 문장의 빈칸에는 '어떤 사물이나 상태에 대한 자기의 의견이나 생각'을 뜻하는 '견해'를 넣어 '이 책에는 우정에 대한 작가의 솔직한 견해가 담겨 있다.'라는 문장으로 완성할 수 있습니다.

6 (1) 문장의 빈칸에 '까닭이 분명하고 논리에 잘 맞는 것.'을 뜻하는 '합리적'을 넣어 '모둠 과제의 주제를 다수결로 정한 것은 합리적인 선택이었다.'라는 문장으로 완성할 수 있습니다. (2) '어떤 일에 대처하거나 준비하는 방법'을 뜻하는 '대안'을 빈칸에 넣어 '우리 학급의 문제를 해결할 수 있는 대안을 제시했다.'라는 문장으로 완성할 수 있습니다. (3) '마음에 새겨 두고 조심히 여김'을 뜻하는 '유의'를 빈칸에 넣어 '물고기를 반려동물로 기를 때에는 물의 온도 변화에 유의해야 한다.'라는 문장으로 완성할 수 있습니다.

어휘 활용   📖 141쪽

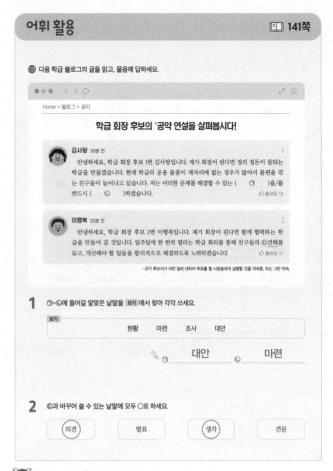

💬 다음 학급 블로그의 글을 읽고, 물음에 답하세요.

Home ▶ 블로그 ▶ 공지

학급 회장 후보의 '공약 연설을 살펴봅시다!

김사랑 30분 전
안녕하세요, 학급 회장 후보 1번 김사랑입니다. 제가 회장이 된다면 정리 정돈이 잘되는 학급을 만들겠습니다. 현재 학급의 공용 물품이 제자리에 없는 경우가 많아서 불편을 겪는 친구들이 늘어나고 있습니다. 저는 이러한 문제를 해결할 수 있는 (⊙)을/를 반드시 (ⓒ)하겠습니다.   👍좋아요 12

이행복 20분 전
안녕하세요, 학급 회장 후보 2번 이행복입니다. 제가 회장이 된다면 함께 협력하는 학급을 만들어 갈 것입니다. 일주일에 한 번씩 열리는 학급 회의를 통해 친구들의 ©견해를 듣고, 개선해야 할 일들을 합리적으로 해결하도록 노력하겠습니다.   👍좋아요 11

• 공약 후보자가 어떤 일에 대하여 투표를 할 사람들에게 실행할 것을 약속함. 또는 그런 약속.

1 ⊙~ⓒ에 들어갈 알맞은 낱말을 보기 에서 찾아 각각 쓰세요.

보기
| 현황 | 마련 | 조사 | 대안 |

✏️ ⊙ __대안__   ⓒ __마련__

2 ©과 바꾸어 쓸 수 있는 낱말에 모두 ○표 하세요.

(의견)   (발표)   (생각)   (견문)

🔵 **매체 자료에 대해 알아볼까요?**

블로그는 개인 또는 단체가 다양한 목적으로 관련된 글이나 자료를 올리는 인터넷 누리집입니다. 이 블로그에는 학급 친구들이 볼 수 있도록 학급 회장 후보들의 연설문을 소개하고 있습니다.

도움말

1 학급 회장 후보 1번 김사랑 친구는 불편을 겪는 친구들을 위해 정리 정돈이 잘되는 학급을 만들겠다고 하였습니다. 또한, ⊙의 앞부분에 제시된 '이러한 문제를 해결할 수 있는'이라는 부분으로 미루어 보았을 때, ⊙에는 '어떤 일에 대처하거나 준비하는 방법'을 뜻하는 '대안'을 넣는 것이 알맞습니다. ⓒ에는 '대안'이라는 낱말과 어울리는 낱말이 들어가야 하므로, '필요한 것을 준비하거나 헤아려 갖춤'을 뜻하는 '마련'이 들어가야 합니다.

2 '©견해'는 '어떤 사물이나 상태에 대한 자기의 의견이나 생각'을 말합니다. 이와 비슷한 뜻의 낱말로, '생각', '의견', '목소리'가 있습니다.

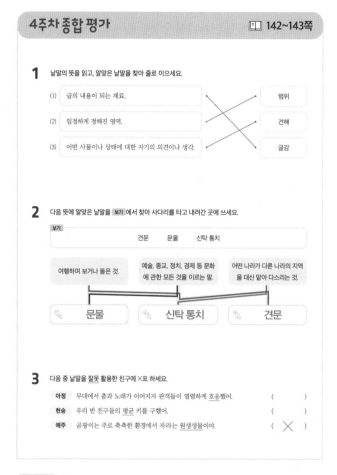

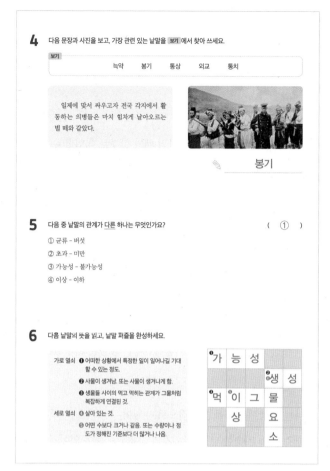

어휘 활용 노트

4~5쪽

• 내가 좋아하는 운동 종목을 열거해 보았다.

• 배운 내용을 요약해 기록해 두면 오래 기억할 수 있어.

6~7쪽

• 우리나라 영해에는 다른 나라의 배가 함부로 침입할 수 없다.

• 맞아, 길게 이어진 산맥이 참 멋져.

8~9쪽

• 낮에 바닷가를 갔더니 해풍이 불고 있었다.

• 좋아, 온도를 2℃ 정도 높여 볼게.

10~11쪽

• 분모의 크기가 서로 다른 분수의 크기는 통분하여 비교한다.

• 나와 동생은 그림 그리기를 좋아한다는 공통분모가 있어.

12~13쪽

• 나는 방학 계획표를 체계적으로 세웠어.

• '대부분'과 비슷한 낱말에는 '거의', '대다수' 등이 있어.

14~15쪽

• 외국에서 지내다 보면 김치찌개가 간절히 먹고 싶을 때가 있다.

• 독립을 향한 유관순의 신념이 강했기 때문이야.

16~17쪽

• 우리 모두 어린이의 인권을 존중해야 한다.

• 국민은 국민 투표를 통해 나라의 중요한 일을 결정하는 과정에 참여할 수 있어.

18~19쪽

• 길을 잃었을 때 북극성을 보고 방향을 찾을 수 있다.

• 태양은 '매우 소중하거나 희망을 주는 존재'를 뜻하기도 해.

20~21쪽

• '대응각 ㄱ'과 '대응각 ㅁ'의 크기는 같다.

• 프랑스의 에펠탑에서도 대칭을 발견할 수 있어.

22~23쪽

• 탐험대가 북극에 도달했다.

• 서로 부족한 점을 보완할 수 있다는 점이지!

24~25쪽

• 쥐들이 모여 의견을 조정하고 있다.

• 나도 네 의견에 공감해. 숙제가 정말 많아.

26~27쪽

• 유민들이 새로운 터전을 찾아 길을 떠났다.

• 백제의 전성기는 영토를 크게 넓혔던 근초고왕 때라고 생각해.

28~29쪽

• 용질의 알갱이 크기에 따라 녹는 속도가 다르다.

• 용매의 양을 줄여야 설탕물을 더 달게 만들 수 있어.

30~31쪽

• 직육면체에서 마주 보는 두 면은 서로 합동이다.

• 정다각형에는 정삼각형, 정사각형 등이 있어.

32~33쪽

• 방학 숙제를 서둘러 마무리해야 한다.

• 도로가 막히니 비행기를 타는 게 유리할 것 같아.

34~35쪽

• 경주 여행을 다녀온 뒤, 기행문을 썼다.

• 예를 들어 '그의 정원은 정성을 들여 가꾼 티가 드러난다.'가 있어.

36~37쪽

• 두 사람은 서양 문물을 보고 깜짝 놀랐다.

• 일제 강점기에도 나라를 지키려고 했던 사람들의 희생과 노력 덕분에 지금의 대한민국이 있기 때문이야.

38~39쪽

• 먹이 그물을 통해 생태계 평형이 이루어진다.

• 식물, 동물 등 우리 주변의 살아 있는 것은 모두 '생물 요소'에 해당하지.

40~41쪽

• 127을 버림해 십의 자리까지 나타내면 120이고, 백의 자리까지 나타내면 100이다.

• 일기 예보를 보니 오늘 오후에 비가 올 가능성이 있대.

42~43쪽

• 이순신 장군은 왜군을 물리칠 대안을 생각했다.

• 주장하는 글을 쓸 때 자신의 견해를 명확하게 드러내야 해.

초등문해력

어휘 활용의 힘

정답과 해설

메가스터디BOOKS

🖥 www.megastudybooks.com

📱 **내용 문의** | 02-6984-6928,31 **구입 문의** | 02-6984-6868,9 *파본은 구입처에서 교환해 드립니다.

초등 문해력 어휘 활용의 힘

나만의 어휘 활용노트

초등학교   학년   반   이름

메가스터디BOOKS

초등 문해력 어휘 활용의 힘

나만의 어휘 활용노트

어휘 활용 노트, 나를 소개할게!

나는 어휘를 활용해 자유롭게 문장을 쓰면서 복습 효과를 높이는 노트야.

매일 사용하는 친구들은 이 노트를 다 쓸 때쯤이면 '어휘의 마술사'가 될 수 있지.

쓰고자 하는 어휘를 마음껏 활용해 근사한 문장을 만들어 낼 수 있다고!

2가지 활용법이 있어!

2가지 사용 방법 중, 더 수월하게 사용할 수 있는 방법으로 선택해 봐.

노트를 끝까지 활용하는 데 도움이 될 거야.

활용 1
1일차 학습을 끝낸 다음, **노트를 바로 활용하는 거야.**
방금 학습한 어휘를 활용해 바로 문장을 쓴다면
공부한 내용을 더 오래 기억할 수 있겠지?

활용 2
1일차 학습을 끝낸 **다음 날, 노트를 활용하는 거야.**
새로운 학습을 하기 전, 어제 학습한 어휘를 떠올려 보면
복습 효과를 훨씬 더 높일 수 있어.

4가지 활동을 살펴봐!

나는 어디에서나 볼 수 있는 흔한 노트가 아니야.

친구들이 재미있게 문장을 쓸 수 있도록 여러 활동으로 이루어져 있지!

어떤 활동이 있는지 살펴볼까?

활동 ① **문장 따라 쓰기**

「초등 문해력 어휘 활용의 힘」에서 배운
다양한 예시 문장들을 따라 쓰며
낱말의 뜻을 떠올려 봐!

활동 ③ **자유 문장 쓰기**

자유롭게 문장을 쓰며
낱말의 뜻과 쓰임을
정확하게 익혔는지 알아보자!

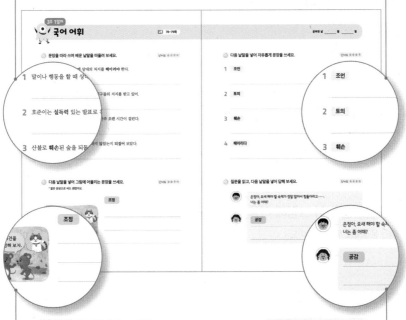

활동 ② **어울리는 문장 쓰기**

그림 또는 사진에 어울리는 문장을
학습한 낱말을 이용해 만들어 보자!

활동 ④ **답변 문장 쓰기**

다양한 상황 속 질문에 적절한 답변을 쓰며
어휘 활용의 힘을 완성해 봐!

* '나만의 어휘 활용 노트'의 예시 답안은 '정답과 해설'의 36쪽을 참고해 주세요.

✍️ **문장을 따라 쓰며 배운 낱말을 떠올려 보세요.**　　난이도 ★★★★

1 국어 시간에 **새말** 사전을 만들었어.

_____

2 '사과나무'는 '사과'와 '나무'로 나눌 수 있는 **복합어**이다.

_____

3 단원 평가 **항목**에는 '읽기'와 '쓰기'가 있었어.

_____

4 '밤나무의 열매'를 뜻하는 '밤'과 '해가 져서 어두운 상태'를 뜻하는 '밤'은 **동형어**이다.

_____

✍️ **다음 낱말을 넣어 그림에 어울리는 문장을 쓰세요.**　　난이도 ★★★★
* 짧은 문장으로 써도 괜찮아요.

　　　　　　　　　　　　　　　| 열거 |

_____

_____

_____

✍️ 다음 낱말을 넣어 자유롭게 문장을 쓰세요.　　　난이도 ★★★★

1　요약하다

_____

2　설명문

_____

3　매체

_____

4　항목

_____

✍️ 질문을 읽고, 다음 낱말을 넣어 답해 보세요.　　　난이도 ★★★★

배운 내용이 너무 많아서 기억하기 어려워. 무슨 좋은 방법이 있을까?

요약하다

_____

_____

사회 어휘

16~17쪽

✍️ **문장을 따라 쓰며 배운 낱말을 떠올려 보세요.**   난이도 ★★★★

1 대한민국의 **주권**은 국민에게 있다.

_____

2 **등온선**을 살펴보면 지역마다 기온이 어떻게 다른지 알 수 있다.

_____

3 경주에서 일어난 **지진의 규모**는 5.8로 매우 강했다.

_____

4 **인구 분포**를 나타낸 지도를 보면 많은 사람들이 수도권 지역에 모여 산다.

_____

✍️ **다음 낱말을 넣어 그림에 어울리는 문장을 쓰세요.**   난이도 ★★★★

* 짧은 문장으로 써도 괜찮아요.

영해

_____

_____

✍️ 다음 낱말을 넣어 자유롭게 문장을 쓰세요.   난이도 ★★★★

1   산맥

_____

2   자연재해

_____

3   간척

_____

4   주권

_____

✍️ 질문을 읽고, 다음 낱말을 넣어 답해 보세요.   난이도 ★★★★

우리나라에는 멋진 산들이 참 많아, 그렇지 않니?

산맥

_____

_____

과학 어휘

📖 22~23쪽

✋ **문장을 따라 쓰며 배운 낱말을 떠올려 보세요.** 난이도 ★★★★

1 물이 담긴 냄비를 불에 올려놓으면 **대류**가 일어나 물 전체가 뜨거워진다.

_____

2 내일은 고**기압**의 영향으로 전국이 대체로 맑겠습니다.

_____

3 냄비는 열 **전도**가 잘 일어나는 물질을 사용하여 만든다고 해!

_____

4 **습도**가 높은 날에는 음식이 상하기 쉽고, 빨래가 잘 마르지 않는다.

_____

✍️ **다음 낱말을 넣어 그림에 어울리는 문장을 쓰세요.** 난이도 ★★★★

* 짧은 문장으로 써도 괜찮아요.

해풍

_____

_____

👋 다음 낱말을 넣어 자유롭게 문장을 쓰세요.　　　　난이도 ★★★★

1 　기상청

_____

2 　온도

_____

3 　이슬

_____

4 　습도

_____

👋 질문을 읽고, 다음 낱말을 넣어 답해 보세요.　　　　난이도 ★★★★

갑자기 날씨가 쌀쌀해진 것 같아. 실내 온도를 조금 높이면 어떨까?

온도

_____

_____

9

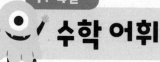
✍️ **문장을 따라 쓰며 배운 낱말을 떠올려 보세요.**　　　　난이도 ★★★★

1　15는 3과 5의 **배수**이다.

_____

2　12와 18의 **공약수**는 1, 2, 3, 6이다.

_____

3　동생과 나는 수학을 좋아한다는 **공통분모**를 가지고 있다.

_____

4　분모와 분자의 최대공약수로 약분하면 **기약분수**를 바로 구할 수 있다.

_____

✍️ **다음 낱말을 넣어 그림에 어울리는 문장을 쓰세요.**　　　　난이도 ★★★★

* 짧은 문장으로 써도 괜찮아요.

통분하다

통분 $\dfrac{1}{3} \times \dfrac{5}{5} = \dfrac{5}{15}$, $\dfrac{2}{5} \times \dfrac{3}{3} = \dfrac{6}{15}$

비교 $\dfrac{5}{15} < \dfrac{6}{15}$

_____

_____

10

✍️ 다음 낱말을 넣어 자유롭게 문장을 쓰세요.   난이도 ★★★★

1 약분

_____

2 배수

_____

3 약수

_____

4 공배수

_____

✍️ 질문을 읽고, 다음 낱말을 넣어 답해 보세요.   난이도 ★★★★

나와 언니는 여행을 좋아한다는 공통분모가 있어.
너와 동생은 어떤 공통분모를 가지고 있니?

공통분모

_____

_____

✏️ **문장을 따라 쓰며 배운 낱말을 떠올려 보세요.**　난이도 ★★★★

1 전쟁 중에 잡힌 포로들은 **통제**와 감시 속에서 불안에 떨고 있어.

_____

2 이 시에는 아버지를 사랑하는 마음이 **담겨** 있다.

_____

3 누구나 차별받지 않을 권리가 **보장**되어야 한다.

_____

4 어려운 일에 앞장서는 그 친구는 우리 반의 회장 후보로 **적합**해 보였다.

_____

✏️ **다음 낱말을 넣어 그림에 어울리는 문장을 쓰세요.**　난이도 ★★★★
* 짧은 문장으로 써도 괜찮아요.

체계적

_____

_____

다음 낱말을 넣어 자유롭게 문장을 쓰세요. 난이도 ★★★★

1 실용적

_____

2 담기다

_____

3 성취

_____

4 체계적

_____

질문을 읽고, 다음 낱말을 넣어 답해 보세요. 난이도 ★★★★

'일반적인 경우에' 또는 '절반이 훨씬 넘어 전체의 양에 가까운 정도'를 뜻하는 '대부분'이라는 낱말과 뜻이 비슷한 낱말에는 무엇이 있을까?

대부분

_____

_____

✍️ **문장을 따라 쓰며 배운 낱말을 떠올려 보세요.**　　　난이도 ★★★★

1 시조는 평민, 양반 등 신분에 상관없이 누구나 쓸 수 있었다.

_____

2 나는 할머니의 허리를 **자근자근** 주물러 드렸다.

_____

3 할아버지께서 물건을 훔친 범인을 찾겠다고 **엄포**를 놓았다.

_____

4 배우의 실감 나는 표정과 몸짓 덕분에 **무언극**을 재미있게 관람했다.

_____

✍️ **다음 낱말을 넣어 그림에 어울리는 문장을 쓰세요.**　　　난이도 ★★★★

* 짧은 문장으로 써도 괜찮아요.

　　　　　　　　　　　　간절히

_____

_____

다음 낱말을 넣어 자유롭게 문장을 쓰세요.　　　난이도 ★★★★

1 독창적

_____

2 견주다

_____

3 신념

_____

4 자근자근

_____

질문을 읽고, 다음 낱말을 넣어 답해 보세요.　　　난이도 ★★★★

일제의 모진 고문에도 유관순 열사는 '대한 독립 만세!'를 외쳤다고 해. 그 이유는 무엇일까?

신념

_____

_____

사회 어휘

📖 50~51쪽

✋ **문장을 따라 쓰며 배운 낱말을 떠올려 보세요.** 난이도 ★★★★

1 **참정권**은 국민이 갖는 권리 중 하나이다.

_____

2 국민이 법을 지키지 않을 경우, 벌금을 내야 하는 등의 **제재**를 받는다.

_____

3 **사회 보장 제도**가 발달된 나라일수록 치료를 무료로 받을 수 있는 기회가 많다.

_____

4 국가와 **지방 자치 단체**는 장애인이 공공시설을 안전하게 이용할 수 있는 시설물을 만들어.

_____

✍ **다음 낱말을 넣어 그림에 어울리는 문장을 쓰세요.** 난이도 ★★★★

* 짧은 문장으로 써도 괜찮아요.

인권

_____

_____

_____

📝 다음 낱말을 넣어 자유롭게 문장을 쓰세요.　　　　난이도 ★★★★

1 　정의

_____

2 　의무

_____

3 　제재

_____

4 　참정권

_____

📝 질문을 읽고, 다음 낱말을 넣어 답해 보세요.　　　　난이도 ★★★★

어제 뉴스 봤어? 모든 법의 가장 기본이 되는 헌법 내용을 고친다고 해!
국민이 이러한 일을 결정하는 과정에 참여할 수 있을까?

국민 투표

_____

_____

과학 어휘

📖 56~57쪽

👋 문장을 따라 쓰며 배운 낱말을 떠올려 보세요.　　　난이도 ★★★★

1 지구의 **위성**은 달이다.

_____

2 우리는 망원경으로 밤하늘의 **천체**를 감상했다.

_____

3 **태양계**는 태양, 행성, 위성, 소행성, 혜성 등으로 구성된다.

_____

4 태양계의 **행성**에는 수성, 금성, 지구, 화성, 목성, 토성, 천왕성, 해왕성이 있다.

_____

👋 다음 낱말을 넣어 그림에 어울리는 문장을 쓰세요.　　　난이도 ★★★★

* 짧은 문장으로 써도 괜찮아요.

북극성

_____

_____

_____

다음 낱말을 넣어 자유롭게 문장을 쓰세요.　　　　난이도 ★★★★

1 　구성원

_____

2 　별자리

_____

3 　행성

_____

4 　위성

_____

질문을 읽고, 다음 낱말을 넣어 답해 보세요.　　　　난이도 ★★★★

'태양계의 중심이 되며 스스로 빛을 내는 별'을 '태양'이라고 배웠잖아.
그런데 '너는 태양과 같은 존재야.'라고 할 때, '태양'의 뜻은 무엇일까?

　태양

_____

_____

19

👆 **문장을 따라 쓰며 배운 낱말을 떠올려 보세요.** 난이도 ★★★★

1 한 개의 **선대칭도형**에 여러 개의 대칭축이 있는 경우가 있다.

_____

2 **점대칭도형**에서 대칭의 중심은 오직 한 개뿐이다.

_____

3 완전히 겹치는 두 도형은 **합동**이구나!

_____

4 합동인 두 도형은 같은 위치에 **대응점**이 있다.

_____

👆 **다음 낱말을 넣어 그림에 어울리는 문장을 쓰세요.** 난이도 ★★★★

* 짧은 문장으로 써도 괜찮아요.

대응각

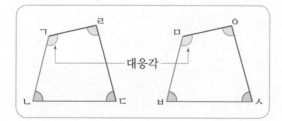

_____

_____

✍️ 다음 낱말을 넣어 자유롭게 문장을 쓰세요.　　난이도 ★★★★

1 대응변

_____

2 합동

_____

3 대응점

_____

4 대응

_____

✍️ 질문을 읽고, 다음 낱말을 넣어 답해 보세요.　　난이도 ★★★★

> 호준아, 오늘 수학 시간에 배웠던 '대칭'을 찾아보자. 예를 들어, 크리스마스트리에서도 대칭을 찾을 수 있고…… 또 어디에서 찾을 수 있을까?

> 대칭
>
> _____
>
> _____

✍️ **문장을 따라 쓰며 배운 낱말을 떠올려 보세요.**　난이도 ★★★★

1 자율 주행 자동차 시장이 커지려면 과학과 기술의 발전이 **병행**되어야 해.

_____

2 한글은 우리 민족에게 큰 **의의**가 있다.

_____

3 이번 훈련은 선수들의 체력을 기르는 데 **중점**을 두고 있어.

_____

4 생태계에서 수많은 **상호 작용**이 이루어진다고 해.

_____

✍️ **다음 낱말을 넣어 그림에 어울리는 문장을 쓰세요.**　난이도 ★★★★

* 짧은 문장으로 써도 괜찮아요.

　　　　　　　　도달하다

_____

_____

👋 다음 낱말을 넣어 자유롭게 문장을 쓰세요.   난이도 ★★★★

1 | 전망

_____

2 | 도달하다

_____

3 | 병행

_____

4 | 분석

_____

👋 질문을 읽고, 다음 낱말을 넣어 답해 보세요.   난이도 ★★★★

혼자 공부하는 것도 좋지만, 친구와 함께 공부하면 좋은 점은 무엇일까?

보완

_____

_____

✏️ **문장을 따라 쓰며 배운 낱말을 떠올려 보세요.** 난이도 ★★★★

1 말이나 행동을 할 때 상대의 처지를 **헤아려야** 한다.

_____

2 호준이는 **설득력** 있는 발표로 친구들의 지지를 받고 있어.

_____

3 산불로 **훼손**된 숲을 되돌리려면 아주 오랜 시간이 걸린다.

_____

4 토의하면서 내 의견만 고집하지 않았는지 **되짚어** 보았다.

_____

✏️ **다음 낱말을 넣어 그림에 어울리는 문장을 쓰세요.** 난이도 ★★★★
* 짧은 문장으로 써도 괜찮아요.

조정

어쩌지? / 의견을 조정해 보자.

_____

_____

👆 다음 낱말을 넣어 자유롭게 문장을 쓰세요.   난이도 ★★★★

1 조언

_____

2 토의

_____

3 훼손

_____

4 헤아리다

_____

_____

👆 질문을 읽고, 다음 낱말을 넣어 답해 보세요.   난이도 ★★★★

은정아, 요새 해야 할 숙제가 정말 많아서 힘들더라고…….
너는 좀 어때?

공감

_____

_____

25

사회 어휘

84~85쪽

👆 문장을 따라 쓰며 배운 낱말을 떠올려 보세요.　　　난이도 ★★★★

1 신라는 당과 **동맹**을 맺고 백제를 공격했다.

_____

2 청산리에서 독립군이 일본군과 싸워 거둔 큰 승리를 '청산리 **대첩**'이라고 한다.

_____

3 고려의 신하 서희는 거란의 장수 소손녕과 **담판**을 벌였다.

_____

4 백성들의 토지를 강제로 빼앗는 **권문세족**의 횡포로 나라가 매우 혼란스러웠다.

_____

👆 다음 낱말을 넣어 그림에 어울리는 문장을 쓰세요.　　　난이도 ★★★★
* 짧은 문장으로 써도 괜찮아요.

유민

이제 어디로 간단 말이오.

_____

_____

_____

26

✍ 다음 낱말을 넣어 자유롭게 문장을 쓰세요.   난이도 ★★★★

1 동맹

_____

2 유민

_____

3 유목

_____

4 출토

_____

✍ 질문을 읽고, 다음 낱말을 넣어 답해 보세요.   난이도 ★★★★

고구려의 전성기는 영토를 크게 넓혔던 '광개토 대왕' 때라고 생각해.
너는 백제의 전성기가 언제라고 생각하니?

전성기

_____

_____

과학 어휘

🖐 **문장을 따라 쓰며 배운 낱말을 떠올려 보세요.**   난이도 ★★★★

1 달팽이와 로켓처럼, 주변에 있는 **물체의 운동**은 빠르기가 모두 다르다.

_____

2 **물체의 속력**이 클수록 더 빠르게 이동한다.

_____

3 **산성**에 해당하는 물질로 식초, 사이다 등이 있다.

_____

4 설탕물에서 물은 **용매**이다.

_____

🖐 **다음 낱말을 넣어 그림에 어울리는 문장을 쓰세요.**   난이도 ★★★★

* 짧은 문장으로 써도 괜찮아요.

용질

용질의 알갱이가 작으면 빨리 녹아!

용질의 알갱이가 크면 천천히 녹지!

_____

_____

_____

다음 낱말을 넣어 자유롭게 문장을 쓰세요.   난이도 ★★★★

1 용액

_____

2 용질

_____

3 염기성

_____

4 물체의 속력

_____

질문을 읽고, 다음 낱말을 넣어 답해 보세요.   난이도 ★★★★

설탕물을 더 달게 만들려면 용질인 설탕을 더 넣으면 돼.
그렇다면 용매인 물의 양은 어떻게 해야 설탕물을 더 달게 만들 수 있을까?

용매

_____

_____

✏️ **문장을 따라 쓰며 배운 낱말을 떠올려 보세요.**　난이도 ★★★★

1 **정육면체**의 **전개도**의 면은 모양과 크기가 같다.

_____

2 정삼각형, 정사각형처럼 **정다각형**은 변의 수에 따라 이름이 달라진다.

_____

3 직육면체에서 밑면과 수직인 **면**은 옆면이다.

_____

4 **직육면체의 겨냥도**에서 보이는 모서리는 실선, 보이지 않는 모서리는 점선으로 나타낸다.

_____

✏️ **다음 낱말을 넣어 그림에 어울리는 문장을 쓰세요.**　난이도 ★★★★

* 짧은 문장으로 써도 괜찮아요.

　　　　　　　　　직육면체

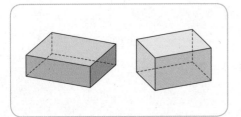

_____

_____

🖐 다음 낱말을 넣어 자유롭게 문장을 쓰세요.　　　　난이도 ★★★★

1 넓이

_____

2 둘레

_____

3 높이

_____

4 면

_____

🖐 질문을 읽고, 다음 낱말을 넣어 답해 보세요.　　　　난이도 ★★★★

> 정다각형은 변의 수에 따라 이름이 달라져.
> 정다각형의 종류에는 어떤 것들이 있을까?

정다각형

_____

_____

✏️ **문장을 따라 쓰며 배운 낱말을 떠올려 보세요.** 난이도 ★★★★

1 우리 생활에서 법을 지키지 않는 사례가 **상당히** 많아졌다.

_____

2 신문을 읽으면 우리 사회의 주요 **쟁점**이 무엇인지 알 수 있어.

_____

3 더워지는 날씨에 **비례**하여 아이스크림을 사는 사람들이 늘어났다.

_____

4 설문 조사를 통해 학생들이 먹고 싶은 음식이 식단으로 **채택**되었어.

_____

_____

✏️ **다음 낱말을 넣어 그림에 어울리는 문장을 쓰세요.** 난이도 ★★★★

* 짧은 문장으로 써도 괜찮아요.

마무리

_____

_____

_____

✎ 다음 낱말을 넣어 자유롭게 문장을 쓰세요.　　　　난이도 ★★★★

1　실시하다

_____

2　수정

_____

3　채택

_____

4　상당히

_____

✎ 질문을 읽고, 다음 낱말을 넣어 답해 보세요.　　　　난이도 ★★★★

추석과 같은 명절에는 도로가 막히는데, 서울에서 부산으로 가려면 어떤 교통수단을 이용하는 것이 좋을까? 비행기를 탈까? 버스를 탈까?

유리하다

_____

_____

국어 어휘

112~113쪽

🖎 **문장을 따라 쓰며 배운 낱말을 떠올려 보세요.**   난이도 ★★★★

1 줄다리기는 모두가 함께 즐기는 **대동** 놀이이다.

_____

2 이 책에 빙하의 **생성** 과정이 자세하게 나와 있어.

_____

3 **문장 성분** 중 주어, 서술어는 문장 안에서 각각 다른 역할을 한다.

_____

4 시간의 흐름과 장소의 변화에 따라 일어난 일을 정리하여 **다발 짓기**를 할 수 있다.

_____

🖎 **다음 낱말을 넣어 그림에 어울리는 문장을 쓰세요.**   난이도 ★★★★

* 짧은 문장으로 써도 괜찮아요.

기행문

_____

_____

34

다음 낱말을 넣어 자유롭게 문장을 쓰세요.   난이도 ★★★☆

1 글감

_____

2 호응

_____

3 기행문

_____

4 생성

_____

질문을 읽고, 다음 낱말을 넣어 답해 보세요.   난이도 ★★★★

낱말 '드러나다'에는 여러 뜻이 있다고 알고 있어. 그중에서 '겉에 나타나 있거나 눈에 띄다.'라는 뜻일 때, 예시 문장을 알려줄 수 있니?

드러나다

_____

_____

사회 어휘

📖 118~119쪽

✍️ **문장을 따라 쓰며 배운 낱말을 떠올려 보세요.**　난이도 ★★★★

1 세자가 어린 나이로 왕위에 오르자 **세도 정치**가 나타났다.

_____

2 **붕당** 간에 의견이 부딪히는 일이 많아지면서 정치가 혼란스러워졌다.

_____

3 고종은 **을사늑약**이 무효임을 국제 사회에 알리고자 노력했다.

_____

4 **신탁 통치**에 대한 소식이 알려지자 전국적으로 신탁 통치 반대 운동이 일어났다.

_____

✍️ **다음 낱말을 넣어 그림에 어울리는 문장을 쓰세요.**　난이도 ★★★★
* 짧은 문장으로 써도 괜찮아요.

문물

참으로 신기하네!

이게 바로 안경이군!

_____

_____

_____

🖊 다음 낱말을 넣어 자유롭게 문장을 쓰세요.　　　　　　　난이도 ★★★☆

1　봉기

_____

2　수교

_____

3　문물

_____

4　붕당

_____

🖊 질문을 읽고, 다음 낱말을 넣어 답해 보세요.　　　　　　　난이도 ★★★★

우리나라의 영토, 권리 등을 일제에 빼앗긴 '일제 강점기'를 잊으면 안 되는 이유는 무엇일까?

일제 강점기

_____

_____

과학 어휘

📖 124~125쪽

✍️ 문장을 따라 쓰며 배운 낱말을 떠올려 보세요.　　　난이도 ★★★★

1 **원생생물**은 주로 다른 생물의 먹이가 된다.

_____

2 **균류**는 된장, 김치를 만드는 데 이용되기도 해.

_____

3 현미경으로 해캄의 **영구 표본**을 관찰했다.

_____

4 어떤 생물의 수가 갑자기 줄어들면 **생태계 평형**이 깨지기도 한다.

_____

✍️ 다음 낱말을 넣어 그림에 어울리는 문장을 쓰세요.　　　난이도 ★★★★

*짧은 문장으로 써도 괜찮아요.

먹이 그물

_____

_____

_____

다음 낱말을 넣어 자유롭게 문장을 쓰세요.   난이도 ★★★★

1   생태계

_____

2   세균

_____

3   균류

_____

4   생태계 평형

_____

질문을 읽고, 다음 낱말을 넣어 답해 보세요.   난이도 ★★★★

생태계는 '어떤 장소에서 서로 영향을 주고받는 생물 요소와 비생물 요소'를 뜻해.
'비생물 요소'에는 공기, 햇빛, 물과 같이 살아 있지 않은 것이 해당하는데…….
그렇다면 '생물 요소'에는 어떤 것들이 해당할까?

생물 요소

_____

_____

수학 어휘

📖 130~131쪽

✍️ **문장을 따라 쓰며 배운 낱말을 떠올려 보세요.**　　난이도 ★★★★

1 6, 7은 '5 **초과** 8 미만인 수'에 해당한다.

_____

2 과녁 맞히기에서 총 점수의 **평균**을 구했다.

_____

3 184를 **반올림**하여 십의 자리까지 나타내면 180이다.

_____

4 박물관 입장료 안내에서 '8세 이상 13세 이하'와 같은 **수의 범위**를 살펴볼 수 있다.

_____

✍️ **다음 낱말을 넣어 그림에 어울리는 문장을 쓰세요.**　　난이도 ★★★★
* 짧은 문장으로 써도 괜찮아요.

버림

| 127 → 120 |

| 127 → 100 |

_____

_____

✍ 다음 낱말을 넣어 자유롭게 문장을 쓰세요.   난이도 ★★★★

1   이상

_____

2   올림

_____

3   평균

_____

4   초과

_____

✍ 질문을 읽고, 다음 낱말을 넣어 답해 보세요.   난이도 ★★★★

아침에는 맑았는데, 점점 하늘이 흐려지네.
혹시 일기 예보에서 오늘 오후 날씨가 어떻다고 했니?

가능성

_____

_____

학습 도움 어휘

📖 136~137쪽

✍️ **문장을 따라 쓰며 배운 낱말을 떠올려 보세요.**　　난이도 ★★★★

1　화면에 올림픽 메달 순위 **현황**이 떴다.

_____

2　토의를 거쳐 **합리적**인 결론에 도달했다.

_____

3　유리로 만들어진 물건은 **유의**해서 사용해야 해.

_____

4　선생님께서 안전사고는 누구에게나 **예외** 없이 일어날 수 있다고 하셨어.

_____

✍️ **다음 낱말을 넣어 그림에 어울리는 문장을 쓰세요.**　　난이도 ★★★★
* 짧은 문장으로 써도 괜찮아요.

대안

_____

_____

_____

다음 낱말을 넣어 자유롭게 문장을 쓰세요.　난이도 ★★★★

1　간섭

_____

2　마련

_____

3　현황

_____

4　유의

_____

질문을 읽고, 다음 낱말을 넣어 답해 보세요.　난이도 ★★★★

주장하는 글을 쓸 때 유의해야 할 점은 무엇일까?

견해

_____